Frank Teichmann · Der Gral im Osten

Frank Teichmann

# Der Gral im Osten

## Motive aus der Geistesgeschichte Armeniens und Georgiens

Verlag Freies Geistesleben

CIP-Kurztitelaufnahme der Deutschen Bibliothek

Teichmann, Frank:
Der Gral im Osten: Motive aus d. Geistesgeschichte Armeniens u. Georgiens
Frank Teichmann. – Stuttgart: Verlag Freies Geistesleben, 1986.

ISBN 3-7725-0858-8

Alle Aufnahmen stammen vom Verfasser, mit Ausnahme von Abb. 10, 11 (Vatikanische Museen) und 124, 125 (Matenadaran Jerewan).

Schutzumschlag: Martin Diethelm unter Verwendung einer Photographie von Frank Teichmann, Blick in die Kuppel des Zamatouns im armenischen Höhlenkloster von Geghard.
Einbandprägung: Lebensbaum-Relief von Sveti Zchoweli.
Frontispiz: Tudevordi's Kreuzstein. Von Mchitar Kasmogh 1184 für das Grab des Abtes von Sanahin hergestellt.

Reproduktionen: Willy Berger, Stuttgart
Satz und Druck: Greiser, Rastatt

«Das Wahre ist eine Fackel, aber eine ungeheure;
deswegen suchen wir alle nur blinzelnd so daran vorbeizukommen,
in Furcht sogar, uns zu verbrennen.»

*Goethe, Maximen und Reflexionen Nr. 3236*

# Inhalt

# Vorwort

Klingen die Namen Armenien und Georgien an das Ohr, dann antworten in einem gebildeten Europäer Assoziationen, die mit dem Nahen Osten und mit dem Kaukasus verbunden sind. Vielleicht erinnert er sich an die schweren Schicksale, die die Armenier während des Ersten Weltkrieges zu erleiden hatten, vielleicht weiß er, daß die georgische Sprache nicht zu den indogermanischen gehört, und vielleicht hat er auch schon erfahren, daß es sich um früh christianisierte Länder handelt. Aber kaum je wird er zwischen diesen Kulturen und Europa einen Zusammenhang vermuten.

Dieses Vorurteil ändert sich schnell, sobald man sich näher mit der Kulturgeschichte dieser Länder befaßt. Überall entdeckt man Beziehungen zu uns wohlbekannten Themenkreisen; sei es, daß man von der leidenschaftlichen Anteilnahme erfährt, die diese Völker bei der Festlegung der christlichen Glaubensinhalte bewegte; oder sei es, daß man Berichte der Kreuzfahrer liest, die von tapferen und hilfsbereiten Helden aus diesen Gegenden erzählen. Armenien und Georgien sind mit der Geistesgeschichte Europas verwoben, viel intimer, als es zunächst den Anschein hat. Wenn man genauer hinsieht, treten sogar diejenigen Motive zurück, die man von vornherein aufgrund ihrer Grenzlage zum Osten als bedeutsam erwarten würde. Dagegen beginnen jene Inhalte mehr und mehr aufzuleuchten, die zunächst ein verborgenes und eigenständiges Leben führten. Von diesen soll vor allem in diesem Buch die Rede sein.

Die hier dargestellten Motive aus der Geistesgeschichte Armeniens und Georgiens gehören zu den zentralen Beweggründen der Menschen dieser Länder. Um sie verstehen zu können, mußte mancher längere Ausflug in die antike Mythologie Griechenlands und auch Ägyptens unternommen werden, der vom Leser ein gewisses Maß an Geduld und Ausdauer erfordert. Aber dieser «Umweg» ist sinnvoll, weil nur dadurch die Grundlage für ein spirituelles Verständnis dieser Motive gelegt werden kann.

Außer für die Geistesgeschichte haben die Armenier und Georgier selbstverständlich auch zur übrigen kulturellen Entwicklung viel beigetragen. Aber alles das mußte hier zum großen Teil unberücksichtigt bleiben. Gelegentlich werden zwar Themen aus der Bau- und Kirchengeschichte gestreift, aber nur insoweit, als sie zur Verdeutlichung der Grundmotive vonnöten sind. Der kulturelle Kontext kann aber von einem interessierten Leser durch eine in den letzten Jahren erfreulich angewachsene Literatur ergänzt werden. Das Literaturverzeichnis soll dazu einen ersten Einstieg geben.

Der Leser wird sich fragen, warum das Buch den Titel «Der Gral im Osten» erhalten hat, wenn doch dieses Thema erst im zweiten Teil der Darstellung auftaucht. Dazu ist zu sagen, daß der Name des Grales zwar erst spät genannt wird, daß aber die Tatsachen, die dem Wesen des Grales zugrunde liegen, schon im ersten Teil behandelt werden. Nur sind diese Tatsachen dort in Bilder gekleidet, die als solche erst erschlossen werden müssen. «Die Wahrheit kam nicht nackt in die Welt, sondern sie kam in Sinnbildern und Abbildern», heißt es im gnostischen Philippus-Evangelium. Diesem Sinn soll hier vorsichtig nachgespürt werden. Dabei kann in verschiedenen Bildern der gleiche Gedanke zum Ausdruck kommen, wenn nur der ganze Zusammenhang des Bildes berücksichtigt wird. Das gilt auch für die Bilder der Gralserzählungen. In ihnen leben zum Teil uralte mythische Motive fort, aber immer noch in derselben Bildumgebung.

Ein solches Thema hat auch Konsequenzen für die Art der Darstellung. Gerade weil nicht nur einzelne äußere Denkmäler besprochen werden, sondern der geistige Zusammenhang, aus dem sie entstanden sind, fühlt sich der Autor hier in der gleichen Lage wie J. G. Fichte, der im Vorwort seiner ersten Wissenschaftslehre (1794) seine Beurteiler ersucht, «auf das Ganze einzugehen und jeden einzelnen Gedanken aus dem Gesichtspunkte des Ganzen anzusehen». Eine jede Einzelheit erscheint dann in hellerem Licht, wenn man das Ganze schon ahnt und umgekehrt, der Zusammenhang wird sicherer und fester, wenn wieder eine neue Stütze hinzukommt. Besonders schwer ist mir gefallen, alles das, was nicht unbedingt wichtig war für das Ganze, wegzulassen. Manche interessante Weiterung mußte unterdrückt werden, wenn das Ganze noch übersichtlich bleiben sollte. Um nur ein Beispiel zu nennen: die sich aus den ägyptischen Parallelen ergebende neue Deutung von Rustawelis «Der Mann im Pantherfell» wurde hier nur äußerst knapp angedeutet, obwohl sich ein längerer Exkurs leicht hätte anschließen lassen.

Auch bei diesem Buch muß wieder betont werden, daß der Autor ohne die Beschäftigung mit der Anthroposophie Rudolf Steiners die Grundideen dieses Buches wohl nicht gefunden hätte. Dabei ist weniger an einzelne «Angaben» in Vorträgen Rudolf Steiners gedacht (die für dieses Thema auch kaum zu finden sind) als an die Grundlage, auf der die Anthroposophie aufbaut: die Entwicklung der Bewußtseinsfähigkeit des Menschen. Ohne eine solche Entwicklung verliert die Geistesgeschichte jeden Sinn.

Für den Leser dieses Buches ist die Kenntnis der Anthroposophie jedoch nicht Voraussetzung.

Für diejenigen Leser, die sich schon gründlicher mit dem Werk Rudolf Steiners auseinandergesetzt haben, ist ein zweiter Band geplant, der diesem bald folgen soll. Dort soll zu dem hier Vorgebrachten speziell dasjenige ergänzt werden, was von den anthroposophischen Zusammenhängen aus zu sagen ist.

Dem Verlag Freies Geistesleben und insbesondere den Herren D. Rapp als Lektor und W. Schneider als Hersteller sei für die rundum erfreuliche Zusammenarbeit herzlich gedankt. Beide haben für die innere und äußere Ausstattung viel beigetragen.

Stuttgart, im Juli 1986 Frank Teichmann

# Armenien und Georgien in vorchristlicher Zeit

# Eintritt in die Geschichte

Weit im Osten – jenseits des Schwarzen Meeres und weiter nach Persien zu – liegen zwei kleine Länder: *Georgien* und *Armenien*. Sie sind heute die Reste einstmals viel größerer Kulturgebiete, die unter bedeutenden Herrschern den weiten Raum von den Gebirgsketten des Kaukasus bis zu den Ebenen Mesopotamiens umfaßten. Diese gebirgigen Länder, zwischen Anatolien im Westen und Persien im Osten, haben im Laufe ihrer Geschichte die vielfältigsten Wandlungen erfahren – ganze Bevölkerungsgruppen wurden ausgetauscht oder vernichtet –, und dennoch konnten sie durch die Jahrtausende hindurch ihre kulturelle Eigenständigkeit immer wieder behaupten.

Nicht nur äußerlich sind Armenien und Georgien weit entfernt von unserem mitteleuropäischen Gebiet. Auch innerlich liegen uns ihre Kulturen fern. Ihre Geschichte scheint uns nicht betroffen zu haben und auch weiter nicht zu betreffen, ihre Sagen und Mären erzählen wir nicht und unbekannt sind uns ihre Helden und Weisen. Wer kennt schon, außer den wenigen Spezialisten, die Literatur dieser Länder, ihre Dichter, ihre Sprachen oder ihre Bauten? Wer kennt schon die großartigen Schätze der Goldschmiedekunst Georgiens oder die feinen, höchst komplizierten Flechtbandmuster armenischer Kreuzsteine?

Je mehr man von jenen Kulturen erfährt, desto deutlicher treten nicht nur ihre Eigenarten hervor, sondern auch die Aufgaben, die sie im Zusammenhang der Geistesgeschichte der Menschheit erfüllt haben. Ihre Lage – an den Grenzen und Übergängen zwischen dem fernen Asien und Europa – prädestiniert die Völker dieser Länder zunächst einmal dazu, den Strom von Waren und von geistigen Gütern vom ferneren Orient nach Europa zu vermitteln. Aber neben dieser Vermittlerfunktion, die tatsächlich wertvolle Kostbarkeiten und Weisheitsschätze Persiens und Indiens den Europäern überbracht hat, kommen Georgien und Armenien auch jeweils eigenwüchsige Kulturen zu, die für unsere europäische Kultur sogar wichtiger waren, als es uns bewußt ist.

Von Anfang an sind es *zwei* ganz unterschiedliche Länder, verschieden im geographischen Aufbau, verschieden in ihren Bevölkerungen und verschieden in ihren Sprachen. Beide Länder entfalten zur gleichen Zeit, am

Abb. 2 Blick vom armenischen Hochland aus zum Ararat.

Beginn des ersten Jahrtausends vor Christus, ihre eigenständigen Kulturen, bleiben aber während ihrer gesamten geschichtlichen Entwicklung immer getrennt. Sie sind wie eigene Organe eines größeren Organismus, die ja auch nicht, trotz ähnlicher Aufgaben, plötzlich verschmelzen. Man könnte sie mit Herz und Lunge vergleichen, die beide rhythmische Organe sind und als solche zwischen Kopf- und Stoffwechselpol vermitteln, aber doch ganz verschiedene Aufgaben in diesem Vermittlungsgeschehen übernehmen.

Schon äußerlich unterscheiden sich Armenien und Georgien grundlegend voneinander: Liegt das erste in einem Hochland von durchschnittlich 1500 bis 2000 Metern Höhe, das mit weit höheren Bergen und Gebirgen meist vulkanischen Ursprungs durchsetzt ist (Ararat 5165 m, Aragaz 4095 m, Sipan 4176 m), so nimmt das letztere vor allem die fruchtbaren Niederungen ein, die sich südlich des Kaukasus-Hauptkammes von der Küste des Schwarzen Meeres nach Osten zu hinziehen. Nur im Süden geht Georgien allmählich in das höhere Bergland über und schließt an Armenien an.

Armenien ist ein extremes Gebirgsland und als solches nach allen Seiten abgeschlossen. So weit das Gebirge reicht, so weit siedelte einstmals auch

Abb. 3 Blick von Süden auf die Ruine der georgischen Kirche von Bana (Türkei).

die armenische Bevölkerung. Das Gebiet um die drei großen Seen, um den Sevan-See (heute in der Sowjet-Republik Armenien), den Van-See (heute im Osten der Türkei) und den Urmia See (heute im Westen Irans), bildete das alte Kernland. Kalte und lange Winter und heiße und regenarme Sommer erschwerten die Landwirtschaft ungemein. Es ist ein karges, fast baumloses Land, das eigentlich nur in den tieferliegenden Flußtälern, vor allem im weiten Tal des Araxes im Norden des Ararat, intensiv bebaut werden kann. Aber es ist reich an Metallen und Bodenschätzen, die z. T. noch heute abgebaut werden.

Georgien dagegen ist fruchtbar und regenreich. Vom Westen her wehen die Winde die Wolken über das offene Meer, bis sie an die Berge des Kaukasus stoßen und abregnen. Grüne, saftige Wälder, fruchtbare Felder und reiche Obstplantagen bestimmen daher das Landschaftsbild Georgiens. Für die Griechen schwang sogar im Namen des Landes ein Charakteristisches seines Wesens mit, denn «georgos» heißt Bauer.

So schwer es ist, in das Innere Armeniens vorzudringen, so leicht ist es, nach Georgien zu kommen. Mit dem Schiff konnte man ohne größere Schwierigkeiten die Ostküste des Schwarzen Meeres erreichen, dann zu

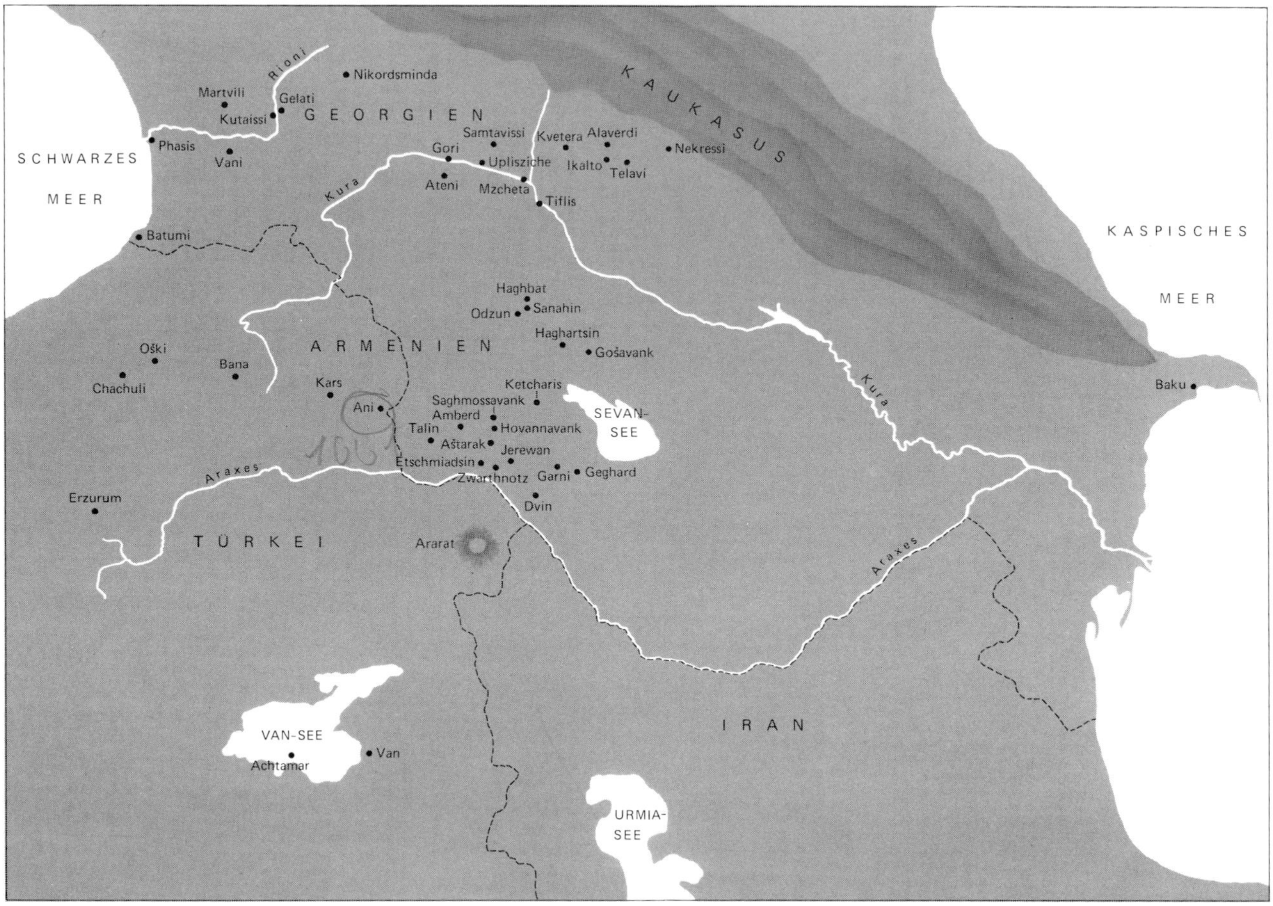


Fuß das Rioni-Tal hinauf und das Kura-Tal abwärts durchziehen, bis zum Kaspischen Meer hinab. Dabei war nur eine Höhe von 400 Metern zu überwinden. Diese verkehrsgünstige Lage Georgiens hat viel zu seiner Orientierung nach Griechenland und zu seiner Offenheit zum übrigen Europa beigetragen (vgl. Fig. 1).

Fig. 1 Armenien und Georgien.

Beide Länder treten etwa gleichzeitig in die Geschichte ein. Obwohl in jenen Gegenden schon seit Urzeiten Menschen lebten, Kulturen begründeten und erhielten, so blieb ihre Wirksamkeit doch auf ihren engeren Raum begrenzt. Die großen Entdeckungen und kulturellen Entwürfe ereigneten sich an anderen Orten, wenn auch die archäologischen Funde der letzten Jahrzehnte deutlich machen, daß diese Länder an der kulturellen Gesamtentwicklung teilhatten. Von überregionaler Bedeutung war allenfalls der Metallreichtum Armeniens, der auch schon von frühesten Zeiten an ausgebeutet und weithin verhandelt worden ist, wie es z. B. für Metsamor bei Jerewan nachgewiesen worden ist. Jedoch kann von einer stetigen und

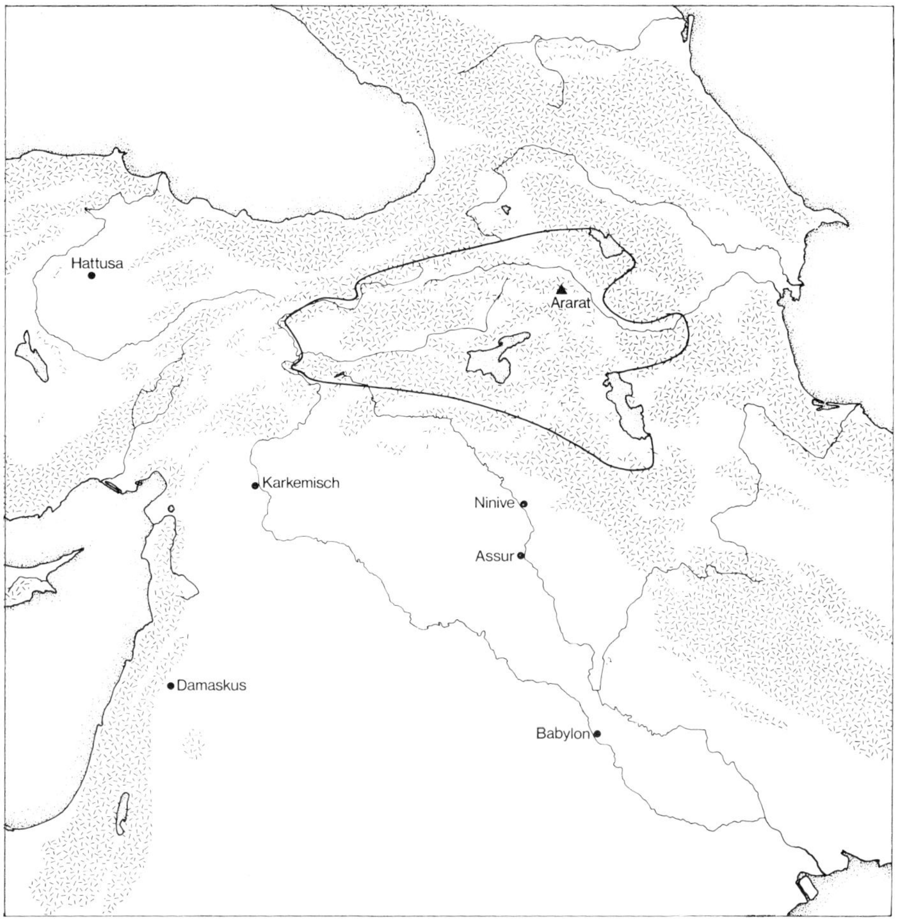


Fig. 2 Das urartäische Reich im 7. Jh. v. Chr., nach W. Kleiss.

länger andauernden Kultur an einem Ort keine Rede sein. Man gewinnt allerorten den Eindruck, daß die Bevölkerung dieser Gebiete bis zum Ende des zweiten Jahrtausends v. Chr. in Bewegung gewesen ist. Die Einwanderung der indoeuropäischen Hethiter brachte zwar Anatolien und von dort ausstrahlend auch den umliegenden Ländern eine höhere Kultur, die sogar über längere Zeiten hin Bestand hatte, aber Armenien und Georgien selbst waren davon nur wenig betroffen.

## *Urartu*

Erst zu Beginn des ersten vorchristlichen Jahrtausends ändert sich die Situation. Da bildet sich plötzlich – zum Erstaunen der Assyrer, die bis dahin gewohnt waren, ihren Metall- und Pferdebedarf durch Beutezüge in das Hochland zu decken – eine Koalition von Stämmen heraus, die es

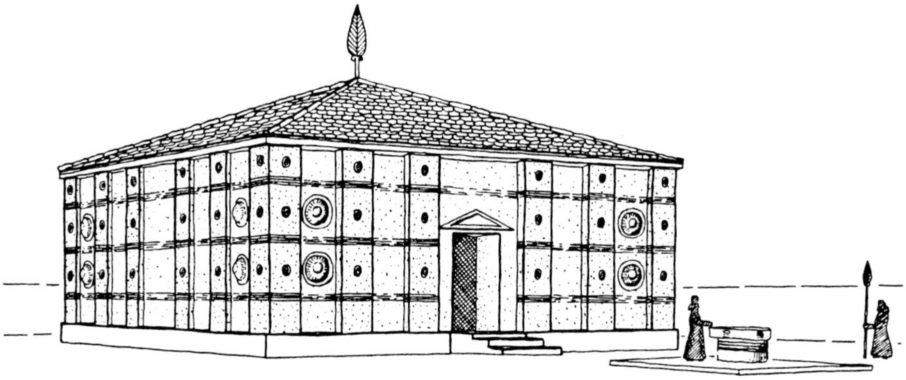

Fig. 3 Eine Rekonstruktion des urartäischen Tempels von Musasir von W. Kleiss.

wagen, sich dem assyrischen Militärapparat zu widersetzen. Der Widerstand hat Erfolg. Geführt von tüchtigen Königen und von dem Willen beseelt, sich gegen die damals vollkommenste Militärtechnik zu behaupten, tritt das Land am Ararat, das Land *Urartu,* in das orientalische Kräftespiel ein[1] (Fig. 2).

Der noch halb mythische Gründer dieses Reiches ist *Aramu.* In ihm sehen später die Armenier den eigentlichen Stammvater ihrer Nation und nennen sich dann nach seinem Namen. Sein Nachfolger, Sardur I., errichtet auf einem Felsen im Süd-Osten des Van-Sees die Festung Tuschpa und baut sie zur Residenz aus. Sie ist und bleibt auch das politische und religiöse Zentrum des Reiches. Zunächst wird die Kultur großenteils so übernommen, wie sie bei den Assyrern praktiziert worden ist, was sich z. B. im Gebrauch der Keilschrift und der großartig funktionierenden Militärorganisation zeigt. Aber schon bald werden die Formen eigenständig verwandelt. Man legt z. B. eine das ganze Land überziehende Kette von Festungen an, die es vor Einfällen schützt; man lernt die eigene Sprache mit der übernommenen Schrift zu schreiben; man lernt die Gabe der Organisationsfähigkeit auch auf anderen Feldern anzuwenden, z. B. errichtet man Kanäle und Bewässerungssysteme größten Ausmaßes, die dem Land zu einem bisher nicht gekannten Wohlstand verhelfen.

Das religiöse Leben scheint eng mit den kleinasiatischen Bergvölkern verwoben zu sein, denn man findet manche hethitischen Glaubensvorstellungen weiter tradiert. Aber auch persische und mesopotamische Elemente sind aufgenommen und eingeschmolzen worden. Der Hauptgott und oberste Herr ist *Chaldi.* Ihm werden in festlichen Kulthandlungen große Opfer dargebracht, die an den dazu errichteten turmartigen Tempeln niedergelegt[2] und aufbewahrt werden. Diese verschlossenen und dunklen Gebäude haben im Innern in der Regel nur einen einzigen quadratischen Raum,

1 V. Haas (Hrsg.), Das Reich Urartu, Konstanz 1986 (= Xenia, Heft 17).

2 Vgl. W. Kleiss, Zur Rekonstruktion des urartäischen Tempels, in: Istanbuler Mitteilungen 12–14, Tübingen 1963/64, S. 1 ff.

Abb. 4 Gott auf Löwe stehend, Votivblech aus Giyimli.
Abb. 5 Gott auf Löwenthron, Votivblech aus Giyimli.

dessen Wände wohl meist mit Malereien geschmückt sind. Dort befindet sich auch eine Statue des Gottes, der auf einem Stier oder einem Löwen steht, gelegentlich aber auch auf einem Löwenthron sitzt. Diese Art von Darstellung hat eine lange Tradition und ist z. B. auch bei den Götterbildern der Hethiter gebräuchlich (Abb. 4 und 5).

Die täglichen Opfer für die Götter werden nicht nur in Tempeln vollzogen, sondern auch an Felsennischen. Diese «Chaldi-Tore» genannten Scheintüren, die sich z. B. an dem Felsen von Van schön erhalten haben (Abb. 7), sind, wie in Ägypten, mit dem Glauben verbunden, daß die Götter *im Innern:* im Innern des Tempels, im Innern des Berges, in der Unterwelt wohnen. Dorthin muß sich wenden, wer mit den Göttern, wie es durch den Kult geschieht, in Verbindung treten will. Nach ihrem Tode ließen sich die urartäischen Könige in großen unterirdischen Felsenkammern in demselben Felsen bestatten, zu dem auch die Chaldi-Tore führen.[3] Auch hier wieder ist der von Ägypten her bekannte Zusammenhang zwischen der Welt der Götter und dem nachtodlichen Aufenthaltsort der Könige offensichtlich.

Mit dem Van-Felsen ist weiter eine Sage verknüpft, die sich seit alters an diesem Ort gehalten hat.[4] Es ist die Sage vom armenischen Helden *Mher.* Er ist dort eingeschlossen und wartet auf das Ende der Welt. Nur einmal im Jahr, in der Nacht der Himmelfahrt Christi, wo sich Himmel und Erde küssen, öffnet sich das Tor, und wer dann eindringt, kann von den im Innern verborgenen Schätzen so viel mitnehmen, wie er tragen kann. Wer sich aber verspätet, und das ist bisher noch jedem geschehen, muß in der Unterwelt bleiben. In dem Helden Mher ist unschwer der Name des

3 Vgl. dazu M. Salvini, Tušpa, die Hauptstadt von Urartu, S. 31–58, in: V. Haas (Hrsg.), Das Reich Urartu, Konstanz 1986 (= Xenia, Heft 17).
4 Vgl. Volkert Haas, Hethitische Berggötter und hurritische Steindämonen. Mainz 1982, S. 203.

Abb. 6 Der Felsen von Van, von Südwesten gesehen. Im Vordergrund die zerstörte alte Stadt.

persischen Sonnengottes *Mithras* zu erkennen. Als Sonnengott vermittelt er, durch seinen alltäglichen Umlauf – sich aus dem Felsen neu gebärend am Morgen, und wieder hinabtauchend in die Unterwelt am Abend –, Tag und Nacht, Licht und Finsternis.[5] Seit der Zeit des Hellenismus, aber vor allem dann durch die Römer, verbreitet sich sein Kult über die ganze antike Welt, bis herauf in unsere Breiten. Die Mysterien seines Kultes sind verbunden mit einem Schulungsweg, der durch sieben Weihegrade führt. Es ist ein *innerer Weg,* der seinen Ausgang von einem Stier-Opfer nimmt. Von diesem Opfer, das immer wieder im Kult realisiert wurde, hat auch die Schöpfung ihren Ausgang genommen, ja ihm verdankt auch das weiterwirkende Leben sein Dasein.[6]

Die nahe Verwandtschaft des Mher mit Mithras verwundert nicht, wenn man die geographische Lage und auch die innere Verwandtschaft der Armenier zu dieser Art von Kultur bedenkt. Aus der späteren armenischen Überlieferung geht hervor, daß man die Felsen-Scheintüren am Tuschpa-Felsen als *Mithras-Pforte* bezeichnete. Dieser Name ist identisch mit dem persischen Wort für *Tempel,* das die Armenier der vorchristlichen Zeit auch in ihre Sprache übernommen haben.[7] Ein Tempel ist so gesehen ein

5 Vgl. Reinhold Merkelbach, Mithras, Königstein/Ts. 1984, mit ausführlichen Literaturangaben.
6 op. cit. S. 12.
7 op. cit. S. 46.

Abb. 7 Kultterrasse am Vanfelsen mit zwei Scheintüren (Zeit Sardurs II.)

*Tor,* ein Tor, das in die Innenwelt, in die Geistwelt im Innern führt.
Ein Tor steht immer am Übergang von zwei Bereichen. Und derjenige, der es durchschreitet, verbindet die beiden Gebiete. Zwischen innen und außen, Stadt und Land gibt es Tore, aber das bild-schaffende Bewußtsein des antiken Menschen dachte sich solche auch zwischen Tag und Nacht, zwischen Leben und Tod. Vor allem der Sonnengott, der täglich erlebbar solche Übergänge zwischen außen und innen, zwischen Tag und Nacht, vollzieht, wird als vermittelnder Gott erlebt und mit dem Bild des Tores verbunden. In Griechenland weist sogar schon der Name des Sonnengottes, Apollon, auf diesen Zusammenhang hin, denn «abullu» heißt im Babylonischen[8] «Tor». Die frühen Griechen haben den Namen und mit ihm vielleicht auch die Kenntnis des Wesens des Gottes aus dem Osten empfangen. Entweder haben sie ihn direkt aus Babylon übernommen, wo der Sonnengott Schamasch im Tor residiert und Gericht hält, oder ihn über die Hethiter bekommen, die einen Apulunas als Hüter der Tore kennen. Diese Tatsache war für sie jedenfalls so wesentlich, daß sie auch ihren Sonnengott «Tor» nannten.[9] Man könnte sich auch keinen treffenderen Namen für Apollon denken, der durch sein Wirken den Griechen zum

8 Zur Übernahme hethitischer Mythen durch Griechen, siehe H. Schwabl: Die griechischen Theogonien und der Orient, in: Eléments orientaux dans la région grècque ancienne. Paris 1960, p. 39 ff.
9 E. Simon, Die Götter der Griechen, München 1969, S. 132.

Denken anleitet[10] und durch dieses Tor in die nichtsinnliche, in die geistige Welt, zur Wahrheit führt.

Zur Welt der Götter und Geister bekommt der Mensch normalerweise erst durch seinen Tod Zutritt. Dann lebt er, so wie die Götter, im Innern, im nichtsinnlichen Bereich des Kosmos. Die Gräber sind der Eingang zu dieser Sphäre, wie die Pforte des Mithras. Am Tuschpa-Felsen sind beide vereint: Im Westen des Felsens führen die Gräber ins Innere hinein, im Osten führt wieder ein Tor heraus.

Nicht nur die persischen Einflüsse auf die urartäische Religion sind deutlich, auch die südlichen Länder des Zweistromlandes hinterließen ihre Spuren.[11] Das ist schon äußerlich am Stil der Kunstwerke zu erkennen. Mit dem Stil sind oft auch ikonographische Eigentümlichkeiten übernommen und weitergebildet worden. Vor allem ein Motiv ist hier zu nennen, das immer wieder auf den verschiedensten Gegenständen und in den verschiedensten Zusammenhängen auftritt: das Motiv des *Lebensbaumes*. Weit über Mesopotamien hinaus scheint es das religiöse Denken beschäftigt zu haben. Vor allem auf Helmen ist es merkwürdigerweise zu finden, häufig sogar in mehrfachen Reihen übereinander.

Dieses Lebensbaum-Motiv wird weiter durch die großartigen Hütergestalten an Toren ergänzt, die mit heiligen Bäumen in Verbindung stehen. Auf dem Relief von Adilcevaz (Abb. 8), das wahrscheinlich vom Sockel eines Tempels stammt, sehen wir z. B. zwei solcher symmetrisch angeordneter Torwächter auf Löwen stehend vor einer Palastfassade und Bäumen opfern. Die mit Hörnerkrone und Flügeln versehenen Wesen halten in der einen Hand eine Schale, in der anderen ein Blatt. Wie neuere Untersuchungen gezeigt haben, handelt es sich dabei um den Dienst am heiligen Baum im Rahmen des Königskultes.[12]

Am Ende des 7. Jahrhunderts v. Chr. wird Urartu jedoch von den aufsteigenden Medern und den gleichzeitig angreifenden Skythen besiegt und schließlich dem persischen Reich unter den Achämeniden einverleibt. Aber auch nach dem Untergang des selbständigen Staatsgebildes Urartu leben die alten Gottesvorstellungen und Kultgebräuche weiter. Sie werden vielleicht jetzt mit anderen Namen genannt, aber im großen und ganzen übernimmt das sich bildende armenische Volk die alten Glaubensformen und tradiert sie weiter bis in die christliche Zeit hinein, ja manches noch Jahrhunderte darüber hinaus. Manche alten Praktiken werden zu christlichen Bräuchen umgedeutet und überleben so, ohne daß man sich dessen bewußt ist, den Wandel der Zeiten.

10 Vgl. für diesen Zusammenhang Frank Teichmann, Der Mensch und sein Tempel, Bd. 2, Griechenland, Stuttgart 1980, S. 103 ff. u. 195 ff.

11 Vgl. z. B. S. Eichler, Götter, Genien und Mischwesen in der urartäischen Kunst, Berlin 1984.

12 St. Kroll: Urartu, das Reich am Ararat, Hamburg 1979, S. 40.

Abb. 8 Urartäisches Relief, von Adilcevaz. Torhüter auf Löwe stehend, vor Palastfassade (Ankara, Hethitisches Museum).

## *Kolchis*

Wenden wir unsere Aufmerksamkeit auf das mehr nördliche Gebiet, dann sehen wir auch dort, wie sich im ersten Jahrtausend v. Chr. die Stämme zu größeren Gebieten zusammenschließen. Aber im Unterschied zu Armenien kommen die Einflüsse und Anregungen dazu aus anderen Gegenden. Schon um die Jahrtausendwende findet sich im Westen Georgiens eine einheitliche Kultur, die sogenannte kobankolchische Kultur, die starke Anregungen aus den Steppengebieten Rußlands in ihren herausragenden Metallarbeiten erkennen läßt. Sie findet ihr Ende in den zerstörerischen Kämpfen mit den durchziehenden Skythen und Kimmeriern am Ende des 8. Jhs. Schon bald aber erholen sich die Gebiete an den östlichen Ufern des Schwarzen Meeres von diesem Schlag und entwickeln sich stetig unter der zentralen Führung der Könige von Kolchis. Weiter im Osten bildet sich ein zweites Königreich, das alte Iberien. Es ist die gleiche Zeit, in der auch die Griechen ihren Lebensraum ausweiten durch die sog. Große Kolonisation. Sie kommen über das Meer und gründen überall an den ihnen günstig erscheinenden Orten Städte mit griechischen Siedlern. So wird auch schon

Abb. 9 Blick auf das Tor-Heiligtum mit Altar in der Stadtmauer von Vani. 3. Jh. v. Chr. Man beachte das sorgfältig gefügte Mauerwerk.

früh die östliche Küste des Schwarzen Meeres mit Städten oder mit Handelsemporien durchsetzt (Bathys, Phasis, Dioskurias, Pitiunt).[13] Merkwürdigerweise scheint dieser Vorgang einigermaßen friedlich abgelaufen zu sein. Denn wir hören nichts von kriegerischen Auseinandersetzungen. Die Griechen beschränkten sich auf wenige Städte und hatten in der Regel keine Absichten, auch das Hinterland zu besetzen. Man schätzte sie wegen ihrer hohen Kultur und wegen ihrer regen Handelsinteressen. So scheinen sie viel zum Gedeihen der Länder, in denen sie siedelten, beigetragen zu haben. In klassischer Zeit hatte es dort z. B. eine «kolchische Akademie» gegeben, die hohes Ansehen genoß. Auch die archäologischen Funde bezeugen den intensiven Einfluß, den die Griechen auf die kolchische Kultur ausübten. Zwar haben die Kolcher diese Anregungen nicht einfach kopiert, sondern eigenständig gestaltend übernommen, der griechische Einfluß ist aber deutlich an den Überresten abzulesen. So z. B. an dem heiligen Hügel von Vani. Schon die Mauer, die ihn umgibt, hätte jeder griechischen Stadt zur Ehre gereicht. Innerhalb dieser schmückten schöne und sorgfältig errichtete Bauten die Heiligtümer, und Gräber mit vielfältigen Grabbeigaben zeugen vom Reichtum und vom Geschmack der vornehmen Familien[14] (Abb. 9).

Seit dem 6. Jahrhundert bedrängen jedoch die Perser die südliche Grenze von Kolchis und verleiben sich schließlich einen Teil des kolchischen Gebietes in ihren Reichszusammenhang ein (19. Satrapie). Der Hauptteil des Landes bleibt jedoch eigenständig und wird erst am Ende des 2. Jahr-

13 Vgl. O. Lordkipanidze: Das alte Kolchis und seine Beziehung zur griechischen Welt vom 6. zum 4. Jh. v. Chr., Konstanz 1985, (= Xenia, Heft 14). Dort auch die weitere Literatur. Für Ostgeorgien vgl. jetzt: K. Pizchelauri, Jungbronzezeitliche Heiligtümer in Ost-Georgien. München 1984.

14 Zusammenfassender Bericht über die Ausgrabungen in Vani: O. Lordkipanidze: La Géorgie et le Monde Grec, in: Bulletin de Correspondance Hellénique XCVIII–1974, p. 897 ff.

hunderts v. Chr. von Mithradates VI. von Pontus seinem ephemeren Reich eingegliedert. Die nächsten Jahrhunderte werden von den Römern bestimmt, die das kolchische Gebiet, als Grenzland ihres Reiches, mit mehr oder weniger Strenge an sich binden.

Die Kolcher lebten also den größten Teil des ersten Jahrtausends v. Chr. zwischen den weltumspannenden Kulturen des Westens, der Griechen und Römer, und des Ostens, der Perser. Sie hatten, von Natur aus, die ideale Möglichkeit, zwischen diesen beiden so völlig verschiedenen Kulturen vermitteln zu können. Wo diese Gegensätze unvermittelt aufeinandertrafen, drängten sie zu kriegerischen Auseinandersetzungen.

Auf religiösem Felde sind es vor allem zwei Mythenkreise, die von Griechenland aus den Blick auf Kolchis lenken: der Mythos von Prometheus und die Sage vom Goldenen Vlies. Jeder Grieche kannte den göttlichen Freund der Menschen, dem sie eigentlich ihre Kultur verdankten und der dafür am Kaukasus litt. Und jeder wußte auch von den tapferen Helden, die in der Argo nach Kolchis fuhren. In ihrer kulturgetragenen Umwelt begegneten den Griechen diese mythischen Erzählungen in Hunderten von Bildern; an manchen der großen Feste erlebten sie die dramatischen Schicksale dieser Helden mit, wenn sie den Aufführungen in den Theatern beiwohnten; und manche weit ausholende Dichtung wurde ihnen vorgetragen, die diese «Stoffe» zum Inhalt hatte.

Hier soll nun zunächst von der griechischen Version dieser Sagen ausgegangen werden. Es wird sich später zeigen, daß die Griechen sie nicht ohne Grund mit diesen Gegenden in Verbindung brachten und sie wohl auch tatsächlich von dort empfangen haben.[15]

15 Vgl. z. B. V. Haas, Medea und Jason im Lichte hethitischer Quellen, S. 241–253 in: Acta Antiqua Academiae Hungaricae 26 (1978), Budapest.

# Der kaukasische Sagenkreis im Spiegel der griechischen Mythologie

## *Prometheus*

Früh schon entsteht die dichterische Fassung dieses Mythos durch Hesiod. In seiner «Theogonie» und in «Werke und Tage»[16] erzählt er im Zusammenhang, was er von Prometheus weiß: Er gibt seine Herkunft an, nennt die mit ihm verwandten Gestalten und schildert seine Taten.
Prometheus gehört zum Titanengeschlecht, zu frevlerischen Wesen, die sich gegen die herrschenden Götter aufgelehnt hatten, die aber, wie die vorolympischen Götter auch, von den Ureltern Uranos und Gaia, von Himmel und Erde abstammen. Sein Vater Japetos verbindet sich mit der Okeanide Klymene (in anderen Dichtungen wird auch Asia oder Asopis, «die Morgendliche» an deren Stelle genannt), also wieder ein göttliches mit einem irdischen Wesen. Dieser Verbindung entstammen «Atlas, ein Kind von gewaltiger Größe», «Prometheus, der so klug an Rat» und schließlich «Epimetheus voll Torheit, der ein Übel von Anfang den brotverzehrenden Menschen». Atlas hatte von Zeus die Aufgabe zugemessen bekommen, im äußersten Westen, an den Enden der Erde stehend, den Himmel zu tragen und ihn so von der Erdenfläche, auf der die Menschen leben, zu trennen.
Bei Prometheus sind es vor allem zwei Taten, von denen Hesiod berichtet: Zum einen hat er die Trennung des Menschengeschlechts von den Göttern bewirkt. Zum anderen verdanken die Menschen ihm die Befähigung, daß sie nun selbst Kultur erschaffen können. Dazu müssen sie sich zwar zunächst aus dem blinden Wirken der Natur lösen; doch dies ist die Voraussetzung für ihre eigene Vervollkommnung.
Prometheus, der «Vordenkende», der «im voraus Wissende», und sein Bruder Epimetheus, der «nachher Denkende», (diese Bedeutungen hörte der Grieche aus dem Erklingen der Worte heraus mit) leben immer in enger Verbindung mit den Menschen. Hesiod erzählt, daß ursprünglich Götter und Menschen zusammenlebten, Himmel und Erde noch nicht getrennt waren. Erst durch die listige Tat des Prometheus wurden sie voneinander separiert. Dies geschah bei einem Opfer, das die Menschen den Göttern darbringen wollten. Prometheus zerteilte den geopferten Stier

16 Werke und Tage, 48 f.; Theogonie, 507 ff.

in ungewöhnlicher Weise: «Legte er doch den Menschen das Fleisch und die fetten Geweide in die Haut und als Hülle darüber den Magen des Tieres, Zeus aber legte er hin die weißen Knochen des Rindes, listig und kunstvoll geordnet, verhüllt mit dem Schimmer des Fettes.» Er bittet nun Zeus zu wählen. Und Zeus wählt den ansehnlicheren Teil und findet nur Knochen im Innern! So getäuscht, ergrimmt er und sinnt auf der sterblichen Menschen Verderben. Sie finden sich plötzlich ausgeschlossen vom Leben mit den Göttern und bedürfen des Feuers, das nur bei jenen zu finden war. «Aber der herrliche Sohn des Japetos . . . stahl weitleuchtenden Glanz unermüdlichen Feuers und barg es in einem hohlen Rohr.» Diese im Innern des Narthex-Stabes brennende Glut hatte Prometheus aus der Werkstatt des Hephaistos entwendet oder von der Sonne direkt entnommen und zu den Menschen gebracht. Er hatte Mitleid mit dem sterblichen Geschlecht und übergab ihnen das Feuer, «wodurch es viel erfinden wird der Künste einst».[17] Er brachte ihnen die Kultur, er erfand die Zahlen und die Schrift, gab ihnen ein, Tiere zu zähmen, das Meer zu befahren, Metalle zu erschmelzen und zu bearbeiten, Arzneien zu entwikkeln, die Seherkunst zu pflegen, kurz: «Es kommt jedwede Kunst dem Erdvolk von Prometheus her.»[18]

Diese menschenfördernden Taten des Prometheus haben zwei Folgen: erstens für den Titanensohn selbst und zweitens für die von ihm erzogenen Menschen. Prometheus wird an einer Säule an den fernsten Grenzen der bewohnten Erde gefesselt und an den Felsen angeschmiedet, «auf daß er lerne, sich des Zeus Herrschergewalt zu fügen, menschenfreundlich Wesen abzutun».[19] Ein Adler, von Zeus geschickt, kommt jeden Tag zu ihm, um an seiner Leber zu fressen, aber jede Nacht wächst sie wieder nach – jahrelang. Den Menschen aber schicken die Götter ein Unheil in Form der äußerst schönen Jungfrau Pandora, der «Allbegabten», die von Hephaistos gebildet, von allen Göttern mit Gaben reichlich ausgestattet wird, «zum Leid der betriebsamen Männer». Dieses «Trugwerk» sandte Zeus auch zunächst an Epimetheus, «und Epimetheus gedachte nicht mehr, wie ihn Prometheus geheißen, nie eine Gabe anzunehmen von Zeus, dem himmlischen, nein, sie von dannen gleich zu senden, damit den Menschen kein Unheil geschähe. Aber er nahm's und erkannte das Unheil, als er es hatte.»[20] Epimetheus, der «nachher Denkende», bemerkt erst nachher, daß er – was Prometheus, der «voraus Denkende», schon vorhergesehen hat – mit Pandora die Übel und Krankheiten in die Welt gelassen hat. Denn Pandora brachte ein Gefäß mit, öffnete es und ließ die darin versammelten Übel und Krankheiten in die Welt entfliegen. Von da an umschwirren sie lautlos die Menschen, und keiner entgeht dem Willen des Zeus.

17 Aischylos: Der gefesselte Prometheus, 254 ff.
18 op. cit., 506.
19 op. cit., 10/11.
20 Hesiod, Werke und Tage, 85 f.

Abb. 10 Atlas und Prometheus. Lakonische Schale des Arkesilaosmalers, um 550 v. Chr. Vatikan.

Das menschliche Geschlecht, so wie es sich heute vorfindet, stammt von diesen Gestalten ab. Denn ein Sohn des Prometheus, Deukalion, nahm sich Pyrrha, die Tochter der Pandora und des Epimetheus, zur Frau, baute sich nach Weisung des vorhersehenden Prometheus eine Arche und landete nach der Flut, welche die Erde überschwemmte, am Parnass. Aus den Steinen, die sie nach des Zeus' Befehl rückwärts über ihre Köpfe warfen, entstanden die gegenwärtigen Erdbewohner.
Prometheus mußte indessen nicht für alle Zeiten am Kaukasus leiden. Herakles befreite ihn, indem er den quälenden Adler des Zeus erschoß. Aber diese Befreiung war noch mit einem weiteren Ereignis verknüpft, auf das Hermes prophezeiend hinweist:

> «Und nie erhoffe solchen Leides Ende dir:
> Eh' nicht als deiner Qual Vertreter dir ein Gott
> Erscheint, bereit, hinabzusteigen in die Nacht
> Des Hades, in die dunkle Kluft des Tartaros.»[21]

21 Aischylos, op. cit., 1026 ff.

In dem Moment also, wo ein Gott bereit ist, in den Hades hinabzusteigen und die Qualen des Leidenden auf sich zu nehmen, in dem Moment verlieren die ehernen Fesseln ihre Gewalt: Prometheus wird von seinen Leiden erlöst. Eine solche Tat, das weiß Prometheus von seiner Mutter[22], löst gleicherweise die Herrschaft des Zeus ab – und ein neuer Äon beginnt.
Erfassen wir den Prometheus-Mythos im ganzen, so wird schon auf den ersten Blick offenkundig, daß hier im Bild innermenschliche Vorgänge zum Ausdruck kommen. Schon die Etymologie des Namens weist in die Richtung dieser Vorgänge. Aus «Prometheus» sprach, für jeden Griechen deutlich vernehmbar, das Wesen des Denkens, und zwar desjenigen Denkens, das schöpferisch ist, vorausdenkend eingreift in die Welt und handelnd das Gewordene umgestaltet. Das ist eine ganz andere Tätigkeit als die des Epimetheus, der immer erst im nachhinein bemerkt, was eigentlich ohne ihn abgelaufen ist. Bei Epimetheus ist auch das Denken immer schon, unbeachtet, vorbeigegangen – weswegen es in der Regel auch nur dazu ausreicht, Katastrophen zu registrieren. – Das prometheische Denken dagegen ist innerlich aktiv, hat «Feuer». Man kann gut verstehen, daß wir einem solchen Denken die großen Kulturleistungen verdanken: Die Pflanzen- und Tierzüchtung, den Schiffbau, die Erfindung der Schrift, usw.; alles was Tat des Prometheus ist, ist durch Vorausdenken geschaffen worden. Es ist ein *inneres Feuer,* das er in einem Narthex-Stengel, einem Thyrsos-Stab, vom Himmel geholt hat. Dadurch ist eine Beziehung zu Dionysos geschaffen, denn Thyrsos-Stäbe wurden bei den Festen und Feiern dieses Gottes als heilige Zeichen geschwungen. Dieser Zusammenhang macht deutlich, daß mit dem vom Himmel geholten inneren «Feuer» die innere Aktivität des Menschen angesprochen ist, die für seine eigene Wesenheit an dem Feuer der Götter entzündet worden ist und ihm seine Unabhängigkeit und Selbständigkeit ermöglicht hat. Aischylos verwendet an der Stelle, an der er auf diesen Bewußtseinswandel aufmerksam macht, der bei den Menschen durch die Gabe des Prometheus bewirkt worden ist, das Wort ἔννους, verständig:

> «Das hört nun: wie ich jene, kindischblöd zuvor,
> verständig machte und zu ihrer Sinne Herren.»[23]

Wörtlich übersetzt heißt ἔννους eigentlich «innengeistig». Es ist das an dieser Stelle treffende Wort, das innen brennende Geistesfeuer.
Die durch dieses feurige Denken entzündete Selbständigkeit des Menschen äußert sich zunächst einmal in seiner Trennung von den Göttern. Denn solange der Mensch nicht denkt, ist er einverwoben in den Zusammenhang der Welt, und erst durch sein Denken findet er sich als ein Wesen vor, das

22 op. cit., 916 ff., vgl. auch Karl Kerényi, Prometheus, rde 95, Hamburg 1959, S. 111 f.
23 Der gefesselte Prometheus, 443/4. Diesen Hinweis verdanke ich K. M. Dietz.

die Welt von außen betrachtet. Hölderlin hat diesen Vorgang am Anfang seines «Hyperion» großartig beschrieben. Da finden wir Hyperion auf dem Rücken liegend, in den Himmel blickend und sich selbst vergessend, wie ein Wesen ohne eigenes Denken:

«Eines zu sein mit Allem, das ist das Leben der Gottheit, das ist der Himmel des Menschen. Eines zu sein mit Allem, was lebt, in seliger Selbstvergessenheit wiederzukehren ins All der Natur, das ist der Gipfel der Gedanken und Freuden, das ist die heilige Bergeshöhe, der Ort der ewigen Ruhe . . . Auf dieser Höhe steh ich oft mein Bellarmin! Aber ein Moment des Besinnens wirft mich herab. Ich denke nach und finde mich, wie ich zuvor war, allein, mit allen Schmerzen der Sterblichkeit, und meines Herzens Asyl, die ewigeinige Welt ist hin; die Natur verschließt die Arme, und ich stehe, wie ein Fremdling, vor ihr, und verstehe sie nicht. Ach! wär ich nie in eure Schulen gegangen. Die Wissenschaft, der ich in den Schacht hinunter folgte, von der ich, jugendlich töricht, die Bestätigung meiner reinen Freude erwartete, die hat mir alles verdorben.

Ich bin bei euch so recht vernünftig geworden, habe gründlich mich unterscheiden gelernt von dem, was mich umgibt, bin nun vereinzelt in der schönen Welt, bin so ausgeworfen aus dem Garten der Natur, wo ich wuchs und blühte, und vertrockne an der Mittagssonne.»

Die Götterwelt ist entschwunden, und der Mensch findet sich vor in der sinnlichen Welt, angeschmiedet an den irdischen Felsen des Tagesbewußtseins. Sein Lebensorgan, die Leber, vertrocknet und verdorrt durch die Tätigkeit des nüchternen Verstandes. Nur des Nachts, wenn die Verstandeskräfte ruhen, wächst sie wieder nach, um am Tage von neuem abgebaut zu werden – vom Adler des Zeus.

Die Erlösung von dieser Fesselung an die sinnliche Welt tritt erst dann ein, wenn Herakles, der am Zug der Argonauten teilweise teilgenommen hat, den Adler des Zeus mit seinem Pfeil erschießt. Und zu gleicher Zeit mußte ein Gott bereit sein, für die prometheische Menschheit zu leiden und hinabzusteigen in die nächtliche Welt des Hades. – Damit sind die Motive angeklungen, die mit dem Argonautenzug zusammenhängen, denn auch an dessen Ziel muß der Held in die Unterwelt hinabsteigen, um dort das Goldene Vlies zu gewinnen.

## *Die Argonauten*

Die Sage von der Suche nach dem Goldenen Vlies gehört zu denjenigen Mythen, die für alle Griechen und zu allen Zeiten ihrer Geschichte bedeutsam waren. Immer neu wurde ihr Inhalt von den großen Dichtern gestaltet und von den bildenden Künstlern zum Vorwurf genommen. Vielfältig und ausführlich wurden die Einzelheiten des Geschehens ausgeschmückt und in den Zeiten, in denen man Begründungen für die Taten brauchte, auch ganz verschieden rationalisiert. Aber der Kern ist immer derselbe:
Es geht um die Suche nach dem Goldenen Vlies, das fern im Osten, in Kolchis, von einem schrecklichen Drachen bewacht wird und das der Held gewinnen muß, um König zu werden. Der Held ist Jason. Er wuchs, von dem Kentauren Chiron erzogen, im Peliongebirge auf und kommt, mündig geworden, nach Jolkos, um dort sein ererbtes Königtum anzutreten. Dort aber herrscht Pelias, der dieses Königtum wohl unberechtigt innehat. Ihm war einst vom Delphischen Orakel prophezeit worden, daß er sich vor dem Einschuhigen in acht nehmen solle. Und nun kommt die wild ausschauende Gestalt des Jason, mit langwallenden ungeschnittenen Haaren, angetan mit einem Pantherfell über dem normalen Gewand, mit zwei Speeren in den Händen und vor allem mit nur einem Schuh oder einer Sandale bekleidet.

> «Keiner kannt' ihn; doch von den ehrfurchtsvoll Schauenden
> sagte einer wohl auch dies:
> ‹Ist denn nicht der da Apollon›»[24]

Pelias erschrickt heftig, als er den einen Schuh an Jasons Fuß erblickt, und bittet ihn, offen seine Herkunft zu sagen. Jason enthüllt sie und fordert den Thron von Jolkos. Daraufhin heißt ihn Pelias, wiederum einem delphischen Orakelspruch folgend, nach Kolchis zu fahren, um das Goldene Vlies zu holen. Jason baut mit Hilfe der Athena die Argo, das schnelle Schiff, das so leicht ist, daß es ein Mann auf seinen Schultern tragen kann; rüstet es aus und bemannt es mit den bedeutendsten Helden Griechenlands. Orpheus nimmt an der Reise teil und Lynkeus, die Dioskuren, Theseus und Herakles u. a. Kurz, wer Rang und Namen hat in der frühgriechischen Welt, ist bereit mitzufahren. Viele dieser «todesbereiten» Gefährten waren von göttlicher oder halbgöttlicher Abstammung – und sie wußten von der Schwierigkeit der Fahrt.
Über viele Umwege und nach mancherlei Kämpfen gelangen sie schließlich an das Ostufer des Schwarzen Meeres, nach Kolchis. Schon bei ihrer Ankunft erblicken sie den schrecklichen Adler des Prometheus, rudern

24 Pindar, 4. pyth. Ode, 86–89.

aber dann mutig den Phasis hinauf zum Sitz des Königs Aietes. Die Insel Aia barg das eigentliche Heiligtum. Dort soll sich in den goldenen Gemächern dieses Königs die Sonne nachts ausruhen. Aietes, ein Sohn des Helios und der Perseis und Gatte der Idyia (die Wissende), ist Herrscher in diesem Morgenland (Aia ist vielleicht verwandt mit Eos, der Morgenröte) und ist als solcher der Hüter des Goldenen Vlieses.

Schon bei der Ankunft in Aia beschließen Hera, Aphrodite und Athena, Jason zu helfen, und Aphrodite entzündet die Liebe Medeas zu ihm. Diese hilft dann auch – als kundige Tochter des Aietes – dem Helden, die ihm aufgetragenen «Proben der Kraft und des Mutes» zu bestehen. Als erstes muß er mit feuerschnaubenden Stieren auf dem Aresgefilde Furchen pflügen. Dann hat er, als zweite Tat, Drachenzähne von dem von Kadmos getöteten Drachen von Theben auszusäen, aus denen erdgeborene Krieger aufwachsen, die er bezwingen muß. Erst die dritte Prüfung hat das Goldene Vlies zum Ziel, das von einem niemals schlafenden Drachen bewacht wird.

Die jungfräuliche Medea, die als Priesterin der Hekate in die Naturgeheimnisse eingeweiht ist, bereitet nun aus dem Blut des Prometheus eine «prometheische Salbe». Nach einem nächtlichen Opfer an Persephone salbt sich Jason damit, denn

> «wer mit diesem Safte sich einreibt,
> unverwundbar kann er jedem Erz dann trotzen,
> braucht auch feuriger Glut nicht auszuweichen, ja stärker
> wachsen dadurch Mut und Kraft ihm am nämlichen Tage.»[25]

So gleicht er dem «goldbewehrten Apollon»,[26] pflügt mit den gluthauchenden Stieren, kämpft mit der Drachensaat, und steigt hinab in die unterirdischen Gemächer. Er gewinnt das Vlies – sei es nun dadurch, daß Medea den immerwachenden Drachen in Schlaf sang, oder dadurch, daß er in das Innere der scheußlichen Schlange eindrang und mit der Hilfe Athenas wieder herausfand, wie es ein klassisches Vasenbild zeigt (Abb. 11) – und kehrt mit Medea nach Griechenland zurück. Die Rückfahrt selbst ist noch von vielen Gefahren bedroht, aber nach langen Wegen wird das Ziel erreicht: das Goldene Vlies ist für Griechenland gewonnen. Viele vornehme Geschlechter der Städte Griechenlands und der Inseln rühmen sich später ihrer Abstammung von den heimkehrenden Argonauten.

Schon aus diesem Abriß der Sage wird die Beziehung zu Prometheus deutlich, denn vielfältig sind die Anspielungen. Dabei ist das Interesse weniger auf den gemeinsamen Ort und die äußeren Hinweise (prometheische Salbe, Adler des Prometheus etc.) zu lenken als auf die inneren

25 Apollonios Rhodios, Die Argonauten III, 845.
26 op. cit. III, 1283.

Abb. 11 Jason wird von dem Drachen ausgespien, rechts Athena; im Hintergrund an einem Baum hängend das Goldene Vlies. Schale des Duris, 480/70 v. Chr. Vatikan.

Übereinstimmungen in den Bedeutungsanklängen. So taucht z. B. die bekannte Beziehung von Feuer und Denken wieder auf: das Pflügen mit den feuerschnaubenden Stieren, der Name Idyia, das heißt «die Wissende» als Gattin des Aietes; der Name seiner Tochter Medea, was auch «die mit Wissen» oder «die mit klugem Rat» heißt usw. – Kolchis ist eine mythologische *Landschaft des Denkens,* und die Argo, die «Schnelle», die jeder Mensch wie seinen Kopf leicht auf seinen Schultern tragen kann, hat Athena als Göttin der Klugheitskräfte erbaut, um jenes Ufer schnell zu erreichen. Auch das Löwenfell des Helden und sein Abstieg in die Unterwelt, der verbunden ist mit der Besiegung des Drachens, gehört in diesen Zusammenhang. Jason ist, wie Herakles, mit einem Löwen- oder Pantherfell bekleidet (siehe weiter unten). Diese Mythen sind, wie oben schon angedeutet[27], nicht unbedingt griechischen Ursprungs und dann in diese «mythologische Landschaft» im Osten verlegt worden; viel wahrscheinlicher ist, daß sie dort ursprünglich lebendig waren und die Griechen sie tatsächlich von dort empfingen. Die Geschichte von Medea und Jason kann auch im Lichte hethitischer Quellen gelesen werden[28], ebenso wie die «Theogonie» des Hesiod.

27 Vgl. S. 23.
28 Vgl. S. 27, Anm. 15.

Auch in Armenien haben sich Spuren alter Mythen erhalten, die in unseren Zusammenhang gehören und nicht von Griechenland abhängig sind. Moses von Choren, ein armenischer Geschichtsschreiber des 5. Jahrhunderts n. Chr., zitiert in seinem Werk ein altes heidnisches Lied, das von der Geburt des Vahagn singt und das wohl noch zu seiner Zeit im Volke lebendig war:

> «In Wehen lag Himmel und Erde,
> in Wehen lag auch das purpurne Meer,
> und Wehen hatte im Meer auch das blutrote Schilfröhrchen.
> Durch des Schilfes Röhre stieg Rauch auf,
> durch des Schilfes Röhre stieg Flamme auf,
> und aus der Flamme ein Knäblein sprang,
> das hatte Feuer als Haar, Flamme als Bart,
> und seine Äuglein waren Sonnen.»[29]

Derjenige, der hier am Rande zwischen Land und Wasser, dort, wo das Schilf wächst, aus dem Innern des Rohres, aus Feuer geboren wird, wie die Flamme des Prometheus, die im Innern eines Narthex-Stengels vom Himmel auf die Erde kam, wird der «armenische Herakles» genannt. Er ist als Drachenkämpfer bekannt und hat den Beinamen Višapakal, das heißt Drachentöter. Im Lande der Iberer (Ost-Georgien) soll an seiner Statue ein Kult vollzogen worden sein. Vahagn ist mit Gestalten aus der persischen und indischen Mythologie verwandt, was sich schon in seinem Namen zeigt, der mit dem indischen Wort agni, d. h. Feuer, gebildet ist.[30]

## *Feuer und Wasser*

Die Elemente Feuer und Wasser begegnen uns überall in der antiken Mythologie. Nicht immer werden sie gemeinsam genannt, wie in dem oben genannten armenischen Spruch; doch gehören sie zusammen. Im Grunde fordert der Mythos vom Feuer-bringenden Prometheus die Argonautenfahrt übers Meer. Das wird einsichtig, wenn man die Bilder nach ihrem tieferen Sinn befragt.

Für das griechische Erleben des Prometheus-Mythos ist mit dem Bild des Feuers das Denken verbunden. Nicht jenes Denken ist gemeint, welches sich von allein einstellt und erst hinterher bewußt wird, wie bei Epimetheus, sondern nur das Denken, welches aktiv und mit eigener Anstrengung errungen werden muß, das Denken, das Zusammenhänge zu erfassen sucht, das beweglich bleibt und ins Leben eingreift, kurz: das Denken,

29 Geschichte der Armenier I, 31.

30 Die verschiedenen Etymologien von Vahagn sind zusammengestellt im: Wörterbuch der Mythologie I, Heft 11/12, Stuttgart 1980, S. 150 f.

das mit dem Einsatz der ganzen Person nach der Wahrheit strebt. «Für die Wahrheit bin ich entflammt, und was ich für wahr halte, das werde ich immer so stark und so entscheidend sagen, als ich es vermag», schreibt Fichte in der Vorrede zu seiner ersten Wissenschaftslehre. Der Bezug zur Wahrheit ist wesentlich; die Alten hätten gesagt, zum Himmel, zur geistigen Welt. Doch auf der Erde «erglühen» die Menschen in Begeisterung, wenn sie sie erleben können.

Das Bild des Feuers charakterisiert also nicht das Denken als solches, als ob es ohne einen Träger existieren könnte, sondern gerade das innige Engagement, den glühenden Enthusiasmus des Menschen, der sich der Wahrheit zuwendet. Eine – «zündende» Rede «erwärmt» zunächst den Hörer für die Sache, ehe er sich vielleicht im folgenden in «lodernder» Begeisterung engagiert, weil er den Inhalt des Gedankens mitvollzogen hat.

Wird die Aufmerksamkeit beim Denken nun nicht auf das Entstehen von Gedanken gelenkt, sondern auf die Folgen, die das Denken im Seelenleben zeitigt, dann tauchen ganz andere Erlebnisse auf: Da bemerkt man, wie wohltuend es ist, wenn sich das unbewußte Seelenregen allmählich klärt, wenn Ordnung und Sicherheit im Seelenleben auftreten. Lebenslange Übung kann den Menschen zum Weisen wandeln. Zu einem Weisen aber gehört nicht nur das geistige Wissen, sondern auch ein geklärtes und gereinigtes Seelenleben. Für die antike Welt wurde dieses Ziel in der Frage formuliert: Sind Tugenden lehrbar? Und Sokrates, der dies in vielen Gesprächen mit anderen erörtert, hebt immer wieder hervor, daß sich die Tugenden nur durch ein Streben nach Wahrheit, d. h. nach wahren Erkenntnissen entwickeln. «Vernünftige Einsicht allein ist die wahre Münze, für die man alles eintauschen soll. Und nur das alles, was mit ihr gekauft und verkauft wird, ist wirkliche Tapferkeit und Besonnenheit und Gerechtigkeit, mit einem Wort: wahre Tugend, verbunden mit vernünftiger Einsicht und unabhängig von den Lüsten und Sorgen und von allem Derartigen. Wird aber dies alles ohne die Einsicht gegeneinander eingetauscht, dann ist eine solche Tugend nur ein Trugbild und in Wirklichkeit etwas Knechtisches, das nichts Gesundes oder Wahres an sich hat. Das Wahre aber ist nichts anderes als eine Reinigung von alledem, und die Besonnenheit und die Gerechtigkeit und die Tapferkeit und die Einsicht selbst sind eine Art von Reinigung.»[31]

Diese Katharsis des Seelenlebens ist eine Folge des ernsthaften, nach Wahrheit strebenden Denkens. Die Tugenden sind also nicht lehrbar im äußeren Sinne, sondern nur von dem übenden Menschen selbst zu entwikkeln. Eine Einsicht kann vermittelt werden, eine Tugend nicht. Diese mit dem denkenden Wesen verbundene Folge des Denkens wurde im Altertum

31 Platon, Phaidon, 69a.

stets im Bild des *Wassers* erlebt. Denn das Wasser ist rein, und als solches reinigt es, was als Unreines an einem Wesen haftet. Es tropft nach unten, zur Erde ab, somit ihr angehörend, wie das Feuer, das nach oben flammt, zum Himmel gehört.

Im oben zitierten Lied über die Geburt Vahagn's erscheinen beide Elemente im in sich stimmigen Bild: das innerlich brennende Schilfrohr im Wasser an der Grenze zum Festen. Aus diesem «Inneren» wird der Sonnenheld geboren. Und in dieses Innere muß hinabsteigen, wer in das Element der Wahrheit untertauchen, wer ein Višapakal werden will, um alles Unreine des Seelenlebens, das im Bilde des Drachens erscheint, zu läutern und zu reinigen. Das zeigen besonders schön die georgischen Sagen, wo diese Gestalt als Amirani im Bewußtsein des Volkes weiterlebt. So vielgestaltig die Überlieferung auch ist, übereinstimmend gilt, daß der Drache *von innen* bezwungen werden muß.[32]

Wer diesen Kampf besteht und siegreich zu Ende führt, der wird ein Mittler sein können zwischen Himmel und Erde, zwischen der geistigen Welt und den Menschen.

Denken heißt Kämpfen von «todesbereiten» Gefährten. Denn es ist ein Todesprozeß, den der Mensch schon zu Lebzeiten eingeht. «Alle die, welche sich mit der Philosophie richtig befassen, beschäftigen sich offenbar, ohne daß die anderen es merken, eigentlich mit nichts anderem als mit dem Sterben und mit dem Totsein», enthüllt Sokrates am letzten Tage seines Lebens seinen Schülern zum Trost.[33] «Ist dem nun so, dann wäre es doch widersinnig von ihnen, das ganze Leben hindurch kein anderes Ziel vor Augen zu haben, wenn es dann aber soweit ist, über das unwillig zu sein, was sie so lange begehrt und worum sie sich bemüht haben.» Denn in dem Streben nach Wahrheit tauchen sie ein in das Meer der Welt-Zusammenhänge und reinigen mit diesem «Wasser» ihr Seelenleben.

«So mögen auch die bekannten Stifter der Geheimlehren keine geringen Leute gewesen sein, haben sie doch in Wirklichkeit schon lange angedeutet, daß, wer ohne die Weihen und ungeheiligt in die Unterwelt kommt, im Schlammstrom liegen muß, während der, der gereinigt und geweiht dorthin kommt, bei den Göttern wohnen wird. ‹Viele sind Thyrsos-Träger› – so sagen die in die Mysterien Eingeweihten –, ‹wenige aber sind echt Begeisterte.› Dies sind aber nach meiner Meinung keine anderen als die echten Philosophen.»[34]

Ein echter Thyrsosträger zu werden, das heißt die «übersinnliche» Götterwelt mit der sinnlichen Welt in Zusammenhang zu sehen, war das Ziel der Einweihung in den alten Mysterien. Die «verständig-hellsichtigen» Philosophen der Antike wollten dasselbe Ziel durch *eigenständiges Denken*

32 Vgl. Der Sieg von Bachtrioni, Sagen aus Georgien, übersetzt von H. Fähnrich, Leipzig 1984.

33 Phaidon, 64a.

34 Phaidon, 69c.

erreichen. Diese den Menschen von den Göttern geschenkte Kraft enthält – weil sie selbst aus himmlischen Welten stammt – die Möglichkeit zu einer solchen Mittlertätigkeit in sich. Den Auftrag, diese Befähigung zu üben, sahen die Griechen in der Gestalt des Prometheus und im Mythos der Argonautenfahrt.

### *Prometheus und die Argonauten*

Ein Schlüssel zur Deutung dieser Bilder liegt also im Wesen der Denktätigkeit selbst. Dabei soll selbstverständlich nicht ausgeschlossen sein, daß noch weitere Bedeutungen mitschwingen, die hier nicht behandelt sind. Der Kern jedoch findet in der Beobachtung des Denkens und seiner Folgen den zutreffenden Gehalt; es gilt nur dies Wesen des Denkens in seiner ganzen geistigen Weite zu erfassen.

Die beiden Prozesse der Seele, das wahrhafte Denken im Geiste (Feuer) und das durch diese Übung sich reinigende Seelenleben (Wasser), werden, wie oben angedeutet, von den Griechen (und offensichtlich vorher schon von den östlichen Völkern) in den beiden Mythenkreisen vom Titanen Prometheus und von den Argonauten geschaut.

Sehen wir uns die mythischen Bilder auf dem Hintergrund der skizzierten Deutung nochmals an, dann beginnt der Zusammenhang erst wirklich zu sprechen. Wie das *Denken,* so ist auch Prometheus Mittler zwischen Götter- und Erdenwelt. Schon seine Abkunft – der Vater ein Gott, die Mutter eine Okeanide – deutet das an. Und was er den Menschen vermittelt, stammt aus göttlichen Höhen. Ergreift es der Mensch als eigene Tätigkeit, dann trennt er sich zunächst von den Göttern, wie Hölderlin es beklagt, kann sich dann aber aus dieser Voraussetzung zur eigenschöpferischen Selbständigkeit höherentwickeln. Normalerweise wird das noch junge Denken nicht gleich zur Wahrheitssuche verwendet; meist wird es in den Dienst genommen, die Begierden und Bequemlichkeiten der Seele zu erfüllen. Erst eine Reinigung des Seelenlebens kann diesen Zustand wieder ändern. Um dieses bewußt zu machen, ist die Philosophie da. So lehrt Sokrates: «In der Götter Geschlecht aber darf keiner eingehen, der sich nicht der Philosophie ergeben hat und nicht völlig geläutert von hier weggeht . . . Deshalb, meine Freunde, . . . enthalten sich die echten Philosophen aller körperlichen Begierden und sind standhaft und geben sich ihnen nicht hin . . . Sie sind vielmehr der Überzeugung, daß man der Philosophie und der Erlösung und Reinigung durch sie nicht zuwiderhandeln dürfe. Deshalb wenden sie sich ganz ihr zu und folgen ihr nach, wohin sie führt . . . Die Lernbegierigen erkennen nämlich, daß die Philosophie ihre Seele, die völlig an den Leib gebunden und fest in ihn eingefügt ist, zur Erziehung übernimmt, nachdem sie gezwungen war, durch ihn wie durch einen Käfig hindurch die Wirklichkeit zu betrachten . . .» Die Philosophen sehen nämlich ein, «daß die Gewalt dieses Käfigs von den Begierden herrührt, so daß der Gefesselte selbst am meisten zu seiner Fesselung mithilft . . .»[35] Wenige Sätze später begründet Sokrates die Fesselung der Seele an den Leib nochmals so: «Weil jede Lust und jedes Leid gewissermaßen einen Nagel hat und damit die Seele an den Leib annagelt und sie anheftet und körperhaft macht, indem sie das für wahr hält, was auch der Leib als wahr angibt.»

Was Sokrates hier lehrt, zeigt das Bild des Mythos. Sobald Prometheus den Menschen das Feuer gebracht hat, wird er gefesselt und an den Felsen geschmiedet mit der Hoffnung auf einen Befreier, der allerdings zuvor in die Unterwelt hinabgestiegen sein muß. Was aber heißt in die Unterwelt hinabgestiegen zu sein? Das wird nirgends deutlicher gezeigt als in Platons *Höhlengleichnis*.[36] Dort wird der Leser von Platon so geführt, daß er wirklich durchschauen kann, was es heißt, wenn sich der Mensch bloß an der Sinneswelt orientiert: «Stelle dir Menschen vor in einer unterirdischen, höhlenartigen Behausung; diese hat einen Zugang, der zum Tageslicht hinaufführt, so groß wie die ganze Höhle. In dieser Höhle sind sie von Kind auf, gefesselt an Schenkeln und Nacken . . . ihrer Fesseln wegen können sie den Kopf nicht herumdrehen. Licht aber erhalten sie von einem Feuer, das hinter ihnen . . . brennt.» Dieses Feuer entwirft von den wirklichen Tatsachen zunächst nur Schattenbilder auf der Höhlenwand, und nur diese können die in der Höhle gefesselten Menschen sehen und deuten. Erst wenn sie von ihren Fesseln befreit wären, könnten sie den Kopf wenden und ein wahreres Bild der Welt erwerben. Wenn nun ein solcher Mensch gar ans Licht hinausträte und die Sonne sehen könnte, dann könnte er, wenn er sich an die Fülle des Lichtes gewöhnt hätte, «das betrachten, was am Himmel ist, und den Himmel selbst . . .»

Dieses Gleichnis beläßt Platon nun nicht nur im Bild, sondern er erklärt dem Leser auch, was er mit diesem Bild wirklich sagen will. «Die durch das Sehen uns erscheinende Region setze dem Wohnen im Gefängnis und das Licht des Feuers in ihr der Kraft der Sonne gleich. Und wenn du nun den Aufstieg der Seele in den Raum des Einsehbaren nimmst, so wirst du meine Ahnung nicht verfehlen, die du doch zu hören wünschest.» Der Mensch soll also von der Welt des Sichtbaren umgewendet werden in die Welt des Einsehbaren. «Wie aber das Auge nicht imstande ist, sich anders als mit dem ganzen Leibe aus dem Dunkel gegen das Helle zu wenden, so

35 Platon, Phaidon 32/33 (= 82c – 83a)

36 Politeia, 7. Buch, 514 ff.

muß auch dieses Organ (das jedem Menschen innewohnt) zugleich mit der ganzen Seele vom Werdenden weggewendet werden, bis diese imstande ist, den Anblick des Seienden . . . auszuhalten.» Ein solcher Weiser aber, der dies geschaut, hat dann die Pflicht, «wieder zu den Gefesselten hinabzusteigen», um ihnen von der wahren Umwendung zu künden. Im Anschluß an dieses Gleichnis wird dann auch untersucht, «auf welche Weise (d. h. durch welchen Unterrichtsgang) man zu solchen Männern kommt und wie man sie ans Licht hinaufführt, so wie man von einigen erzählt, sie seien aus dem Hades zu den Göttern aufgestiegen».

Den Aufstieg vom Hades zum Licht hat das Denken zu leisten. Denn stetig geübt, erzieht es den Menschen allmählich dazu, die Wahrheit selbst zu sehen. Über Jahrzehnte hinweg muß eine solche Schulung durchgeführt werden. Am Anfang steht das Studium der Arithmetik, das «die Seele zwingt», sich auf den richtigen Weg zu begeben; dann soll Geometrie und Astronomie das Erfahrene vertiefen, ehe schließlich die Dialektik das innere Auge der Seele erweckt.[37] Nach längerer Prüfungszeit und nach Erreichen des fünfzigsten Lebensjahres kann dann die Bildung zum Ziele geführt werden. Dann erst seien die Menschen reif, «das Augenlicht der Seele emporzurichten und auf das hinzublicken, was allem Licht verleiht.»[38]

Im Mythos ist es Herakles, der Prometheus befreit. Er ist hinabgestiegen in die Tiefen der Unterwelt, da wo die Toten wohnen, hat dort den schrecklichen Kerberos überwunden und ist wieder zum Lichte des Tages zurückgekehrt. In die Unterwelt hinabgestiegen zu sein, heißt also auch den Tod kennengelernt zu haben. Wer vom Tod nichts weiß, kann sich nicht von seinen Fesseln befreien! Im kleinen lernt man den Tod kennen, indem man das Denken schult. Denn jeder Denkprozeß ist zunächst ein Todesprozeß, der allerdings dem Ungeschulten unbewußt bleibt. Aber er bemerkt seine Wirkungen. Der Todesprozeß zehrt an seinen Lebenskräften, und der Mensch «vertrocknet an der Mittagssonne», wie es Hölderlin formuliert. Im Bild: Der Adler des Zeus nagt am Tage an der Leber, an den Lebenskräften des Prometheus. – Lernt aber der Mensch durch Schulung sich umzuwenden, dem Licht der Sonne zu, dann überwindet er den Tod, indem er bewußt in einen inneren Lebensprozeß hineinwächst, in ein Leben in Zusammenhängen. Dann heilt die Leber wieder aus.

Das Höhlengleichnis Platons kann also eine Hilfe sein, um den Mythos von Prometheus zu verstehen. Denn es lebt nicht nur vom Bild, sondern versucht auch, die Bilder durch «vernünftiges Denken» zu erklären. Das Brennen eines Feuers im Innern der Höhle, das nur ein Abbild ist vom Urfeuer der Sonne und das zunächst nur die Schatten der wahren Welt

37 Politeia, 7. Buch, 14 ff. (= 534 a)
38 Politeia, 7. Buch, 18.

entwirft, ist für den Menschen nur solange von Bedeutung, als er selbst gefesselt ist. Wendet er sich um, dann wird er frei. Diese Wende kann jedoch niemals ein einzelnes Ereignis sein, das nur eines einmaligen Entschlusses bedürfte. Mit ihr ist ein Lebensprozeß verbunden, der erst in steter Übung und Schulung Gestalt gewinnt. –

Die Argo, die jeder Mensch leicht auf seinen Schultern tragen kann, ist das Gefährt, das des Raumes Weiten bis zu den äußersten Grenzen im Osten zu erfahren hat. Mit diesem Bild wird deutlich gemacht, daß der Kopf, den der Mensch leicht auf seinen Schultern trägt, an innerer «Erfahrung» bis zu den Grenzen seiner Welt vorstoßen muß, ehe er würdig ist, geprüft zu werden und reif, um in die Unterwelt hinabzusteigen. Reinigen muß sich die Seele durch wirkliche Erfahrungen, denn «in der Götter Geschlecht darf keiner eingehen, der sich nicht der Philosophie ergeben hat und nicht völlig geläutert von hier weggeht».[39] Das Ziel der Argonauten ist der Gewinn des Widderfelles, des Goldenen Vlieses. Es soll nach Griechenland gebracht werden und Jason die Berechtigung zum Königtum geben. Was hat es damit auf sich?

Die Erzählung beginnt mit dem Auftreten Jasons, der aus der Natur des wilden Peliongebirges kommt, wo er von dem weisen Kentauren Chiron erzogen worden ist. Er hat also noch keine eigentlich menschliche Erziehung genossen und wird auch als ein rechter Naturbursche geschildert:

> «. . . ein Mann zum Staunen;
> Kleidung, zweifach, umfing ihn: Gewand
> wie man's im Land trägt der Magneten . . .
> rings mit dem Pantherfell schützt' er sich noch vor Regenschauern.
> Nicht war des Lockenhaares Pracht ihm durch der Schere Schnitt geraubt,
> sondern ganz den Rücken hinab floß sie im Glanz.»[40]

Um aber wirklich ein berechtigter König werden zu können, muß Jason, auf Anraten des Orakels Apollons, das Goldene Vlies gewinnen. Athena, die Göttin der Klugheit, hilft ihm, das Gefährt zu zimmern, das alle Räume der erfahrbaren Welt durchmißt, ehe es in Kolchis ankommt. Ausführlich werden von den Dichtern die Abenteuer geschildert, die Jason und seine Gefährten zu bestehen haben, ehe sie das verheißene Land erreichen. Es ist ein Sonnenland, ein Land Apollons (wie später Kolchis öfter genannt wird). Regiert wird es von dem starken Herrscher Aietes, einem Sohn des Sonnengottes.

Jason erhält den Zugang zu diesem Land und die Kraft, die Proben zu

39 Platon, Phaidon, 32 (= 82 c)
40 Pindar, 4. pyth. Ode, 79 ff.

bestehen, durch Medea, die Tochter des Aietes. Sie erglüht nicht nur in Liebe zu ihm, sondern entwickelt darüber hinaus durch ihn eine «Sehnsucht nach Hellas».[41] Mit ihr, das heißt mit der Ideenwelt (Me-idéa), verbindet er sich, und «schnell für die Proben des Vaters wies sie ihm die Lösung».[41]

Die *erste Probe* «der Kraft und des Mutes» verlangt das Pflügen mit den feuerschnaubenden Stieren. Jason soll die feurige Kraft der Stiere so lenken, daß Furchen entstehen, Spuren in die Erde graviert werden können. Diese Probe kann er bestehen, weil er von Medea eine prometheische Salbe bekommen und sich ganz mit ihr imprägniert hat. Diese Salbe macht unverwundbar, und Jason

> «braucht auch feuriger Glut nicht auszuweichen, ja stärker
> wachsen dadurch ihm Mut und Kraft am nämlichen Tage.
> Jenes Kraut wuchs auf in des Kaukasos Schluchten.
> Von dem fressenden Geier das Blut, . . .
> aus der Brust des gequälten Prometheus zur Erde herabrann.
> Dem entsproß eine Blüte von Ellenhöhe; an Farbe
> gleicht sie ungefähr dem Korykischen Krokos . . .
> Doch unten im Boden der Erde
> scheint ihre Wurzel ähnlich der Röte durchschnittenen Fleisches.
> Säfte von ihr so schwarz wie der von Eichen im Bergwald
> hatte Medea als Zauber in Kaspischer Muschel gesammelt;
> siebenmal wusch sie den Saft mit ewig fließendem Wasser,
> siebenmal erhob sie die Stimme zur Nährerin Brimo, (= Persephone)
> Brimo, der Göttin der Erde, Nachwandelnden, Herrin der Toten . . .»[42]

Die Salbe, die Jason gegenüber den feuerschnaubenden Stieren unverwundbar macht, wird also aus dem gereinigten Blut des Prometheus gewonnen. Dieses Blut hat sich zuvor mit der Erde verbunden, wurde dann von dem Lebensprozeß einer Pflanze aufgenommen, ehe es von Medea nächtens zur schützenden Salbe verarbeitet wurde. – War das Blut ursprünglich der Ausdruck der heißen Triebe, Begierden und Leidenschaften des gefesselten Prometheus, so schützt es, wenn es durch den reinen Lebensprozeß der Pflanze hindurch geläutert und gereinigt worden ist, vor dem Anhauch des Feuers.[43]

Will man das Bild der ersten Probe verstehen, dann muß der ganze Zusammenhang, der im Mythos bis zu dieser Probe hin aufgebaut worden ist, anwesend sein: Einen ungeheuren Schatz an Welterfahrung muß der

41 op. cit., 218 f.
42 Apollonios Rhodios, Die Argonauten, 849 ff.
43 Vgl. den Aufbau der Rosenkreuz-Meditation in der «Geheimwissenschaft» Rudolf Steiners.

Mensch einbringen, als Vorbedingung für die Verbindung mit der wirklichen Ideenwelt. Dadurch reinigt er sein Seelenleben. Erst dann wird er reif, die höhere Erkenntnisstufe im Sonnenlande kennenzulernen. Er lernt den Feuer-, den Denkprozeß, in dem Bereich kennen, der nicht mehr der Sinneswelt angehört. Er «lernt erkennen, wie im Innern der Seele Gedanke sich an Gedanke webt, wie Gedanke den Gedanken sucht, auch wenn die Gedankenverbindungen nicht durch die Macht der Sinnenbeobachtung bewirkt werden. Das Wesentliche dabei ist, daß man so gewahr wird, wie die Gedankenwelt *inneres Leben* hat, wie man sich, indem man wirklich denkt, im Bereiche einer übersinnlichen lebendigen Welt schon befindet».[44]

Dieses innere Leben hinterläßt Spuren im Bewußtsein, die ins Gedächtnis absinken. Diese Spuren werden vom Denken in den Leib eingeprägt. Denn es ist nicht das Gehirn, das denkt, sondern der Denker. Das Gehirn ist nur das Instrument, durch das die Gedanken auftreten können. Rudolf Steiner betont diesen Sachverhalt ausdrücklich in seiner «Philosophie der Freiheit»[45]. Wäre das nämlich nicht so, wäre das Gehirn dasjenige Agens, das denkt, dann gäbe es keine Wissenschaft, denn der betreffende Wissenschaftler würde ja nur die Gedanken seines Gehirnes vertreten müssen.

Diese reductio ad absurdum war auch der Anlaß für manchen heller blickenden Wissenschaftler der Gegenwart, das Umdenken einzuleiten.[46] Zwei Phänomene vor allem waren es, die z. B. für den Physiologen Eccles entscheidend waren: zum einen die Fähigkeit des Menschen, aus einer Fülle von «raumzeitlichen Impulsmustern» eine neue *ganzheitliche* Erkenntnis zu bilden; zum anderen die Fähigkeit der Leibesorganisation, eine neue Erkenntnis durch willkürliche Bewegungen auszudrücken.[47] Im ersten Fall wird die Einheit aus den Einzelheiten gewonnen, im zweiten, der einheitliche Gedanke in Einzelheiten geprägt. Bei beiden Übergängen ist das Ich wesentlich beteiligt. In antiker Terminologie könnte der erste Prozeß Bildung von Weisheit genannt werden; der zweite dann: Handeln aus Erkenntnis – oder tugendhaftes Handeln.

Diese Doppelheit der Vorgänge tritt im Mythos in der Zweiheit der Stiere in Erscheinung. Davon weiter unten.

Zunächst aber soll das Auftreten des Denkens und das Einprägen der Spuren im Bewußtsein angeschaut werden, denn daraus erst werden die Proben verständlich. Dieses Auftreten beschreibt Rudolf Steiner in der «Philosophie der Freiheit»[45], nachdem er das Erleben der intuitiven Wesenheit des Denkens charakterisiert hat, das durch Schulung erreicht werden kann. Nur wenn man sich dazu durchgerungen hat, «gelingt es, den Weg frei zu bekommen für eine Anschauung der menschlichen,

44 Rudolf Steiner, Die Geheimwissenschaft im Umriß, GA 13, Dornach 1968[28], S. 342.
45 am Beginn des 9. Kap.
46 Vgl. z. B. K. R. Popper und J. C. Eccles, The Self and its Brain, Heidelberg, London, New York 1977. Deutsch: Das Ich und sein Gehirn. München 1982.
47 Vgl. z. B. J. C. Eccles und H. Zeier, Gehirn und Geist, München 1980, S. 146.

leiblich-seelischen Organisation. Man erkennt, daß diese Organisation an dem Wesen des Denkens nichts bewirken kann. Dem *scheint* zunächst der ganz offenbare Tatbestand zu widersprechen. Das menschliche Denken tritt für die gewöhnliche Erfahrung nur an und durch diese Organisation auf. Dieses Auftreten macht sich so stark geltend, daß es in seiner wahren Bedeutung nur von demjenigen durchschaut werden kann, der erkannt hat, wie im Wesenhaften des Denkens nichts von dieser Organisation mitspielt. Einem solchen wird es dann aber auch nicht mehr entgehen können, wie eigentümlich geartet das Verhältnis der menschlichen Organisation zum Denken ist. Diese bewirkt nämlich nichts an dem Wesenhaften des Denkens, sondern sie weicht, wenn die Tätigkeit des Denkens auftritt, zurück; sie hebt ihre eigene Tätigkeit auf, sie macht einen Platz frei; und an dem freigewordenen Platz tritt das Denken auf. Dem Wesenhaften, das im Denken wirkt, obliegt ein Doppeltes: erstens drängt es die menschliche Organisation in deren eigener Tätigkeit zurück, und zweitens setzt es sich selbst an deren Stelle. Denn auch das erste, die Zurückdrängung der Leibesorganisation, ist Folge der Denktätigkeit. Und zwar desjenigen Teiles derselben, der das *Erscheinen* des Denkens vorbereitet. Man ersieht aus diesem, in welchem Sinne das Denken in der Leibesorganisation sein Gegenbild findet. Und wenn man dieses ersieht, wird man nicht mehr die Bedeutung dieses Gegenbildes für das Denken selbst verkennen können.»

Das Auftreten des Denkens in unserer Organisation ist kein einfacher Sachverhalt. Das ist auch nicht zu erwarten. Denn wenn das wahrhafte Denken wirklich ein übersinnlicher Prozeß ist, dann bedeutet das Auftreten dieses Denkens in unserem Bewußtsein den Übergang von reiner Form zu einem auch stofflichen Zusammenhang oder antik gesprochen, von Himmel zu Erde. Dieser Übergang ist doppelt vollziehbar: Von außen nach innen in der Erkenntnisbildung, von innen nach außen im Handeln aus Erkenntnis. Im Prozeß des Überschreitens dieser Schwelle selber muß wieder die Doppelheit Zurückdrängen und Auftreten wirksam sein. Sonst wäre kein freier Gedanke möglich und kein freier Wille denkbar! Das Denken muß zuerst die Organisation zurückdrängen, ehe es selbst auftreten kann.

Die antike Welt hat diesen Prozeß in dem Bild des Sonnenaufgangs geschaut. Ehe die Sonne kommt, erscheint die Morgenröte und drängt die Finsternis zurück. Dann erst erhebt sich die Sonne über den Horizont. Die Sonne geht aber nicht auf, weil die Morgenröte ihr vorherging, sondern umgekehrt, die Morgenröte ist Folge des Sonnenaufgangs. Sie ist derjenige Teil des Vorgangs, der das Erscheinen der Sonne vorbereitet.

Das Aufgehen der Sonne ist immer ein zweifacher Prozeß. Die Finsternis der Nacht wird zurückgedrängt, aber gleichzeitig damit wird das Emporkommen der Sonne angekündigt. In der Bildwelt der Alten ist es der Drachenkämpfer, der Višapakal, der dem Wesen der Sonne vorangeht.
Diese genauere Beobachtung des Denkprozesses leitet über zur *zweiten Probe* des Jason. Er muß jetzt die Drachenzähne aussäen, die ihm Aietes gab. Er hatte sie von Kadmos erhalten, der sie, auf der Suche nach seiner Schwester Europa, in Theben erkämpft hatte:

> « . . .des böotischen Drachen schreckliche Zähne; ihn hatte dereinst im Ogygischen Theben Kadmos erschlagen, als er, Europa suchend, dort hinkam, wo den Aretischen Quell der schreckliche Drache bewachte. Kadmos siedelte dort, vom Rinde geführt, das Apollon ihm durch Orakelzeichen als Führer des Wegs gesellte. Doch die Zähne des Drachen entriß die Tritonische Göttin dessen Rachen und gab sie Aietes und Kadmos, dem Töter.»[48]

Auch hier wird Kadmos an den Ort, wo er den Drachen zu bekämpfen hat, «von einem Rinde geführt». Und auch hier wirkt Athena mit, die «Tritonische Göttin», entreißt dem Drachen die Zähne und gibt sie dem Kadmos zur Aussaat. Aus den von Jason – auf dem soeben gepflügten Feld – ausgesäten Drachenzähnen entwachsen riesige Krieger, die sich jedoch alle gegenseitig bekämpfen, wenn nur ein Stein in ihre Mitte geworfen wird.
Bezogen auf den Denkprozeß fügt sich das Bild des Drachenkämpfers Kadmos gut in das hier verfolgte Bildgeschehen. Denn Kadmos, in westsemitischer Etymologie:[49] der «Morgen» (von qdm = der Morgen, der Osten, früh), ist auf dem Weg nach Westen, auf der Suche nach Europa – Europa heißt «Westen», «Sonnenuntergang» (von ʿrb) –, bekämpft und tötet im Bild des Drachens, der den Zugang zur Quelle verwehrt, eigentlich nichts anderes als die leibliche Organisation des Menschen. Diese ist nur in der Lage, die Welt in Einzelheiten aufzunehmen. Denn Zähne sind die Instrumente, die die Weltinhalte zerkleinern und in kleinste Elemente zerlegen. Ein in solcher auflösenden Tätigkeit bestehendes Bewußtsein kämpft sich selbst zu Tode, wenn nur ein Anlaß dafür gegeben wird. Dies eingesehen und miterlebt zu haben, ist eine Prüfung, die nicht nur Jason, sondern uns, ja allen denkenden Menschen, auferlegt ist.
Die *dritte Probe* endlich soll das Goldene Vlies erbringen. Dazu muß Jason das Heiligtum auf der Insel Aia aufsuchen, den dort hausenden Drachen besiegen und das Goldene Vlies aus den Gemächern der Unterwelt oder, wie es in anderen Quellen heißt, aus einem heiligen Hain, entnehmen. Es ist die eigentliche Prüfung auf Leben und Tod, die wieder nur mit der Hilfe

48 Apollonios Rhodios, Die Argonauten, III, 1177 f.
49 Ausführlich diskutiert bei R. B. Edwards, Kadmos the Phoenician, Amsterdam 1979, S. 78 f.

Medeas (oder Athenas) bestanden werden kann. – Jason gewinnt das goldene Widderfell und besteigt, noch in derselben Nacht, mit Medea das Schiff, das sie nach manchen Irrungen schließlich nach Griechenland bringt.

Wir sind ausgegangen von der Wirkung des Denkens auf den Menschen, so wie es der Mythos von Prometheus darstellt. Wird es geschult und geübt im Streben nach Wahrheit, dann reinigt sich die Seele, und der Drache wird müde. Das Goldene Vlies des Widders wäre dann das Bild für die gereinigte Seele des Menschen, es ist der Preis, der all diesen Anstrengungen winkt. Und der Besitzer dieses Vlieses kann König werden.

Eine Vertiefung dieses Gedankens kann nun dadurch gewonnen werden, daß man die Bilder in denselben Zusammenhängen, in denen sie auftreten, in anderen Mythenkreisen verfolgt. Manches erscheint dann in hellerem Lichte. Bisher haben wir z. B. das Panther- oder Löwenfell nicht weiter verfolgt, mit dem Jason und Herakles umkleidet sind. Warum sind es Stiere, mit denen Jason zu pflügen hat, was sagt uns das Widderfell usw.? Das Merkwürdige ist nun, daß all diese Elemente in der altägyptischen Bilderwelt auftauchen, und zwar in demselben Zusammenhang. Darauf möge im folgenden der Blick gelenkt werden.

# Der kaukasische Sagenkreis auf dem Hintergrund der ägyptischen Bilderwelt

Du erwachst schön, du *Falke* des Morgens,
du *Löwe* der Nacht,
du erlauchter *Widder*, der die Augen öffnet,
du *Stier*, dessen Phallus herauskommt!

Du Hoher, dessen Lauf man nicht kennt,
wie geheimnisvoll sind deine Erscheinungsformen!
Große Macht, Erster des Lichtlandes,
Hoher, Hoher, den niemand erreichen kann!

Große Lotosblume, die im Urwasser erschien,
du Kind der Methyer!
Der das Licht schuf und die Finsternis vertrieb,
als die Erde in Wolkendunst lag.[50]

Das Ur-Bild des ägyptischen Weltverständnisses ist der tägliche *Lauf der Sonne*. Von ihm soll auch hier ausgegangen werden. Tag für Tag erhebt sich das lebenspendende Gestirn über den Horizont, erwärmt die Erde, lockt die Pflanzen hervor, läßt die Schönheit der Welt erscheinen und erweckt die Menschen zu wachem Bewußtsein. Abend für Abend entschwindet dieses göttliche Wesen wieder aus der sinnlichen Welt, taucht hinab in den Bereich der Unsichtbarkeit, der Nacht, des Schlafes. In diesen Weltenrhythmus ist der Mensch eingebunden, indem sein waches, weltorientiertes Tagesbewußtsein wechselt mit einem dumpfen, kaum bemerkten Schlafbewußtsein. Das eigentliche Wunder in diesem all-täglichen Vorgang ist die lebenserneuernde Kraft der Nacht. Die Sonne altert, so die ägyptische Anschauung, im Laufe des Tages und stirbt mit Sonnenuntergang. Aber am Morgen erhebt sie sich wieder als neugeborene Sonne über den Horizont. Für den Ägypter geht diese lebenserneuernde Tätigkeit von einem Wesen aus, das er in allen Erscheinungen der Natur und des Kosmos als wirksam erlebt. Er hat es mit den verschiedensten Namen benannt (Isis, Hathor, Nut) und in die verschiedensten Bilder gebracht – aber immer ist es ein weibliches Wesen. Diese Göttin ist die Herrin aller bewegenden, gestaltenden und leibbildenden Kräfte der Welt. Ihr Inneres ist erfüllt vom *Nun*, dem das Leben hervorbringenden und tragenden Urozean.

50 Hymnus aus der 20. Dyn. aus: Ägyptische Hymnen und Gebete, übersetzt von J. Assmann, Zürich und München 1975, Nr. 192.

Der Vorgang des täglichen Sonnenlaufes wird nun im einzelnen so vorgestellt, daß der Sonnengott am Morgen als Kind geboren wird, daß er dann als Horusfalke oder geflügelte Sonne über den Tageshimmel hinfliegt und endlich, mit dem Untergang der Sonne, aus dem Bereich der Sichtbarkeit entschwindet. Damit tritt er in das Innere der Göttin ein, bewegt sich weiter durch sie hindurch, wird dabei verjüngt und am Morgen wieder neu geboren. Der Zyklus ist vollendet und beginnt von neuem.
Das Leben des Kosmos hängt an diesem zyklischen Prozeß und an dem rhythmischen Zusammenwirken der beiden gegensätzlichen Phasen.

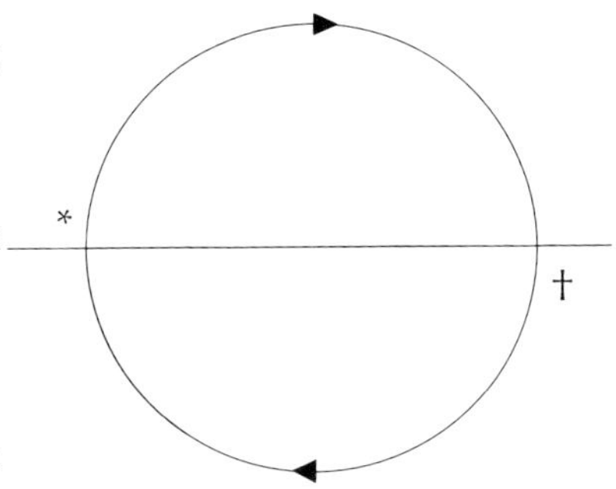


Der hier geschilderte Vorgang liegt auch dem Mythos von Isis, Osiris und Horus zugrunde.[51] Dabei ist *Horus* die von der Muttergöttin *Isis* neugeborene Sonne, die den Tageshimmel beherrscht, und *Osiris* die aus der sichtbaren Welt entschwundene, gestorbene Sonne, die der nächtlichen Seite zugehört. Osiris zeugt in Isis den Horus, der sich am Morgen erhebt und so den Kreislauf des Tages wieder erneuert. Der Ägypter nimmt also die verschiedenen, einander abwechselnden Aspekte des Sonnenlaufes in drei göttlichen Wesen wahr – in Vater, Mutter und Sohn. Dabei darf jedoch nicht vergessen werden, daß sich das eigentliche Sonnenwesen immer gleich bleibt und sich nur in seinen Äußerungen wandelt. Es ist sowohl im Tagesaspekt des Sonnenlaufes anwesend, hier seine strahlende, sinnliche Seite zeigend, als auch im Aspekt der Nacht, wo es seine schöpferische, innerlich gestaltende Seite darlebt. Beide Seiten sind Offenbarungen des Sonnengottes, der sich ständig zwischen den beiden Gegensätzen, zwischen Horus und Osiris, rhythmisch hin und her bewegt und sie daher *vermitteln* kann – Tag für Tag. Das Medium, in dem und durch das der ganze Vorgang geschieht, ist eine die Welt erfüllende Muttergöttin.
Im Kreislauf des Sonnengottes wandelt sich der morgens geborene Sohn im Laufe des Tages, er «altert» zum Vater. Als solcher befruchtet er bei seinem Tod und mit seinem Einzug in deren Haupt seine Mutter. Diese «verjüngt» dann wieder den Vater in ihrem Innern zum Sohn. Die

51 Solche «Triaden», die den gleichen Vorgang beschreiben, gibt es in Ägypten unter verschiedenen Namen, je nach dem Ort, an dem sie entstanden sind, z. B. Mafdet, Ptah und Nefertem in Memphis; oder Amun, Mut und Chons in Theben.

Schöpfung wird so ewig in Gang gehalten, indem der Sohn mit seiner Mutter, in Gestalt des Vaters, sich selbst immer wieder neu zeugt. Dieses nicht ganz einfache Weltbild, in dem also der Sohn und der Vater *ein* Wesen sind, welches sich jedoch in zwei verschiedenen Prozessen zeigt, hat der Ägypter in *einem* Begriff zu fassen versucht, der allerdings ohne das zugrundeliegende Bild nicht verständlich sein kann. Er nannte den Sonnengott «Stier seiner Mutter», Kamutef. In dieser Bezeichnung wird der Sonnengott als Stier angesprochen, der die Mutter (die auch im Bilde der Kuh vorgestellt werden kann) befruchtet, die dann wieder einen Stier gebiert. Der wächst wieder heran . . . usw.

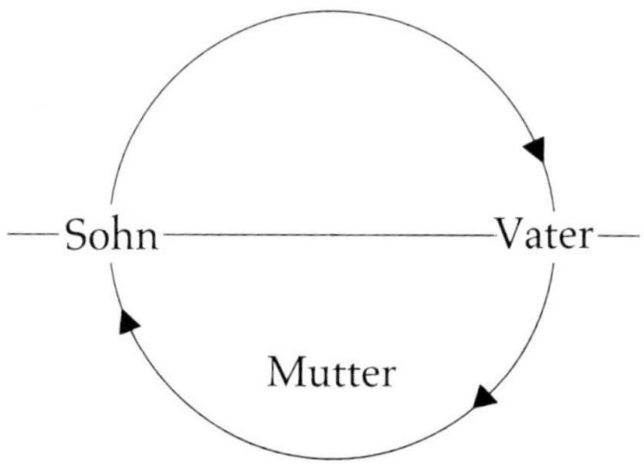


Das Bedeutsame an der Kamutef-Vorstellung ist die Einführung des Stierbildes. Denn es ist nicht nur aus einer einzelnen Eigenschaft des Stieres, etwa wegen seiner immensen Zeugungskraft, gewählt worden, sondern weil der Ägypter überhaupt im Wesen des Stieres den Bezug zum schaffenden Leben gesehen hat. Schon sein Name, *Ka*, bedeutet «schaffendes Leben». Der Ägypter unterscheidet diesen Begriff vom allgemeinen Begriff «Leben», das «Anch» heißt. Er stellt sich bei Ka eine Kraft vor, die körperliche Gestalten schafft und in ihnen lebt. Alle einzelnen Gestalten der Pflanzen, Tiere und Menschen entstehen durch ihren Ka und werden von ihm am Leben erhalten. Trennt er sich von ihnen, dann sterben sie.

Der Ka stammt nicht aus der Welt der Stoffe, denn er ist es ja, der die Stoffe erst zum Leben aufruft und zu einer Gestalt zusammenfügt. Man kann ihn äußerlich mit einem Magneten vergleichen, der die Teilchen der Eisenfeilspäne in seine eigenen Kraftlinien zwingt, sie aber aus diesen Bindungen wieder entläßt, wenn die magnetische Kraft ihnen entzogen ist. Das Zusammenhalten der Stoffe des Leibes ist dagegen ein dynamisches Geschehen, das in jedem Moment ein «Bewußtsein» vom *Ganzen* erfordert. Denn ein lebender Körper erhält seine Gestalt durch unablässigen Stoffwechsel, der in all seinen Teilen wirksam gegenwärtig ist. Der Ka ist der Leiter dieses Stoffwechselgeschehens, der das mit ihm und der Art verbundene Urbild unablässig im Dasein erhält.

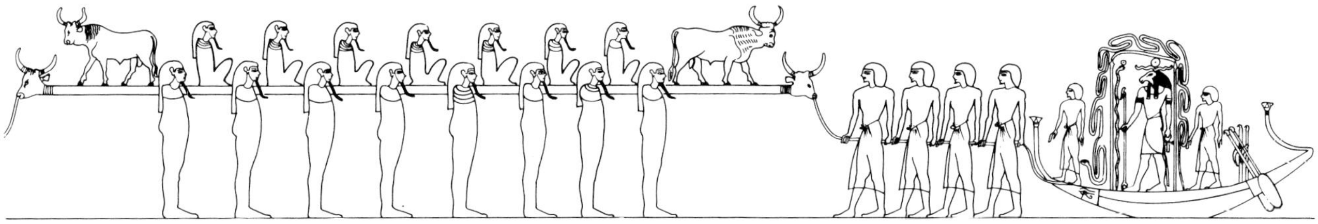

Fig. 4 Die Nachtfahrt des Sonnenschiffes durch das Innere der Erde. Aus der 3. Stunde des Pfortenbuches. Nach Hornung.

Die Grenze zwischen sinnlicher und übersinnlicher Welt wird also ständig vom Ka überschritten. In jedem Moment unseres Lebens wirkt in unserer Leibesgestalt eine Kraft, die zwar aus übersinnlichen Welten stammt, uns aber das körperhafte Dasein ermöglicht. An dieser Grenze erscheint dann auch im bildschaffenden Bewußtsein der alten Menschheit der Stier.

In der dritten Stunde des Pfortenbuches ist dieses Bild dargestellt (Fig. 4; Abb. 12). Dabei wird die Sonnenbarke, wie sie für die Unterweltsfahrt üblich ist, durch die Erde hindurchgezogen, die im Bilde der Hieroglyphe für Erde erscheint. Rechts und links an der Erdhieroglyphe erscheint ein Kuhkopf und darüber steht jeweils noch ein Stier. Der beigeschriebene Text heißt:

> «Siehe, ich (d. h. der Sonnengott Re), durchwandle die Unterwelt,
> um für die zu sorgen, die in ihr sind!
> Es bebt die Erde, es bebt die Erde!
> Stark ist die Seele des Re, und es freut sich der Doppelstier.
> Gott ist zufrieden mit dem, was er geschaffen hat.»[52]

52 Übersetzt von E. Hornung in: Ägyptische Unterweltsbücher, Zürich 1972, S. 213, Kommentar dazu von E. Hornung in: Aegyptiaca Helvetica 8/1980, S. 84 ff.

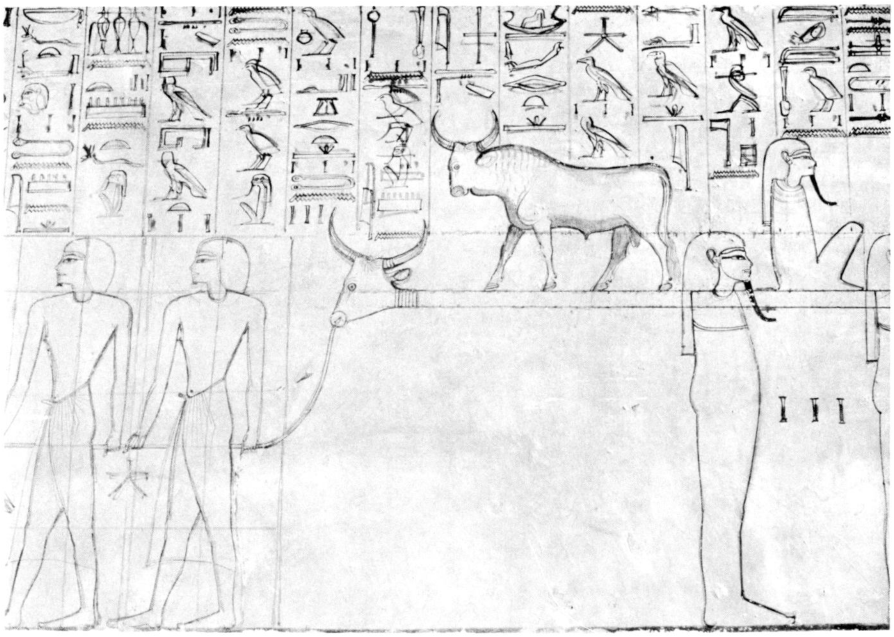

Abb. 12 Stier aus der 3. Stunde des Pfortenbuches (vgl. Fig. 4). Grab des Haremhab im Tal der Könige (Theben West), um 1310 v. Chr.

Fig. 5 Aker, als Doppelsphinx, mit Sonnenschiff; in dessen Mitte der widderköpfige Sonnengott. Aus dem «Buch von der Erde», Teil A., 2. Szene. Grab Ramses VI. Nach A. Piankoff.

Das ganze Bild ist nach der Beischrift eigentlich so zu denken, daß sich das Sonnenschiff mit dem Sonnengott inmitten der Erde, in der Unterwelt, befindet. Dann wäre der Sonnengott die unsichtbare Gestalt, die zwischen den beiden Stieren, dem von Westen und dem von Osten, gewissermaßen dem Vater- und Sohnesstier, im Hintergrund ist.

Der tägliche Lauf des Sonnengottes kann nun auch noch in anderen Bildern enthalten sein, wenn nur der im folgenden nochmals charakterisierte Grundgedanke darin erkennbar ist:

> «Du Lebendiger, du Gott, der nicht untergeht unter den Untergehenden,
> Der sich verjüngt, Tag für Tag, ohne sein Ende zu erreichen.

Abb. 13 Aker als Doppellöwe, mit der ein- und austretenden Sonnenbarke. In der Mitte heben die «Arme des Nun» eine rote Sonnenscheibe aus der Tiefe des Urgewässers empor. Aus dem «Buch von der Erde», Teil A, 4. Register. Grab Ramses VI., um 1150 v. Chr.

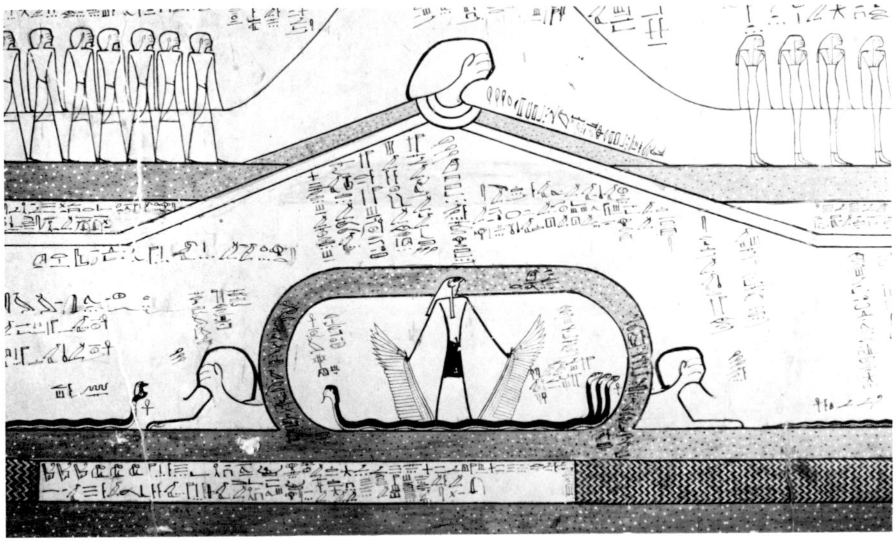

Abb. 14 Aker als Doppelsphinx. Zwischen seinen beiden Häuptern das Oval der «Unterwelt». Darin der falkenköpfige Gott Sokar. Darüber der Kopf der Isis. Amduat, 5. Stunde. Grab Thutmosis III., um 1450 v. Chr.

> Er ist es, der in der Nacht empfangen wird, und geboren wird am Tage.
> Der herauskommt als verjüngter Jüngling an jedem Tage.»[53]

Ein solches Bild, welches in den verschiedensten Abwandlungen in den sogenannten Unterweltsbüchern des Neuen Reiches zu finden ist, ist das Bild des Erdgottes Aker (Abb. 13; 14; Fig. 5). Dieser alte, schon seit der Pyramidenzeit bekannte Gott stellt immer die Unterwelt dar. Durch ihre Pforte im Westen tritt der Sonnengott in das vom Nun erfüllte Innere ein, und durch ihre Pforte im Osten tritt er aus ihr wieder aus. Nach jeder dieser beiden Seiten hin blickt nun jeweils ein Haupt, so daß der Eindruck eines Doppelwesens entsteht. Die beiden Köpfe können Menschen-, Stier- oder Löwengestalt haben, so daß man den Aker auch als Doppelsphinx oder Doppelstier ansprechen kann. Auf seinem Rücken oder manchmal auch in seinem Leib wird der Sonnengott im Sonnenschiff dargestellt. Die Beischriften sprechen jedoch immer davon, daß dieses Schiff eigentlich im Innern der Unterwelt zu denken ist:

> «So ist dieser Gott beschaffen auf dem Rücken des geheimnisvollen Aker,
> indem er in seiner Barke verweilt, die in der Unterwelt ist.»[54]

Über einem anderen Bild Akers im selben Buch kann man ein Gleiches über den Sonnengott lesen:

> «Dahinziehen in der Barke durch diesen großen Gott,
> wenn er die Höhle des Nun durcheilt.»[55]

53 Papyrus Berlin 3049 übersetzt von J. Assmann, Liturgische Lieder an den Sonnengott, Berlin 1969, S. 121.
54 Aus dem Buch von der Erde, 2. Szene. Übersetzt von E. Hornung, Unterweltsbücher, S. 430.
55 op. cit., S. 444.

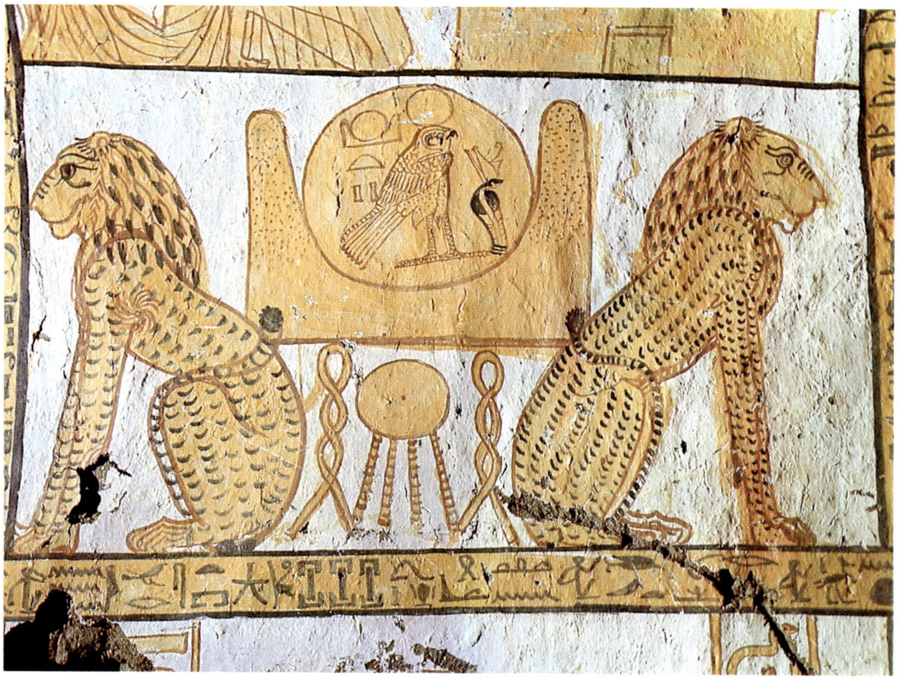

Abb. 15 Vignette aus dem 17. Kapitel des Totenbuches, Bild für den Sonnenlauf. Deir el Medine, Grab des Neferabu (Nr. 5), ramessidisch.

Nur wenig Veränderung führt zu einem weiteren Bild des Sonnenlaufes. Es stammt aus dem 17. Kapitel des Totenbuches. Der Doppel-Löwe ist hier in zwei Löwen getrennt, die aber immer noch in die beiden entgegengesetzten Richtungen schauen. Zwischen ihnen befindet sich das Zeichen für die Sonnenauf- und Untergangsstelle ( 𓈌 = Achet). Da es zwei solcher Stellen gibt, ist es eigentlich doppelt zu denken. Über dem Ganzen schwebt dann meistens noch die Himmelshieroglyphe, so daß der Kundige den vollständigen Vorgang vor sich hat. Inmitten der Sonnenscheibe kann manchmal der Horusfalke eingezeichnet sein, wobei durch den Dual im Gottesnamen, des «Horus der beiden Horizonte» (Abb. 15), der ganze Zusammenhang antönt. Da es in der altägyptischen Sprache kein Wort für den ganzen «Sonnenlauf» gibt, muß sich der Künstler mit solchen komplexen Bildern behelfen. Der Kenner weiß sie zu deuten. Damit aber, wie in unserem Falle, keinerlei Irrungen möglich sind, hat der Maler neben den rechten Löwen «gestern», neben den linken «morgen» geschrieben (Abb. 16). Was zwischen gestern und morgen lebt, ist aber der ganze heutige Tag. Die beiden Löwen können einen ägyptischen Weisen aber noch weiter führen. Denn er weiß von ihnen nicht nur, daß sie die Unterwelt vertreten, sondern er weiß auch, daß sie Bilder für Schu und Tefnut sein können.[56] Diese beiden vom Schöpfergott zu Beginn seiner Schöpfung geschaffenen Gestalten entsprechen den beiden Prinzipien, die wir schon aus dem

56 Vgl. E. Hornung, Die Tragweite der Bilder, Altägyptische Bildaussagen. Eranos-Jahrbuch 1979, Frankfurt 1981, S. 183–237.

Abb. 16 Vignette aus dem 17. Kapitel des Totenbuches, Bild für den Sonnenlauf. Papyrus Ani, Brit. Museum London.

Gegensatz von Tag und Nacht im Sonnenlauf kennen. «Schu erhält in dieser Funktion den Namen Anch ‹Leben› und wird auch Nḥḥ ‹Zeitfülle› genannt, Tefnut heißt Maat ‹Wahrheit – Gerechtigkeit – Ordnung› und ḏt ‹Dauer›. Leben, Wahrheit und Zeit sind die Energien, die die von Atum geschaffene Welt in Gang halten.»[57]

Tag und Nacht sind hier nicht nur als polare Prinzipien abstrakt einander entgegengesetzt, sondern auch qualitativ voneinander geschieden. Die Nachtfahrt des Gottes ist also keineswegs bloß ein Fort-Fahren des Sonnenschiffes im Finstern. Nein, es ist eine andere Barke vonnöten, die den Gesetzen der Innenwelt entspricht. Wenn Schu und Tefnut, die «beiden Augen des Sonnengottes» (= Sonne und Mond), der «Tages- und Nachtbarke»[58] gleichgestellt werden, dann hat man diese prinzipielle Andersartigkeit der beiden Welten jeweils im Bewußtsein zu halten. Wird die Tageswelt z. B. von der fortlaufenden Zeit beherrscht, so gilt für die Nachtseite das Wesen der Dauer. Da sind dann alle Einzelheiten auch «gleichzeitig» zu denken. Es ist das Verhältnis vom Urbild zum sich entwickelnden Abbild, das Verhältnis vom Wesen zur Erscheinung, das dem Wirken des Ka immanent ist. An keiner Stelle der sichtbaren Welt könnte man ein Lebendiges gleichsam anhalten und für die volle Erscheinung des Ganzen erklären. Schon im nächsten Moment hätte sich das sich entwickelnde Subjekt schon wieder verändert, wäre vielleicht von der

57 Zitat aus: J. Assmann, Re und Amun, OBO 51, Göttingen 1983, S. 113.
58 Sargtexte Spruch 607 = CT VI, 220.

Abb. 17 Sonnenschiff aus der 10. Stunde des Amduat. Grab Thutmosis III., um 1450 v. Chr.

Knospe zur Blüte fortgeschritten und würde dann weiter zur Frucht sich bilden. Das «Subjekt ist in der Mitte und auch am Ende so gut wie am Anfang, es ist nicht das, was es in diesem oder jenem Punkt der Entwicklung ist; ist überhaupt nichts Einzelnes, sondern das Eins und Alles in dem Ganzen.»[59] Die Wahrheit wäre nie zu erreichen, wenn nicht die Möglichkeit bestünde, das «Bleibende», die «Idee» einer Sache zu erschauen, d. h. die Beobachtung dem Zeitenlaufe zu entreißen. Das so gewonnene, wahre Gesetz bleibt dann auch gültig, heute, morgen – für ewig.

Das Urbild des Sonnenlaufes umfaßt auch diese Ewigkeitsnatur. Während nämlich der Gott im Laufe des Tages vom Kinde zum Mann heranwächst, der dann altert zum Greis, so bleibt hingegen der Gott der Nacht in seiner Gestalt beständig. Diese Gestalt ist in allen Unterweltsbüchern dieselbe: ein menschlicher Leib mit Widderkopf (Abb. 17; 18). An den Pforten der Königsgräber erscheint dieser doppelte Aspekt des Sonnengottes in einer Art Abbreviatur: als Sonnenscheibe, in der ein Käfer und eine widderköpfige Gestalt eingezeichnet sind. Der Käfer ist eine Hieroglyphe, die «cheper» gelesen wird, das heißt: «Entstehen, Wandeln, Werden, Entfalten«. Die widderköpfige Menschengestalt dagegen ist kein Schriftzeichen. Aber der kundige Ägypter erkannte darin ganz selbstverständlich die Nachtgestalt des Sonnengottes.

Fig. 6 Sonnenscheibe mit «Käfer» und widderköpfigem Sonnengott. Vom Eingang in das Grab Ramses VI. Nach Piankoff.

Den Lauf des Sonnengottes darf man sich jedoch nicht als einen Vorgang vorstellen, den der Sonnengott nur passiv erleiden würde. Er ist vielmehr aktiv tätig, spendet den Unterweltsgeistern und Toten Licht, spricht mit ihnen, weist ihnen Aufgaben zu usw. Vor allem aber hat er immer wieder mit dem Feind zu kämpfen, der sich der Fahrt des Sonnenschiffes in Form

59 Aus Fr. W. Schelling, Die Weltalter, I 85.

Abb. 18 Sonnenschiff aus der 3. Stunde des Pfortenbuches. Unten: Die Apophis-Schlange wird durch Atum überwunden. Grab Ramses I., um 1300 v. Chr.

einer ungeheuren Schlange entgegenstellt. In der Gestalt dieses *Apophis* sind alle dem Guten entgegenstrebenden Kräfte vereinigt und der Gott und seine Mannschaft hat ihn sowohl während seiner Tagesfahrt als auch während der Nacht immer wieder zu überwinden (Abb. 19).

«Du querst den Himmel in Frohlocken,
der Messersee ist friedlich geworden;
Apophis ist gefallen vor seinem Gemetzel,
das Messer hat seine Wirbel durchschnitten.
Die Götter sind in Frohlocken . . .
Die Nachtbarke, sie hat den vernichtet, der sie angriff, . . .
Die Mannschaft des Re ist im Fest,
wenn sie sehen, daß der Rebell gefällt ist
und daß die Flamme ihn vertrieben hat.»[60]

Eine entscheidende Aufgabe in der Abwehr des Apophis hat die «zauber-

60 Aus einem Hymnus an den Sonnengott aus thebanischen Gräbern, aus: Jan Assmann, Ägyptische Hymnen und Gebete, Zürich 1975, Nr. 64.

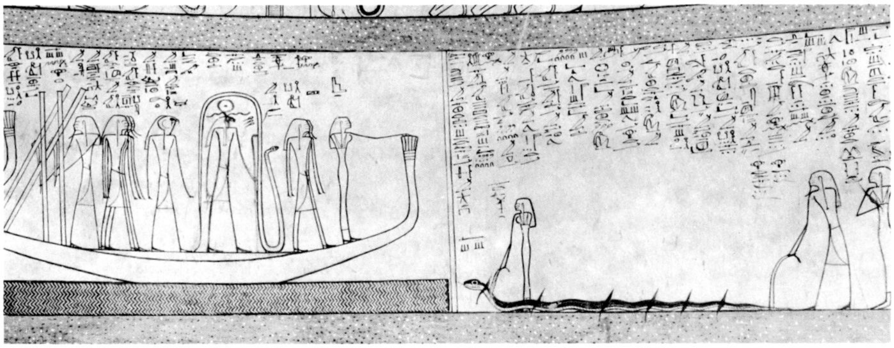

Abb. 19 Sonnenschiff aus 7. Stunde des Amduat. Am Bug Isis mit beschwörender Geste gegen die Apophis-Schlange. Deren Leib ist von Messern zerstückelt. Grab Thutmosis III., um 1450 v. Chr.

reiche» Isis. So heißt es neben dem mit Messern gespickten Leib des riesigen Drachen (440 Ellen lang!):

> «So ist er beschaffen bei seiner Sandbank, die in der Unterwelt ist . . .
> nachdem Isis und der ‹Älteste Zauberer› [= Seth]
> seine Stärke durch ihre Zauber geraubt haben.
> Wer es kennt auf Erden, ist einer, dessen
> Wasser ‹Der mit schrecklichem Gesichte›
> nicht austrinken kann.»[61]

Mit der Überwindung des Apophis ist für den Sonnengott der Weg frei für die Fahrt des Sonnenschiffes. Davon hängt ab das Leben des Kosmos und auch das Leben der Menschen. Denn in das harmonische Zusammenwirken von sinnlicher und übersinnlicher Welt, von Tag und Nacht, sind auch die Menschen verwoben. Schon im kleinen zeigt sich das in dem alltäglichen Wechsel ihres Bewußtseins. Ist es doch am Tage wach und durch die Sinne nach außen gerichtet, in der Nacht aber finster und zeitlos. Wenn es auch nichts von dem nächtlichen Leben der Seele bemerkt, so weiß doch der Ägypter, daß sie dann dort ist, wo der Sonnengott wirkt und lebt, und teilhat am Leben der Gottheit. So kann er ihn am Morgen anrufen:

> «Wie schön bist du, wenn du aufgehst im Lichtland!
> Wir leben wieder von neuem,
> nachdem wir eingetreten waren in den Nun
> und er einen verjüngt hat zu einem der zum erstenmal jung ist.»[62]

Nicht nur in dem kleinen Rhythmus eines jeden Tages ist der Ägypter mit dem Lauf des Sonnengottes verwoben, auch in dem großen Rhythmus seines ganzen Lebens. Denn nach seinem Tod betritt seine Seele dieselben Wege, die auch das Sonnenschiff befährt. Sie möchte teilhaben an dieser

61 Übersetzt von E. Hornung, Ägyptische Unterweltsbücher, Zürich 1972, S. 135 f.
62 aus: J. Assmann, Ägyptische Hymnen und Gebete, Zürich 1975, Nr. 195, S. 274 f.

Fahrt. Das große Vorbild des Sonnengottes, der den Tod überwunden und selbst die Form eines verklärten, weiterlebenden Toten angenommen hat, gibt dem Menschen die Zuversicht, eines ewigen Lebens teilhaftig zu werden.

Auch von dieser Tatsache wissen die Ägypter durch des Pharaos «eigene Anschauung». In einem an verborgener Stelle angebrachten, verschlüsselten Text berichtet der Pharao von seiner Einsetzung als König durch den Sonnengott. Er begründet dies mit dem Einblick in die Nachtsphäre der Welt und der Kenntnis, die er von ihr habe:

> «Der König kennt
> diese geheime Rede da, die die östlichen Seelen sprechen,
> indem sie Jubelmusik machen für Re.
> Wenn er aufgeht, wenn er erscheint im Lichtland, . . .
> wenn er dahinfährt auf den Wegen des Himmels.
> Er kennt ihr geheimes Aussehen und ihre Verkörperungen,
> ihre Heimat im Gottesland.
> Er kennt den Ort, an dem sie stehen,
> wenn Re den Weganfang beschreitet. . . .
> Er kennt das Geborenwerden des Re
> und seine Verwandlung in der Flut (= im Nun) . . .
> Er kennt den, der in der Tagesbarke ist,
> und das große Bild, das in der Nachtbarke ist . . .»[63]

Diese Kenntnis, die der König hat, ist nicht bloß als ein gewöhnliches Wissen aufzufassen. Denn der König ist einer, der

> « . . . lebt, wovon wir leben,
> der unsere Gestalten kennt und unsere erste Vergangenheit,
> der die Einweihung in das Mysterium in der Unterwelt kennt,
> ist einer, der eingedrungen ist in die Heiligkeit der Mysterien.»[64]

Das heißt, der König hat schon zu Lebzeiten durch eine Schulung Einblick nehmen können in die Bereiche, die der «normale» Mensch erst nach seinem Tode erfährt. Das erste Ereignis, das die Seele des Menschen nach seinem Tode zu bestehen hatte, war das Totengericht (Abb. 20). Da wurde das Herz gegenüber der *Maat*, das heißt der Wahrheit und dem rechten Verhalten auf Erden, gewogen. War das Herz von einer Sünde beschwert, dann war das eine Last auf der Waage und wurde von Thoth notiert. Das Ergebnis bestimmte dann den weiteren Weg der Seele. War sie nur wenig «belastet», dann konnte sie schneller den feurigen See passieren, der als nächste Station zu durchqueren war (Abb. 21).

63 Aus: Jan Assmann, Ägyptische Hymnen und Gebete, Zürich 1975, Nr. 20.
64 Aus der Sonnenlitanei, übersetzt von J. Assmann, in: Liturgische Lieder an den Sonnengott, Berlin 1969, S. 30.

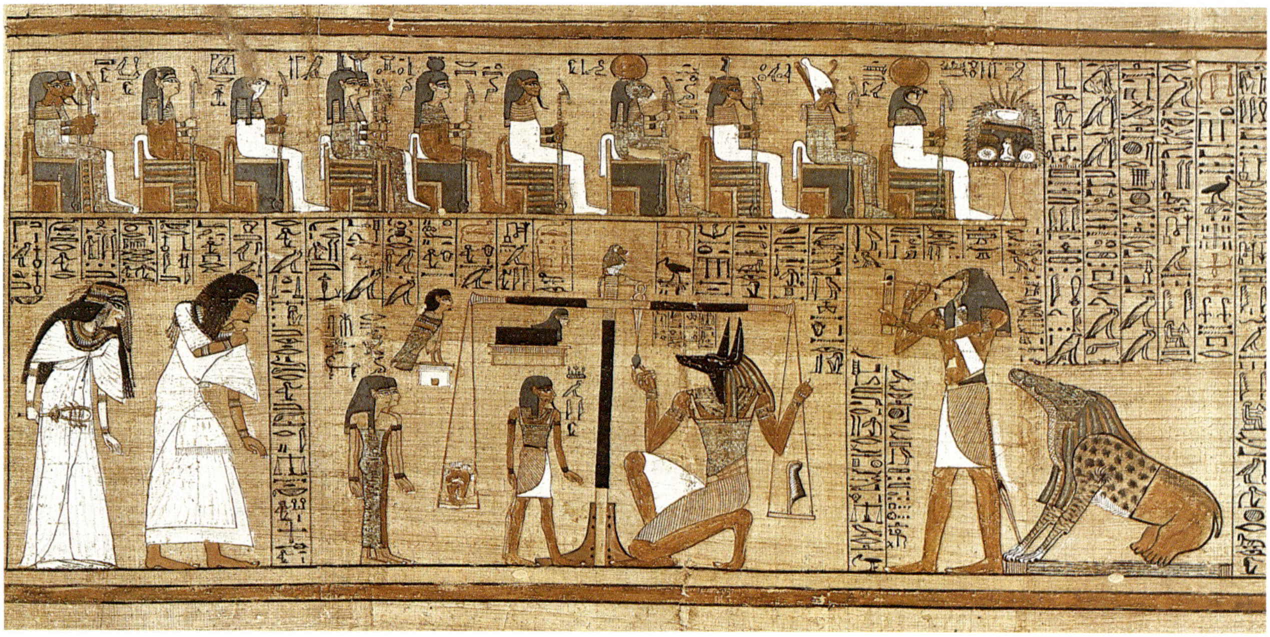

Abb. 20 Das Totengericht; 125. Kapitel des Totenbuches. In der Mitte die Waage, auf der das Herz gegen die Wahrheit aufgewogen wird. Links davon der Ba des Verstorbenen, rechts Thot als Schreiber. Papyrus Ani, Brit. Museum London.

> «Oh, ihr vier Paviane, . . .
> die von Maat leben und sich von Maat nähren,
> mit rechtschaffenem Herzen, ohne Lüge,
> deren Abscheu das Unrecht ist –
> beseitigt das Übel an mir, zerstört das Unrecht an mir,
> kein Unheil von mir gelange zu euch!»

Erst wenn die Reinigung im See und die Läuterung durch das Feuer die Seele so weit verklärt hat, daß die Paviane das folgende sagen können, erst dann kann die Seele auf den nachtodlichen Wegen weiter wandeln und die Gefahren bestehen:

> «Komm doch – wir haben dein Übel beseitigt und dein Unrecht zerstört!
> Was dich verletzen könnte, fällt dahin,
> Wir haben das Übel, das dir anhaftet, vertrieben.
> Tritt nun ein in Rasetjau (= Eingang zur Unterwelt)
> und durchschreite die geheimnisvollen Tore des Westens.»[65]

Erst jetzt, nachdem der Mensch aus dem Totengericht gerechtfertigt hervorgegangen war und das Beiwort «mit wahrer Stimme» verliehen bekommen hatte, erst jetzt, nachdem er wahrhaft eingedrungen war in den Bereich der Unterwelt, der Wahrheit, erst jetzt durfte er König werden. Denn als solcher hatte er die Aufgabe, die menschliche Ordnung in die

65 Totenbuch Kap. 126, übersetzt von E. Hornung.

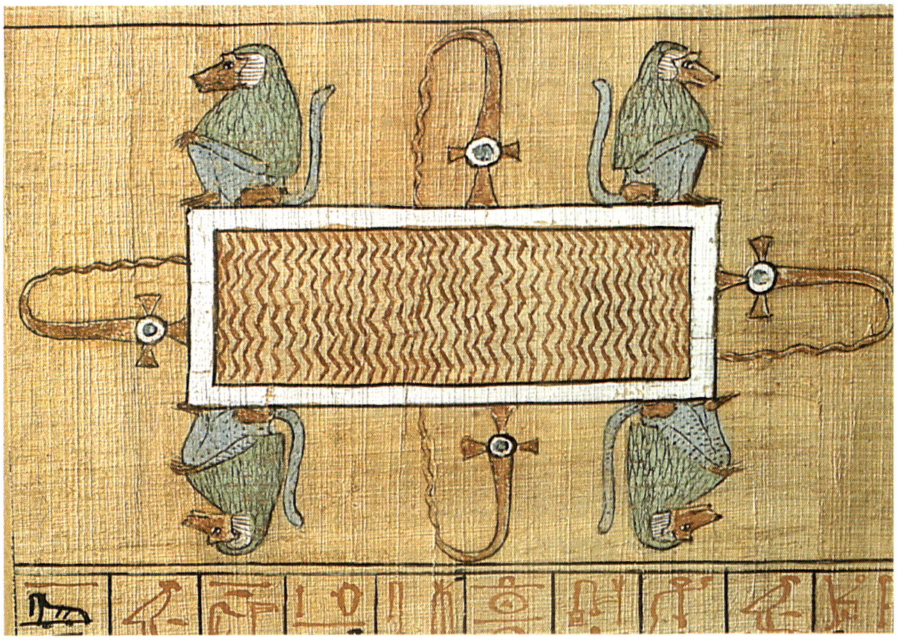

Abb. 21 Der Feuersee. Vignette zum 126. Kapitel des Totenbuches. Papyrus Ani, Brit. Museum London.

Weltenordnung so einzupassen, daß sie harmonisch zusammenwirken. Er mußte in seinem Lande «die Maat verwirklichen und die Sünde vernichten».[66] Und das konnte er nur dadurch, daß er selbst zum Sohn des Sonnengottes, zu Horus, geworden war und durch Eigendenken die Wahrheit ergründen konnte. So wird in einer Inschrift am Tempel von Medinet Habu vom König erwartet:

> «Es lebt der gegenwärtige Gott (= König), klug wie Re,
> scharfsinnig wie der in Hermupolis (= Thot),
> der erleuchtete Sohn, der aus Atum hervorging.»[67]

Um die Wahrheit kennenzulernen, mußte der Pharao hinabsteigen in jene Sphäre, wo er den wahren und bleibenden Gehalt der Welt, wo er die göttlich-geistigen Wesen und auch die Toten auffinden konnte. Im Bilde beschrieben hieße das, *im Löwen sein*. Und wirklich, wenn ein Priester den Kult für die Verstorbenen vollzieht und sich an sie wendet, legt er sich ein Löwen- oder Pantherfell um (Abb. 22; 23). Als Jun-Mutef-Priester muß er selbst zum Sohn des Sonnengottes, zu Horus werden. Als solcher nennt er sich dann »Stütze seiner Mutter» (= Jun-Mutef), ein Wort, das vielleicht an Kamutef anklingen soll. Beide Begriffe beschreiben Zusammenhänge aus dem Innersten der Welt, aus dem Bereich der Wahrheit.
In den gleichen Ideenkreis gehört auch die zunächst befremdliche Identität von Stier (wie z. B. dem Apis-Stier) und Sonnengott, die man aber

66 J. Assmann, Ägyptische Hymnen und Gebete, Zürich 1975, S. 120.
67 Übersetzt von J. Assmann, in: Re und Amun (OBO 51), Göttingen 1983, S. 39.

verstehen kann, wenn man den Zusammenhang von Ka und Maat, von Stier und Wahrheit, erkannt hat. Der Sonnengott kann dann auch direkt als «Stier der Maat» angesprochen werden.[68]

Der König ist auf Grund seines Horus-Seins in diesen Zusammenhang eingebunden und kann sich also mit dem Bild des Stieres identifizieren. So heißt es schon in den Pyramidentexten:

> «Unas (= der König) ist der Stier des doppelten Lichtglanzes»
> (= von Sonne und Mond)[69]

oder:

> «Unas ist der Stier, ohne den das Leben zunichte wird»[70]

und vielleicht am deutlichsten auf den bleibenden Gehalt der Wahrheit hinweisend:

> «Es bleibt der bleibt, der bleibende Stier.
> So sollst du Unas bleiben
> an ihrer Spitze, an der Spitze der Geister (Achu).»[71]

Was in diesen Texten ausgesagt wird, gilt nicht erst für das Leben nach dem Tod. Es wird schon hier gewußt und praktiziert, sonst wäre der Königsstatus nicht nur unberechtigt, sondern überhaupt nicht möglich! Wer sich wahres Wissen erarbeitet, und das Eindringen in den Wahrheitsbereich ist immer mit innerer Arbeit verbunden, hat Teil an der Sphäre des

Abb. 22 Jun-Mutef-Priester vor dem verstorbenen Sethos I. Tempel Sethos I. in Abydos, um 1300 v. Chr.

Abb. 23 Priester im Pantherfell reinigt Sennefer und seine Frau. Theben-West, Grab 96, um 1410 v. Chr.

68 Z. B. in der 8. Stunde des Stundenrituals. Vgl. J. Assmann, Re und Amun, Göttingen 1983, S. 34.

69 PT Spr.319 § 513, übersetzt v. J. Spiegel, in: Das Auferstehungsritual der Unas-Pyramide, Wiesbaden 1971.

70 PT Spr. 320 § 516 c.

71 PT Spr. 306 § 481 c-d. Aus diesem Zusammenhang wird auch das ägyptische Wort für «denken» (= kaj) verständlich, das von dem Wort für Stier (= ka) abgeleitet ist!

Sonnengottes. Indem der Mensch die Wahrheit in seinem Innern aufleben läßt, erhebt er sich über die bloße sinnliche Welt. Ein Licht geht in ihm auf, das unvergänglich ist. Sofern die Seele in diesem Lichte lebt, ist sie eines Ewigen teilhaftig.[72]

«Wissen müßte im Sonnenkult eigentlich eine besondere Rolle gespielt haben, denn es ist, nach ägyptischer Auffassung, eine Form der Teilhabe und bietet dem Sprecher die – vielleicht einzige – Möglichkeit, aus der conditio humana heraus – und in die göttliche Gemeinde einzutreten, in deren Mitte und mit deren Worten allein er, wiederum nach ägyptischer Auffassung, anbetend vor den Sonnengott treten kann. Diese Zugehörigkeit des Sprechers zu göttlichen Verehrergemeinschaften kraft Kenntnis ihrer Liturgie setzt ebenfalls Einweihung voraus.» Zu diesem Ergebnis führen Jan Assmann seine Untersuchungen über den «König als Sonnenpriester».[73]

Durch sein Denken kann sich der Pharao mit der göttlichen Welt verbinden. Dazu muß er jedoch alles das überwunden haben, was unrein an seiner Seele war. Er muß selbst eine reine Seele geworden sein. Hier liegt der Schlüssel zum Verständnis des widderköpfigen Sonnengottes. Denn Widder heißt auf ägyptisch «Ba». Aber mit demselben Wort wird auch die «Seele» des Menschen bezeichnet. Und sie ist es, die beim Totengericht dabei sitzt und das Urteil erwartet. Sie ist es auch, die sich im Feuer-See läutern muß und die weiter den Weg des Sonnenschiffes begleitet. Und sie ist es schließlich auch, die sich in einen Strahl (Ach) des Sonnengottes wandelt, wenn sie teilhat an seinem Lichtglanz (iachu) in Widdergestalt.

«Daß sein ‹Fleisch› – so heißt die widderköpfige Gestalt in den Jenseitsbüchern – aus Gold ist, scheint eine allgemeine Vorstellung. Daraus geht hervor, daß nicht nur der Begriff der ‹Seele› mit der Widdergestalt verbunden ist – über den Gleichklang der Worte –, sondern auch der des ‹Fleisches› als der verklärten Endform des Lebensprozesses, die man sich beim ‹greisen› Sonnengott in kostbarsten mineralischen Substanzen vorstellt.»[74]

Dieser Zusammenhang leitet unsere Betrachtung unmittelbar wieder zum Ausgangspunkt zurück: zu den kolchischen Sagenkreisen von Prometheus und dem Goldenen Vlies, – zu Feuer und Wasser. Die Bilder von Feuer und Wasser treten uns in Ägypten in vielen Darstellungen entgegen. Schon der Feuer-See enthält beide Elemente. Sie werden dem Leser auch deutlich, wenn er die Vignette zum 126. Kapitel des Totenbuches betrachtet (vgl. Abb. 21). Denn um die mit Feuerlinien ausgemalte Hieroglyphe für «See» 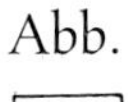 wird viermal die Hieroglyphe für »Flamme« geschrieben .

Als Grundlage für den Zusammenhang Feuer-Wasser erkannten wir den denkenden Menschen. Er reicht mit seinem aktiven, feurigen Denken

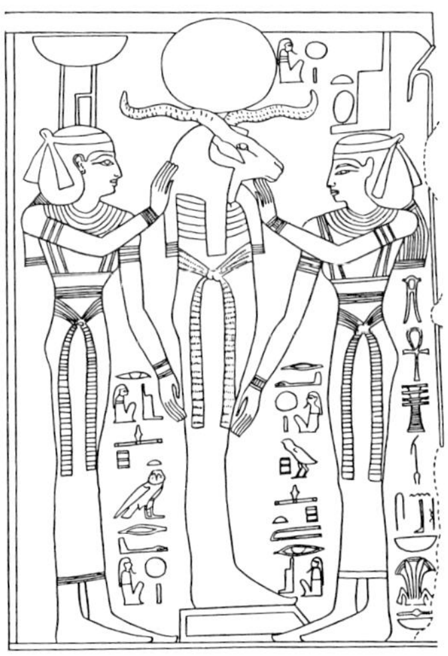

Fig. 7 Die Gestalt des Sonnengottes Re-Osiris. Illustration zu Versen der Sonnenlitanei. Nach Piankoff.

72 Vgl. R. Steiner, Theosophie, GA 9, Dornach 1978[30], S. 46.

73 Glückstadt 1976, S. 57; vgl. auch J. Assmann, Re und Amun, Göttingen 1983, S. 51f.

74 J. Assmann, Liturgische Lieder an den Sonnengott, Berlin 1969, S. 80 f.

Abb. 24 Der Pharao, Feuer und Wasser vor Osiris und Isis darbringend. Abydos, Tempel Sethos I., Horusschrein Westwand, um 1300 v. Chr.

hinauf in den Bereich des Geistes, der Wahrheit, und reinigt dadurch sein Seelenleben. Dieser Vorgang wird in Ägypten immer dann ins Bild gebracht, wenn der König vor Göttern opfert. Mit der einen Hand hält er entweder die Flamme oder den Räucherarm (dem er dazu noch Weihrauchkügelchen auflegt), mit der anderen gießt er das Wasser aus: flammende Begeisterung nach oben, Reinigung nach unten. Allerdings scheint diese Ritualhandlung nicht zum gewöhnlichen, täglichen Tempelritual zu gehören, sondern in ein eigenes Königsritual eingebettet gewesen zu sein.[75]
Vergleichen wir die ägyptischen Bilder mit denen der besprochenen kaukasischen Mythenkreise, so können wir nicht nur einzelne «Parallelen» feststellen; die Bilder erscheinen auch in denselben Zusammenhängen. Selbstverständlich, das braucht aber nicht gesondert betont zu werden, ist der Stil der Darstellung jeweils ein eigener. Aber die Inhalte der Bilder sind dieselben! Ja manches Bild schließt sich überhaupt erst dann auf, wenn man den Zusammenhang, in dem es in Ägypten auftritt, kennt. So z. B. das Löwenfell. Jason und Herakles sind mit ihm bekleidet. Gewöhnlich wird von Herakles gesagt, er trage das Fell, seit er den nemeischen Löwen besiegt habe. Hinter dem äußeren Bild, das zunächst auch als äußeres Geschehen verstanden werden kann, lebt eine zweite Sinnschicht, und erst

75 Siehe: Rosalie David, A Guide to Religious Ritual at Abydos, Warminster 1981, p. 139.

Abb. 25 Pferdestirnplatte aus Urartu, oben der geflügelte Sonnengott, unten ein Held zwischen zwei Stieren. Nach Eichler.

diese ist es, die zu einem wahren Verständnis des mythischen Bildes führt. Der kundige Ägypter hätte sofort gewußt, was es wirklich bedeutet, den Löwen besiegt zu haben: nämlich hinabgestiegen zu sein in die Unterwelt. Das aber hatte Herakles getan, und deswegen konnte er berechtigt das Löwenfell tragen und Prometheus von seinen irdischen Fesseln befreien.
Wer in Ägypten zu bleibenden Wahrheiten kommen will, muß hinabsteigen in die Innenseite der Welt, mit dem Schiff des Sonnengottes den Ozean des Nun durchqueren, um im Osten als neugeborenes Wesen, als wirklicher König erscheinen zu können. Auch Jason muß, um das Königtum berechtigt und gerecht ausüben zu können, mit der Argo über das Wasser nach Osten fahren, um durch diese Fahrt das goldene Widderfell, die reine Seele zu gewinnen. Er hat die Proben zu bestehen, dabei dem Sonnengott gleichend, dem «goldbewehrten Apollon»[76], und die Kraft zu nutzen, die ihm die prometheische Salbe für *einen* Tag, gemäß dem Kreislauf des Sonnengottes, gewährt.[77] Das Beherrschen der Stierkraft, das Überwinden des Drachens, das Hinabsteigen in die Unterwelt usw. sind alles Bildelemente, die aus den ägyptischen Gräbern bekannt sind. Von hier aus erhalten diese Mythologeme ihre tiefere Deutung!
Die Bilder sind einander zu ähnlich und beschreiben zu ähnliche Zusammenhänge, als daß man diese Beziehung zu Ägypten und seiner esoterischen Weltsicht ignorieren könnte. Wie aber ist diese zu denken? Griechenland hat sie sicher nicht vermittelt, denn die Griechen selbst sind abhängig von der östlichen Quelle. Leider sind unsere geschichtlichen Kenntnisse für den betreffenden Raum viel zu dürftig, um ein solches Problem leicht lösen zu können.
Gehen wir von den Phänomenen aus, dann ist zunächst einmal auffällig, daß auch die Kultur Urartus enge Beziehungen zur Art der ägyptischen Kultur vermuten ließ: da sind die Königsgräber im Tuschpa-Felsen, dessen Scheintüren, die präzise rechteckige Steinbearbeitung, die häufige Verwendung von Schrift, die zentrale Verwaltung des Landes usw. Müßte man nicht, wenn diese Beziehung bestanden haben könnte, auch Bilder aus den hier betrachteten Sagenkreisen dort erwarten? Und tatsächlich, es gibt sie. Natürlich sagen die archäologischen Zeugnisse nichts über die Quellen; sie zeigen nur, daß dieselben Bilder in der dortigen Kultur bekannt waren.
Auf einer schön getriebenen bronzenen Pferdestirnplatte aus Urartu sehen wir oben den Gott in der geflügelten Sonnenscheibe erscheinen und unten den Helden, zwischen zwei Stieren stehen, «packend nunmehr an der Spitze das Horn des Stieres zur Rechten, . . . dann trat er rasch mit dem Fuße des Stieres ehernes Bein, da sank das Rind in die Knie» . . .[78] Was

76 Ap. Rhod. Arg. III, 1283.
77 op. cit. III, 1049.
78 op. cit. III, 1306.

hier Apollonios Rhodios beschreibt, ist fast die exakte Wiedergabe des Bildes auf dem urartäischen Relief.

Das Motiv zweier Stiere ist auch sonst in diesem Kulturkreis uralt. Schon die Hurriter und die Hethiter kennen zwei solcher Wesen im Dienste ihres höchsten Gottes. Es sind die beiden Stiere Scheri und Hurri. Man ruft sie als *vermittelnde* Wesen an, damit sie die Bitten an die oberen Götter, die von der Erde aus nicht direkt erreichbar sind, weiterleiten. In einer Keilschrifturkunde, die man in Hattuša, der Hauptstadt der Hethiter, gefunden hat, heißt es: «Scheri, mein Herr, Stier, der du vor den Wettergott des Hethiterlandes trittst! Mein Gebet, das in dieser Angelegenheit zu sprechen ist, übermittle den Göttern, damit die Götter, die Herren – die Götter von Himmel und Unterwelt –, diese Worte erhören!»[79]

Ihre vermittelnde Aufgabe geht auch schön aus einem Bild hervor, welches an zentraler Stelle in dem nahe der Hauptstadt liegenden Felsheiligtum von Yasilikaya angebracht ist (Fig. 8). Mitten im großen Götterzug der Kammer A befindet sich eine Szene, die aus drei Elementen zusammengesetzt ist. Unten befindet sich das hethitische Zeichen für «Erde», darauf stehen zwei Mischwesen mit Stierbeinen, Stierschwanz und Stierköpfen, die mit ihren erhobenen menschlichen Armen das Zeichen für «Himmel» halten.[80] Aus kaukasischen Sprachvergleichen ist die Namensbedeutung von «Hurri» und «Scheri» erkannt worden[81] als «Tag» und «Nacht». In diesem Bild ist unschwer die Metamorphose des bekannten ägyptischen Urbilds des Sonnenlaufes wiederzuerkennen.

In der für ihre religiösen Kulte berühmten alten hethitischen Stadt Nerik oder Narak war auch ein Stierkult lebendig, von dem einige schriftliche Fixierungen aufgefunden worden sind.[82] Da ist von einem Festlied die Rede, das die Frauen von Nerik gesungen hätten mit dem Titel «der König geht hinter den Stieren her». Dieses Lied hatte offenbar das Wachstum oder die Ernte des Getreides zum Thema.

Berühmt sind die urartäischen Bronzekessel, die den Toten mitgegeben worden sind. Es sind schön geformte Gefäße, die meist auf Dreifüßen aufgestellt waren. Der Kessel aus dem Berliner Museum (Abb. 26) ist mit zwei Stierköpfen «geschmückt», die einander gegenüber am Rand des Gefäßes angebracht sind. Wenn der Kessel mit Flüssigkeit gefüllt ist, wofür er sicherlich gedacht war, dann hätten wir das ägyptische Bild des Doppelstieres vor uns, dessen «Inneres» vom Nun erfüllt ist – wahrlich ein Bild, das für den Toten von Bedeutung ist.

Die Kultur Urartus kann von vielen Seiten her beeinflußt worden sein. Neben den möglicherweise hethitischen Einwirkungen sollte man die persischen Anregungen nicht übersehen. Wir sprachen schon beim Tuschpa-

Fig. 8 Zwei Stierwesen zwischen den Hieroglyphen von Himmel und Erde. Aus dem Felsheiligtum von Yasilikaya bei Boghasköj (nach Bittel).

79 Zit. n. A. Goetze, Kleinasien (= Handb. d. Altertumswiss. III, 1.3.3.1), München 1957, S. 141.

80 Vgl. K. Bittel (Hrsg.), Das Hethitische Felsheiligtum Yasilikaya, Berlin 1975, S. 135f., S. 177.

81 Vgl. K. Bittel, Hattuscha, Köln 1983, S. 99 und Anm. 75.

82 Vgl. V. Haas, Hethitische Berggötter, Mainz 1982, S. 73f.

Abb. 26 Bronzekessel aus Urartu, Staatl. Museen Berlin.

Felsen von der Mithras-Pforte, die dort als Scheintüre den Eingangsort des Sonnengottes zur Unterwelt zeigt. Mithras, der in den Bildern meist auf einem Stier reitend dargestellt wird, ist auch dort ein Mittler. So sagt jedenfalls Plutarch in seiner Abhandlung über Isis und Osiris: «Die Perser nennen den Mithras ‹Mittler›».[83] In den persischen Texten wird beim Opfer des Stieres auch davon gesprochen, daß der Same des Stieres die Keime allen Lebens enthielte, ja, daß die ganze Schöpfung durch dieses Opfer geschaffen worden sei.[84] Das Stier-Opfer des Mithras erinnert damit an den Ausgangspunkt des Prometheus-Mythos und an den Zusammenhang des ägyptischen Stieres mit der Lebenswelt. Denn wie wir dort gesehen haben, wird in der Gestaltbildung durch den Ka (= Stier) die übersinnliche mit der sinnlichen Welt verbunden. Im Unterschied zu den ägyptischen Texten und Grabdarstellungen sprechen die persischen jedoch immer nur von einem Stier. Ein ähnlich bedeutsames Bildelement in einem anderen Zusammenhang drückt aber niemals den gleichen Gedanken aus. Die Bildzusammenhänge der kaukasischen und kleinasiatischen Länder lassen sich damit nicht aus Persien ableiten. Dagegen zeigt ein Vergleich der Bilder des Argonautenzuges mit den Bildern der ägyptischen Geisteswelt solch harmonische Zusammenklänge, daß sie sich sogar gegenseitig erhellen können. Was das Goldene Vlies eigentlich ist, wird erst durch die ägyptischen Aussagen deutlich. Der Weg, wie diese in den Osten gekommen sind, bleibt aber zunächst offen.

Nun berichtet aber Herodot im zweiten Buch seiner Historien[85] von einem ägyptischen König Sesostris und seinen Kriegszügen. Dabei sei er auch bis in den Raum, wo die Skythen wohnten, vorgestoßen. «Darauf wandte er sich um und zog südostwärts, und als er am Flusse Phasis angekommen, blieb ein Teil seines Heeres dort zurück; ich kann nicht genau sagen, ob der König Sesostris selber einen Teil seiner Soldaten im Lande angesiedelt hat oder ob sie, des Wanderns müde, sich eigenmächtig am Phasis angesiedelt haben. Die Bewohner von Kolchis sind sicher Ägypter; ich habe das bemerkt, noch bevor man mir darüber Auskunft gab. Um Näheres zu erfahren, fragte ich sowohl in Kolchis wie in Ägypten nach der Verwandtschaft. Die Kolcher erinnerten sich lebhafter an die Ägypter als die Ägypter an die Kolcher.»

Für diese auch für Herodot überraschende Tatsache, von der aber offenbar die Menschen in Kolchis noch wußten, führt er nun noch Begründungen aus eigenen Beobachtungen an. «Die Kolcher sind nämlich dunkelfarbig und wollhaarig. Das ist freilich noch kein Beweis, denn andere Völker sind es auch. Aber folgende Gründe kommen hinzu. Nur drei Völker auf Erden haben ursprünglich die Beschneidung: die Kolcher, die Ägypter und die

83 De Iside 46.
84 Vgl. S. 22 und R. Merkelbach, Mithras, Königstein/Ts. 1984, S. 12.
85 2. Buch, 103 ff.

Äthiopier . . . Außerdem machen die Kolcher die Leinwand ebenso wie die Ägypter. Auch ihre ganze Lebensweise . . . ist ähnlich.»

Über die Beobachtungen Herodots glaubt man gewöhnlich leicht hinwegsehen zu können, weil man darin nur eine Rechtfertigung für die kolchischen Söldner sieht, die zu Herodots Zeiten am ägyptischen Hofe lebten. Sie hätten diese Geschichte doch nur erfunden, um sich als echte Ägypter ausgeben zu können. Aber abgesehen davon, daß Herodot Kolchis offenbar aus eigener Anschauung kennt und die merkwürdige Verwandtschaftsbeziehung wohl schon dort und nicht erst in Ägypten erfahren hat, spricht doch auch der von uns aufgedeckte innere Zusammenhang nicht gerade für die Richtigkeit der Söldnertheorie. – Wie es auch sei, als Ergebnis bleibt festzuhalten, daß Ägypten mit den Kaukasusländern in enger Beziehung gestanden haben muß.

# Die geistesgeschichtliche Bedeutung der kaukasischen Länder

Wenn wir von der griechischen Kultur ausgehen, dann ist zunächst einmal bedeutsam, daß nach griechischer Überlieferung die meisten der berühmten griechischen Helden Jason auf seinem Zuge nach Kolchis begleitet haben. Theseus und Herakles, Lynkeus und die Dioskuren, ja sogar Orpheus waren an dieser Fahrt beteiligt. Alle mußten sie nach Osten fahren, weil sie eingeführt werden sollten in die Mission Griechenlands: *das Denken als menschliche Seelenkraft zu entwickeln.* Was in früheren Zeiten nur die Könige durch Schulung und Einweihung vermochten, das sollte im Laufe der Entwicklung eine Fähigkeit *aller* Menschen werden. Durch diese Fähigkeit kann sich der Mensch zur Selbständigkeit erheben und zum Individuum ausbilden. Die Weltenzeit, in der die Seelen von außen beherrscht und geführt wurden, war abgelaufen. Dafür sollten sie sich künftig von innen selbst bestimmen. Solange der Mensch jedoch das Denken noch nicht hatte, solange konnte er dies von selbst noch nicht leisten, konnte nicht Herrscher sein im eigenen Reich.

Die Anregung zu diesem Entwicklungsprozeß ist von einer Stätte ausgegangen, die im Osten liegt. Und wie die Morgenröte dem eigentlichen Sonnenaufgang vorangeht, aber Folge des kommenden Aufgangs der Sonne ist, so ist auch weltgeschichtlich eine Morgenröte des Denkens zu verzeichnen, die der eigentlichen Denkentwicklung vorangeht. Wie beim äußeren Sonnenaufgang wurde sie vom Osten aus eingeleitet. Wenn dieser Prozeß zunächst auch nur in Bildern erscheint, so können die Bilder doch allmählich durchsichtig werden für das eigentliche Geschehen, welches sich in ihnen verbirgt. Es sind bedeutsame, wesentliche Vorgänge; Vorgänge, die das weltgeschichtliche Werden durch lange Zeiten bestimmt haben.

Ein Opfer leitet den Prozeß ein. Infolge dieser Tat wird das innere Feuer, das vom Himmel stammt, auf die Erde gebracht. Zunächst trennt es die Menschen von den Göttern. Wird das Denken aber aus seinen sinnlichen Fesseln befreit, kommt es in innere Fahrt, dann reinigt das Wasser der Erfahrung die Seele, die schließlich in den Besitz des goldenen Fells des geopferten Widders kommt. Um diese Tugenden zu erbilden, muß der Mensch seine eigensüchtigen Triebe, seine egoistischen Begierden, kurz, seine eigene drachenhafte Innenwelt überwunden haben. Dann erst kann er, ohne Schaden zu nehmen, in die Tiefen der Wahrheitswelt untertauchen. Und was er von dort heraufholt, wird mit ihm unvergänglich verbunden bleiben.

Wenn man das wirkliche Denken des Menschen beobachtet, stößt man, wie schon beschrieben, auf zwei Prozesse: der eine ist der eigentliche Denkprozeß, der jeweils zu einer Erkenntnis führt; der andere ist die seelische Folge dieser Bemühung, die Reinigung des Seelenlebens, die Erbildung von Tugenden. Der letztere Prozeß, die Reinigung des Seelenlebens, hängt dabei vom ersteren ab. Man wird niemals zu einer Klärung in diesem Gebiete kommen, wenn nur der Schlamm des gewöhnlichen Seelenlebens aufgerührt und dann auch noch betrachtet wird. Man sieht dann nämlich nichts, weil das Medium trübe ist. Erst wenn die lichte Klarheit des Denkens den Menschen führt, klärt sich auch sein Seelenwesen. Dazu muß er sich an die Weltinhalte hingeben, die sich nicht von ihm, sondern durch sich selbst bestimmen. Wer nicht von sich loskommen und sich nicht den Objekten, die er untersucht, zuwenden kann, dem wird sich auch nichts Wesentliches offenbaren. Die Hinwendung oder Liebe zur Sache ist notwendige Voraussetzung zum Erfassen der Wahrheit.

Der hier skizzierte Zusammenhang ist etymologisch in vielen indogermanischen Sprachen dadurch vorgebildet, daß das Wort für «Feuer» (im Sanskrit agni, im Lateinischen ignis) mit dem Wort für «Opfer» (im Sanskrit yagna) verwandt ist. Doch liegt der Zusammenhang von Feuer und Opfer tiefer, als die etymologische Verwandtschaft der beiden Begriffe andeuten kann. Rudolf Steiner hat einmal in einem Vortrag über die Weltentstehung auf diese Entsprechung aufmerksam gemacht. Sie soll hier nicht als «Beweis« angeführt werden, sondern als Hinweis darauf, daß der Ideengrund, aus dem die mythischen Bilder leben, in tieferen Schichten der Welt urständet. Er sagt dort[86], nachdem er von den «Thronen», den «Geistern des Willens» gesprochen hat, die die Wärmesubstanz für die Entwicklung der Welt hingegeben, geopfert haben: «Nun gibt uns das zugleich eine Anleitung, wie wir in Wahrheit über das Feuer denken sollen. Wo wir Feuer sehen, wo wir Wärme empfinden, sollten wir nicht so materialistisch denken, wie es dem heutigen Menschen natürlich und gewöhnlich ist; sondern wo wir Wärme auftreten sehen und fühlen, da ist das Opfer von den Geistern des Willens gegenüber den Cherubim. Dadurch gewinnt die Welt erst ihre Wahrheit, daß wir wissen, daß hinter jeder Wärmeentwicklung ein Opfer ist.»

Merkwürdigerweise schließt sich an die innere Beziehung, die zwischen Feuer und Opfer besteht, auch das Bild des goldenen Widders und des

86 Vortrag vom 31. Okt. 1911, in: Die Evolution vom Gesichtspunkt des Wahrhaftigen, GA 132, Dornach 1979, S. 19f.

Abb. 27 Armenischer Grab-Widder. 16. Jh. n. Chr. Sardarapat-Museum.

Goldenen Vlieses an. Der goldene Widder, von dem das Goldene Vlies stammt, ist ja durch Phrixos in Kolchis geopfert worden. Der Widder (oder das Lamm) war in der ganzen antiken Welt *das* Opfertier gewesen. Man denke nur an den Widder, der anstelle von Isaak geopfert wurde, oder an das Passah-Lamm usw. Nun stammt das Wort für «Lamm» aber auch von derselben Wurzel ab wie das Wort für «Feuer». Im Lateinischen heißt es agnus. So daß also der Begriffszusammenhang zwischen Feuer, Opfer und Lamm, der in den mythischen Bildern auftritt, im sprachlichen Ausdruck seine Entsprechung hat.

Wenn wir hier nach der Bedeutung von Georgien und Armenien in vorchristlichen Zeiten fragen, dann werden wir zunächst nach Griechenland verwiesen. Dort geht der Same auf, der von den östlichen Ländern gesät worden ist. Aber die Ausbildung des Denkens für sich ist nicht Selbstzweck der Geistesgeschichte. Das Denken selbst kann nun seinerseits zu solcher Vollkommenheit entwickelt werden, daß es das tiefste Geheimnis der Menschheitsentwicklung verstehen lernen kann: die *Einung eines Gotteswesens mit der Menschenwelt.* Was in den Evangelien als Christuswesen geschildert wird, konnte von der Mehrheit der Zeugen zwar als außergewöhnliche Wundererscheinung erlebt werden –, verstanden worden ist es dadurch noch nicht. Das kann erst durch das entwickelte Denken geleistet werden. Es ist dazu in der Lage, weil es auf der Grenze zwischen der sinnlichen und der übersinnlichen Welt vermittelnd hin und her webt. Bei genauer Selbstbeobachtung kann es die Begriffsformen ausbilden, die für das *Verständnis* der Christus-Tatsache nötig sind.
Christus selbst ist das Mittlerwesen, das als Gott in einem menschlichen

Leibe lebte, das den Tod überwand und auferstanden ist, aufgefahren ist in den Himmel und von dort der Menschheit den «Heiligen Geist» gesandt hat. Seit der Feuer-Taufe des Pfingst-Ereignisses und durch dieses Ereignis ist es jedem Menschen möglich, nun selbst am Reiche der Wahrheit teilzunehmen, weil ihn der «Geist der Wahrheit . . . den Weg führen wird in alle Wahrheit«[87]. Christus ist das Wesen, welches wie ein neuer, wahrhafter Prometheus zu den Menschen herabgestiegen ist, denn er sagt von sich: «Um Feuer auf die Erde zu werfen, bin ich gekommen. Und was wollte ich lieber, als daß es schon entbrannt wäre.»[88]

Auch die zweite Seite dieses Prozesses erscheint in den Evangelien als Bild. Schon vor der Taufe kündigt Johannes das Wesen Christi mit den Worten an: «Siehe, das ist Gottes Lamm (αμνός)».[89] Wobei unter Gottes Lamm eigentlich «Opferlamm» verstanden werden muß. Noch deutlicher und auf die Überwindung des Todes anspielend, tritt das Bild des Lammes und das des Löwen in der Apokalypse auf: «Siehe, es hat überwunden der Löwe, der da ist vom Geschlecht Juda, . . . Und ich sah, und siehe *mitten* zwischen dem Thron und den vier Tieren und zwischen den Ältesten stand ein Lamm.»[90] Daß der Wissende, der «hören konnte», an dieser Stelle bestimmt auch den Doppelsinn des «Löwen» von Juda herausgehört hat, sei nur nebenbei erwähnt.

Ohne die denkerische Vorbereitung der großen griechischen Philosophen wären die Voraussetzungen für ein Verständnis der Reden und Gleichnisse des lehrenden Christus nicht gegeben gewesen. Denn was hätte man sich denn ohne die griechische Auffassung von *Wahrheit* unter dem Parakleten vorstellen sollen, der in die Wahrheit leitet? Wie hätte man das Gotteswesen verstehen sollen, das die Welt am Anfang geschaffen hat und das nun vom Innern des Menschen, der guten Willens ist, aufgenommen werden kann, wenn man den Begriff des *Logos* nicht schon ausgebildet gehabt hätte? Mit welchen Mitteln hätte man die dreieinige Wesenheit Gottes verstehen sollen, wenn die Begriffe von Gott und Gottheit, Denken und Geist, und die vielen anderen sogenannten abstrakten Begriffe des griechischen Geisteslebens nicht zur Verfügung gestanden hätten? Die frühen Konzilien ringen um ein Verständnis des Mysteriums von Golgatha mit Begriffen, die in Griechenland entstanden sind – auch dann, wenn sie in lateinischer Form verwendet werden.

Die meisten dieser wesentlichen Begriffe sind Ergebnisse der Anstrengungen großer Denker, die im Üben des Denkens ihre Lebensaufgabe sahen. Diese Aufgabe empfanden sie als von Gott gegeben und ihre Ausübung als eine Art Gottesdienst. So rechtfertigt sich Sokrates damit – er war angeklagt worden, er hätte die Jugend verdorben, weil er sie zum *Denken*

87 Joh., 16,13.
88 Lukas 12,49.
89 Joh. 1,29.
90 Offb. 5,5.

angeregt hätte –, daß der Gott (gemeint ist Apollon) ihm das aufgetragen hätte: «Mir aber ist das, wie gesagt, von dem Gotte befohlen worden, durch Weissagungen, durch Träume und auf jede Weise, mit der jemals eine göttliche Berufung einem Menschen irgend etwas aufgetragen hat.»[91] Dieser göttliche Auftrag, der zunächst dem Philosophen sogar noch von außen zukam, wird schon wenig später von Aristoteles als ein *innerer Auftrag* ergriffen. In seinem Spätwerk, der «Nikomachischen Ethik», macht er sich über die Aufgabe des Menschen Gedanken. Als erstes wird darin festgestellt, daß des «Menschen eigentümliche Leistung ist: ein Tätigsein der Seele gemäß dem rationalen Element».[92] Aber diese denkerische Tätigkeit des Menschen darf nun nicht nur für sich allein erübt werden, sie soll vielmehr wertvolle Menschen erbilden: «Wir philosophieren nämlich nicht um zu erfahren, was ethische Werthaftigkeit sei, sondern um wertvolle Menschen zu werden. Sonst wäre dieses Philosophieren ja nutzlos.»[93] Was sich Aristoteles unter einem wertvollen Menschen vorstellt, wird dann im Hauptteil des Buches näher ausgeführt. Als Schlüssel dazu erscheint ihm der Begriff der Mittebildung und der Vermittlung von Gegensätzen zu einem harmonischen Zusammenwirken. Damit greift er auf und gestaltet aus, was im Alterswerk seines Lehrers, in Platons «Staat», nur kurz angedeutet ist. Dort heißt es am Schluß, daß es für den Menschen, der sich wieder auf der Erde verkörpere, darauf ankäme, unter den «Lebensläufen den zu wählen, der stets die Mitte hält; und das Übermaß nach beiden Seiten zu vermeiden, schon in diesem Leben, soweit das möglich ist, als auch in jedem späteren. Denn so wird der Mensch am glücklichsten.»[94] «Daraus folgt freilich auch, daß es keine leichte Sache ist, ein wertvoller Mensch zu sein; denn in jedem einzelnen Fall die Mitte zu fassen, ist keine leichte Sache: den Mittelpunkt des Kreises findet nicht unterschiedslos ein jeder, sondern nur der Wissende.»[95] Um die Mitte zu finden, muß man in jedem Momente seines Lebens urteilen und entscheiden. Man muß die verschiedenen Qualitäten gegeneinander auswiegen und erwägen, was jeweils das Richtige und Notwendige ist. Das «aber erfordert Anstrengung und ist kein Spiel.»[96]

Das höchste Ziel des Menschen sieht Aristoteles in der Betätigung einer Kraft, die das *Geistige zu schauen* vermag: «Mag nun der Geist oder etwas anderes diese Kraft sein, die man sich gewiß als wesenhaft herrschend, führend, auf edle und göttliche Gegenstände gerichtet vorstellt, – mag diese Kraft selbst auch göttlich oder von dem, was in uns ist, das göttlichste Element sein – das Wirken dieser Kraft . . . ist das vollendete Glück. Dieses Wirken ist aber ein geistiges Schauen.» Das lebendige Wirken des philosophischen Geistes bereitet auch Freude, denn «es gilt von der

91 Platon, Apologie des Sokrates, 33 A.
92 Nik. Ethik I,6 (= 1098a).
93 Nik. Ethik II,2 (= 1103b).
94 Platon, Politeia X,15 (= 619a).
95 Nik. Ethik II,9 (= 1109 a).
96 Hier und im folgenden alle Zitate aus: Nik. Ethik X,6–9 (= 1177a–1179a).

Philosophie, daß sie eine durch ihre Reinheit und Dauer großartige Lust gewährt». Daß dieser Zustand allerdings kein Dauerzustand im alltäglichen Leben sein kann, ist Aristoteles bewußt. Es ist dennoch sein höchstes denkbares Ziel. So heißt es schon im «Protreptikos»[97]: «Es gibt für die Menschen nichts Göttliches und Seliges außer dem, was allein ernster Mühe wert ist, nämlich das, was in uns an Geist und Denken vorhanden ist. Denn von dem, was unser ist, scheint dies allein unvergänglich, dies allein göttlich zu sein. Und kraft unseres Vermögens, an dieser Fähigkeit teilzuhaben, ist unser Leben, obwohl von Natur armselig und drückend, so prächtig eingerichtet, daß der Mensch im Vergleich zu den anderen Lebewesen ein Gott zu sein scheint. Denn der Geist ist der Gott in uns.»
Gelingt es dem Menschen, sich in bestimmten Ausnahmezuständen seines Lebens in diese Regionen zu erheben, dann ist er nicht mehr bloß Mensch, sondern auch Gott. Er kann dann ein wahrer *Mittler* sein, der wie ein ägyptischer Pharao die göttliche mit der menschlichen Welt verwebt. «Wer aber ein aktives Leben des Geistes führt und den Geist pflegt, von dem darf man sagen, sein Leben sei aufs beste geordnet und er werde von den Göttern am meisten geliebt, . . . weil er sich um das bemüht, was ihnen nahesteht und weil sein Handeln richtig und wertvoll ist. Daß dies aber im höchsten Grade bei dem Philosophen zu finden ist, darüber besteht kein Zweifel.»[98]

Damit wird dem Menschen ein neues Ziel gesetzt, das Ziel des *göttlichen Menschen*.[99] Aber nun nicht mehr in dem engen Rahmen alter Mysterienschulen, wo diese Zwischenstufe zwischen Menschen- und Götterwelt durch jahrtausendealte Praktiken immer wieder erreicht worden ist, sondern im offenen Licht des Tages. Die neu erweckte, doch innere Fähigkeit des Denkens ist jetzt die treibende Kraft, die diesen Aufstieg des Menschen bis in die göttlichen Reiche verwirklichen soll. Selbstverständlich gelingt es nur wenigen, die strengen Anforderungen und Anstrengungen für dieses hohe Ziel zu erfüllen. Die Aufgabe jedoch ist gestellt, und mancher beschreitet den Weg.

Der Begriff des «göttlichen Menschen» ist andererseits einer derjenigen Begriffe, die den vorchristlichen Denker darauf vorbereiten, sich unter einer Wesenseinigung zwischen wahrem Gott und wahrem Menschsein wirklich etwas vorstellen zu können. Als sich dann das Christus-Ereignis vollzog, konnte es von griechisch sprechenden Menschen und mit griechischen Begriffen verstanden werden. Wären sie durch die griechischen Philosophen nicht schon vorher entwickelt worden, – niemand hätte begreifen können, was durch das Christus-Leben und seine Folgen wirklich geschah.

97 Protr. 10c W.
98 Nik. Ethik X,9 (= 1179a).
99 Vgl. dazu L. Bieler, ΘΕΙΟΣ ΑΝΗΡ, Darmstadt 1976², S. 16.

Die Vorbereitung für diese geistige Entwicklung der Menschheit, die so rechtzeitig geschah, daß ein Verständnis für das Mysterium von Golgatha zur richtigen Zeit vorhanden war, wurde von den kaukasischen Ländern aus eingeleitet. Von dort ging der Impuls aus, der die Menschen zum Denken brachte. Und von dort ging auch die Anregung aus, durch Hingabe an den geistigen Gehalt der Welt, diese neu gewonnene Seelentätigkeit selbständig höher entwickeln zu wollen. Durch denselben Vorgang wird auch die Seele gereinigt. Kolchis und Armenien lagen zwar räumlich am äußersten Rand der damals bekannten bewohnten Erde, aber ihre Aufgabe war offenbar mit dem zentralen Ereignis der Menschheitsentwicklung verbunden. Von diesem Aspekt aus gesehen, nämlich von ihrer Bedeutung für die Geistesentwicklung der Welt, gehören diese Länder ohne Zweifel zum Zentrum des Weltgeschehens.

# Armenien und Georgien in nachchristlicher Zeit

# Die geschichtliche Entwicklung in nachchristlicher Zeit

Von Rom aus lagen die Gebiete Armeniens und Georgiens an den kaum mehr vorstellbaren Grenzen im Osten des römischen Reiches. Tausende von Meilen vom Zentrum der Macht entfernt, führten sie weitgehend ein Eigendasein. Wenn ein römischer Feldherr mit Heeresmacht erschien, fügten sich die von Rom bestätigten Herrscher in die verabredeten Formen und hielten sie wohl auch ein wenig ein. Ließ aber der römische Druck nach, gingen sie wieder eigene Wege. Auf der anderen Seite jedoch war Persien nahe. In den ersten beiden nachchristlichen Jahrhunderten standen die Römer den relativ schwächeren Parthern gegenüber und führten manchen siegreichen Feldzug. Aber schon bald wendete sich das Blatt. Die Perser erstarkten unter den Sasaniden und dehnten nun ihrerseits ihr Gebiet auf Kosten des römischen Reiches aus. Das Hin und Her der bedrohenden römischen oder persischen Heere bestimmte das Verhalten der dazwischenliegenden Länder, die sich möglichst geschickt in das ständige Kräftemessen der Großmächte einzufügen versuchten. Die Lage zwischen den Machtblöcken wurde durch wendige Führer sowohl in Georgien als auch in Armenien dazu genutzt, die fremden Einflüsse, so gut es ging, von sich abzuhalten. Dabei bildete sich eine spätantike Mischkultur aus, in der die verschiedensten Anregungen aufgenommen und eingeschmolzen wurden. Ganz im Untergrund keimte auch schon das Christentum, das nach alter Überlieferung von den Aposteln Bartholomäus und Thaddäus nach Armenien und von Andreas nach Georgien gebracht worden sein soll. Offiziell ist Armenien jedoch erst durch «Gregor den Erleuchter» († um 325 n. Chr.) zum Christentum bekehrt worden. Er stammte der Überlieferung nach aus der parthisch-armenischen Königsfamilie der Arsakiden und wuchs als politischer Flüchtling im anatolischen Kaisareia auf. Dort wurde er für das Christentum gewonnen. Nach seiner Rückkehr nach Armenien fing er an zu predigen, wofür er zunächst verfolgt und eingekerkert wurde. Erst nachdem er den König Tiridates III., der vorher als rigoroser Christenfeind aufgetreten war, von einer Krankheit heilen und taufen konnte, setzt die Bekehrung Armeniens im großen Stile ein. Schon im Jahre 315 wurde das Christentum zur Staatsreligion erklärt und Armenien damit zum ersten christlichen Land. Gregor war vor allem ein großer Organisator. In

Abb. 28 «Römischer» Tempel in Garni (Armenien), von Nordwesten. 2./3. Jh. n. Chr.

allerkürzester Zeit baute er eine gut funktionierende Kirchenorganisation auf, zerstörte überall die heidnischen Heiligtümer, ließ Kirchen errichten, gründete Schulen und sorgte dafür, daß alle Volksschichten an den Segnungen der neuen Religion teilhaben konnten.

Zur gleichen Zeit ist auch Georgien christianisiert worden. Dort war die heilige Nino diejenige, die der Überlieferung nach die Königin von einer schweren Krankheit befreite und sie zum Christentum bekehrte. Wie in Armenien wurde die neue Religion auch dort von oben her verordnet und eingerichtet, und wie in Armenien scheint es keine großen Schwierigkeiten bei der Einführung gegeben zu haben.

Die schnelle und durchgreifende Annahme des Christentums ist auch dadurch gefördert worden, daß zu Beginn des 5. Jahrhunderts sowohl für die armenische als auch für die georgische Sprache jeweils ein eigenes Alphabet geschaffen wurde. Jetzt konnte die Bibel übersetzt und der Gottesdienst in der Muttersprache abgehalten werden. Damit ist zugleich die Möglichkeit der literarischen Betätigung gegeben. Zunächst werden die großen Werke der griechischen und syrischen Kirchenväter übersetzt, aber schon bald entstehen eigene Werke, zunächst auf dem Felde der Geschichtsschreibung, dann auch Heiligenlegenden und eine große Fülle religiöser und philosophischer Abhandlungen.[100] Zu verdanken ist diese Tat in Armenien dem hochgebildeten Mönch Mesrop Maschtotz (360–440 n. Chr.), der als ehemaliger königlicher Sekretär in persischen Diensten den ganzen Umfang seiner Mission bewußt ergriffen hat. Fast ganz Arme-

100 Vgl. Geschichte der christlichen Litteraturen des Orients, Leipzig 1907, F. N. Finck, Geschichte der armenischen Literatur, S. 75 ff.

nien und große Teile Georgiens gehörten damals (seit 387) zum persischen Reichsgebilde. Und dort war es verboten, die griechische Sprache zu benutzen. Man half sich, indem man den Gottesdienst vorerst in syrischer Sprache und gemäß der syrischen Liturgie durchführte. Aber so konnte er von großen Teilen der Bevölkerung nicht mehr verstanden werden. Seitdem jedoch die armenische und georgische Sprache im Gottesdienst selber erklang, konnten sich diese Völker in ihrer Eigenständigkeit finden und ein Nationalbewußtsein ausbilden. Man identifizierte sich jetzt als Nation mit dem Christentum. Das half dann auch, die schweren Zeiten der Unterdrückung des christlichen Glaubens im persischen Reich zu überstehen. In der Mitte des 5. Jahrhunderts wurden die Repressionen, die alle Untertanen zum herrschenden Mazdaismus zwingen wollten, so stark, daß die Armenier in einem Aufstand den einzigen Ausweg sahen. Obwohl sie militärisch hoffnungslos unterlegen waren, wagten sie die Schlacht von Avarayr (451), in der sie unter Vardan Mamikonian tapfer kämpfend unterlagen. Immerhin konnten sich die Armenier doch so deutlich behaupten, daß ihnen in der Folge ein gewisses Maß an religiöser Duldung zugekommen ist.

Infolge des Aufstandes von 451 konnte die hohe Geistlichkeit Armeniens sich nicht am Konzil von Chalkedon beteiligen, das im gleichen Jahr stattfand. Man mußte also aus späteren Berichten erfahren, was diskutiert und beschlossen worden war. Den Prozeß jedoch, der zu diesen Beschlüssen führte, konnte man nicht im einzelnen innerlich begleiten. Das war äußerst folgenreich. Denn gerade auf diesem Konzil wurde subtil darum gerungen, wie es zu denken ist, daß *die beiden Naturen* in Christus, die wahrhaft göttliche und die wahrhaft menschliche, in *einer Person zusammenkommen.*[101] Die Armenier haben die Eigentümlichkeit der beiden Naturen nicht anerkannt, sondern die *Einheit* der beiden Naturen betont und in ihr Glaubensbekenntnis aufgenommen. Sie haben sich damit mit aller Entschiedenheit, zunächst zusammen mit den Georgiern, von der übrigen Christenheit abgesetzt. In zwei eigenen Synoden in Dwin (505 und 552) hat man diesen Beschluß erneuert und daran durch alle weiteren Zeitenläufe hindurch festgehalten. Die armenische Kirche hatte sich somit auch inhaltlich eine eigene Glaubenswelt geschaffen, die ihr in schwierigen Zeiten half, die eigene Identität zu wahren.

Georgien lag zu allen Zeiten näher an Byzanz. So ist es auch nicht verwunderlich, daß die georgische Kirche, die zunächst, mit der armenischen zusammen, das monophysitische Glaubensbekenntnis annahm, sich bald wieder dem Westen zuneigte und die Beschlüsse von Chalkedon anerkannte (608). Dadurch öffneten sich die Georgier viel stärker der

101 Vgl. P. Th. Camelot, Ephesus und Chalcedon, Mainz 1963.

übrigen christlichen Welt und konnten ohne dogmatische Hemmnisse an deren Entwicklung teilnehmen. Armenien dagegen hatte seitdem vor allem den Kontakt zu anderen monophysitischen Kirchen des Orients gepflegt. Durch Jahrhunderte hindurch bestanden z. B. Verbindungen zur koptischen Kirche Ägyptens.

Auf politischem Felde stellen sich sowohl Armenien als auch Georgien niemals so einheitlich dar wie auf kulturellem Gebiet. Beide Länder wurden von tüchtigen und kräftigen Adelsgeschlechtern beherrscht, die jeweils danach strebten, ihr Gebiet auszuweiten. Da es von Anfang an kein starkes Königtum gegeben hat, das mit größerer Machtfülle ausgestattet gewesen wäre, sind es immer nur Einzelgestalten gewesen, die durch ihre persönliche Kraft und meist auch nur für kurze Zeit größere Gebiete zusammenschlossen. Politisch geeint waren die Länder eigentlich nur unter fremder Herrschaft. Sobald der Druck von außen nachließ, setzte wieder der innere Wettstreit ein.

Das 7. Jahrhundert brachte entscheidende Veränderungen im Leben dieser Länder. Gleich zu Beginn nützten die Perser die Schwäche von Byzanz aus, das gerade in einer seiner größten Krisen steckte, und eroberten Armenien und weite Teile Kleinasiens, dann Syrien und, was für die Christen am allerschlimmsten war, Jerusalem (614). Von dort schleppten sie die kostbarste aller Reliquien, das Heilige Kreuz, nach Ktesiphon fort. Wenig später eroberten sie sogar Ägypten. Damit ging die reichste Provinz dem byzantinischen Reich verloren. Das war für die Hauptstadt besonders schmerzlich, weil die Versorgung mit Getreide von da an in Frage gestellt war. In dieser höchsten Not fand sich jedoch in der Person des Herakleios einer der tüchtigsten Herrscher der ganzen byzantinischen Geschichte. Noch während des Abwehrkampfes gestaltete er die innere Verfassung des morschen römischen Reiches um, reorganisierte die Finanzverwaltung und das Heereswesen[102] und versuchte, den Persern mit Einsatz der eigenen Person das Verlorene wieder zu entreißen. Märchenhafte Erfolge lösten die Niederlagen der vorangehenden Zeit ab. Über Kappadokien führte sein Siegeszug durch Armenien und Georgien ins persische Kernland, in dem er 622 eines der größten und heiligsten Feuerheiligtümer der Perser, das «Königsfeuer Adhur Guschnasp» zerstörte, was einem geistigen Todesstoß gleichkam. Nach Abwehr eines Angriffs auf Konstantinopel marschierte er in Syrien ein und schlug die persische Armee vernichtend. Noch auf der Flucht wurde der sasanidische Großkönig ermordet. Herakleios schloß Frieden und erhielt alle schon verloren geglaubten Gebiete zurück. Im Triumph wurde 630 das Heilige Kreuz nach Jerusalem zurückgeführt und in der Grabeskirche ausgestellt.

102 Vgl. G. Ostrogorsky, Geschichte des Byzantinischen Staates, München 1963, S. 77 ff.

An diese kriegerischen Auseinandersetzungen schließen sich im Osten viele Legenden an. Denn der ungeheuerste Frevel, den man sich denken konnte, die Verschleppung des Heiligen Kreuzes, mußte gerächt werden. Herakleios konnte und mußte siegen, weil die Kirche und mit ihr das ganze Streben der östlichen Christenheit auf die Wiedergewinnung der heiligsten Reliqien des Reiches gerichtet war. Um so schrecklicher war es dann aber für Herakleios selbst, daß er mit ansehen mußte, wie das Erreichte nur wenige Jahre später unter den Angriffen der Araber wieder zerrann. Nach den übermächtigen Anstrengungen, die schließlich da endeten, wo sie begonnen hatten, waren beide Parteien so ausgeblutet, daß sie keinerlei Kräfte mehr mobilisieren konnten, um die heranbrausenden Araber abzuwehren. Nach dem vollständigen Sieg der arabischen Heere über die Byzantiner in Syrien, Palästina und Ägypten erlagen ihnen auch die Perser. Schon seit 640 wurde Armenien bedrängt, welches sie bis 652 vollständig eroberten. Wie auch anderen Gebieten wurde Armenien eine gewisse innere Autonomie gestattet, es wurde aber als tributpflichtiger Staat dem Reichsgebiet angeschlossen. Der Osten Georgiens erlitt das gleiche Schicksal.

Der Koran schreibt vor, daß man die Feinde, bevor man sie angreift, auffordern soll, den Islam anzunehmen. Wenn sie es tun, kommen sie in den Genuß derselben Rechte und Pflichten wie die übrigen Muslime. Dieser Aufforderung wurde oft Folge geleistet, weil die Reichen ihre Besitztümer behalten konnten und viel weniger Steuern bezahlen mußten, als sie vorher an Byzanz oder Persien zu entrichten hatten. Es gab aber auch eine zweite Art der Kapitulation, bei der man zwar seinen Glauben behalten konnte, dafür aber eine Art Kopfsteuer zu bezahlen hatte. Zu dieser zweiten Art entschlossen sich zunächst die Armenier und Ostgeorgier. Man konnte so das Christentum weiter pflegen, mußte aber eine fremde Verwaltung erdulden. Natürlich sind auch immer wieder einzelne Familien zum Islam übergetreten rein um der Vorteile willen, die damit verknüpft waren. Allmählich mischten sich dann christliche und islamische Bevölkerungsschichten, so daß das 8. Jahrhundert im großen und ganzen von einem friedvollen Zusammenleben von Christen und Muslimen bestimmt wurde. Gelegentliche fanatische Ausbrüche einzelner Emire, die sich gegen den armenischen Adel richteten, waren die Ausnahme.

Die Zugehörigkeit zu dem riesigen «Reich des Islam», das sich von Indien und Persien, über Syrien und die nordafrikanischen Staaten bis zu den Pyrenäen erstreckte, hatte auch Vorteile. Nicht nur für den Handel, der dem aktiven Kaufherrn ungeheure Möglichkeiten bot, sondern auch für den geistigen Austausch. In diesem Riesenreich, das nur zu Beginn von den Arabern beherrscht wurde, dann aber bald einen kosmopolitischen Zug annahm, blühte das geistige und wissenschaftliche Leben in vorher nie gekanntem Maße auf. Die Abbasiden-Kalifen (seit 750) interessierten sich sogar selbst für wissenschaftliche Fragen und förderten, wo sie nur konnten, das geistige Leben.[103]

Je mehr jedoch die innere Macht der Abbasiden zerfiel, desto mehr zeigten sich Auflösungserscheinungen an den Randgebieten. Die Armenier ergriffen als erste ihre Chance, eroberten sich einen Freiraum und gründeten ein eigenes Königreich. Im Jahre 885 ließ sich Aschot V. aus dem Hause der Bagratiden zum König krönen. Sofort setzte der übliche Wettstreit zwischen den vornehmen Familien mit alter Heftigkeit ein. Schon 908 folgte Gagik, aus der Familie der Artsruni, der sich mit arabischer Unterstützung als König von Vaspurakan einsetzen ließ. Dieses «Südreich», das auf Achtamar, einer Insel im Van-See, seinen Mittelpunkt hatte (Abb. 29), stand dem «Nordreich» oft feindlich gegenüber. Schon wenige Jahre später wurde das Nordreich in zwei «Königreiche» geteilt, was zu weiteren Fehden Anlaß gab. Bedeutsam wurde der Ausbau der Festung Ani zur Hauptstadt eines dieser Reiche (961). Schon bald hatte sie über 100 000 Bewohner aufgenommen, die ihre Stadt mit einer starken Mauer befestigten und mit zahllosen Kirchen schmückten.

Die Schwäche der Abbasiden wurde auch von den byzantinischen Kaisern ausgenutzt, die danach trachteten, sich die alten kleinasiatischen Gebiete wieder anzueignen. Nach jahrelangem hartem Ringen hatten die Byzantiner schließlich Armenien wieder zurückerobert und sogar 1045 Ani bezwungen. Allerdings ging diese Stadt nur wenig später an die neu herandrängenden seldschukischen Türken unter Alp Arslan verloren und mit ihr das ganze Land. In der entscheidenden Schlacht bei Mantzikert (1071) haben die Seldschuken das byzantinische Heer vernichtend geschlagen, so daß der unter großen Anstrengungen erfolgten Aneignung Armeniens wieder der totale Verlust dieser Gebiete folgte. Diesmal für immer. Denn die Seldschuken besetzten den größten Teil der kleinasiatischen Halbinsel und ließen sich auch nicht mehr vertreiben. Die Ritter des ersten Kreuzzuges (1096–1099) mußten sich dort mit ihnen auseinandersetzen.

Ähnlich wie die Entwicklung in Armenien verlief sie auch im Nachbarlande Georgien. Mit Ausnahme des im Westen gelegenen Gebietes, das immer eng mit Byzanz verbunden blieb, wurde es dem Kalifenreich angeschlossen. Als der islamische Druck nachließ, gab es auch hier Selbständigkeitsbestrebungen. Die Familie der Bagratiden, eine georgische Seitenlinie der armenischen Bagratiden, war zunächst der Träger der Einigungsbemü-

103 Vgl. S. 214.

Abb. 29 Achtamar im Van-See. Blick vom Zentrum der Insel über die Palast-Kirche auf die Südküste des Sees.

hungen. Unter Bagrat III., der mit Unterbrechungen von 978–1014 residierte, gelang der Zusammenschluß der westlichen Gebiete mit dem Zentrum in Kutaissi (Abb. 30). Aber ähnlich wie in Armenien, haben auch hier die großen alten Geschlechter miteinander rivalisiert und alle größeren Zusammenschlüsse zu verhindern gewußt. Das änderte sich unter «David dem Erneuerer» (1089–1125). Mit einer ungeheuren Energie und großer Klugheit, aber auch mit einem milden und gerechten Herzen, zwang er die unbotmäßigen Herrschergestalten unter seine Führung. In der Synode von Ruisi-Urbnissi (1103) erneuerte er die georgische Kirche. Er setzte deren unfähige Führer ab, auch wenn sie aus vornehmen Familien stammten, und ersetzte sie durch tüchtige Fachleute. Ein Gleiches geschah in der zentralen Verwaltung und in der Armee, die er überhaupt erst zu einer schlagkräftigen Truppe entwickelte. Er befriedete das Land

Abb. 30 Kutaissi, südliche Vorhalle der Gottesmutterkirche, um 1000 n. Chr.

und sorgte für dessen Sicherheit. Dies führte, nach der Verweigerung der Tributleistungen, die Georgien eigentlich an die Seldschuken zu zahlen hatte, zu einem ungeahnten Aufblühen der Wirtschaft. Zudem wollte David sein Land zu einem kulturellen Zentrum ausgestalten. Er selbst war hochgebildet, beherrschte mehrere Sprachen, kannte die kirchliche und weltliche Literatur, und zwar christlicher wie arabischer Herkunft. Jede freie Minute seines Lebens versuchte er, sein Wissen zu mehren. Schwerbeladene Kamele mit Büchern folgten ihm sogar in Kriegszeiten bis vor die feindlichen Linien; und gleich nach jedem Sieg setzte er sein Studium an der Stelle fort, an der er vor der Schlacht aufhören mußte. Für Georgien erwarb er sich durch die Gründung der Akademie von Gelati (1106) unsterbliche Verdienste. Denn sie bildete den Ausgangspunkt für die glanzvolle Entwicklung der georgischen Kultur im 12. Jahrhundert (Abb. 31).
David der Erneuerer krönte sein Lebenswerk durch die Einigung ganz Georgiens. Nach der Schlacht von Didgori 1121, in der er die mit riesiger Heeresmacht angreifenden Seldschuken durch eine Kriegslist entscheidend schlug, eroberte er das Emirat von Tiflis und die noch weiter nach Osten liegenden Länder. Bei seinem Tode hinterließ er seinem Nachfolger ein innerlich wohlgeordnetes Staatsgebilde mit starken kulturellen Impulsen. Das goldene Zeitalter Georgiens brach an. Es erreichte seinen Höhepunkt unter der Herrschaft der legendären Königin Tamar (1184–1213). Als

Abb. 31 Gelati, Gottesmutterkirche (Katholikon) von Südosten. Ganz links im Bild der Eingang zur Akademie. Beginn 12. Jh.

schöne und überaus kluge Frau setzte sie die Politik ihrer großen Vorgänger fort. Ihre Heere besiegten die wieder angreifenden Seldschuken und sorgten dafür, daß auch große Teile Armeniens mit Georgien zusammen in Frieden leben konnten. Die Blütezeit hielt jedoch nicht viel länger an. Schon unter Tamars Nachfolgern wurde Armenien und Georgien von östlichen Völkern bedrängt und dann von den mongolischen Horden besiegt (1235–1243). Georgien und Armenien mußten sich dem übermächtigen Gegner, dem sie militärisch nicht gewachsen waren, ergeben. Nur Westgeorgien war von den schrecklichen mongolischen Einfällen verschont geblieben. Die Länder verarmten schnell, die Kultur erlosch, und große Teile der armenischen Bevölkerung verließen das Land. Viele zogen nach Südwesten, nach Kilikien, um in Klein-Armenien noch eine Zeitlang ihre Kultur pflegen zu können. Gegen Ende des 14. Jahrhunderts zerstoben die letzten Reste der eigenständigen Kultur unter den fürchterlichen Tritten Timur Lenks, dem es gelungen war, das mongolische Weltreich zu «erneuern». Weite Landstriche Georgiens und Armeniens wurden vollständig entvölkert und lagen lange Zeiten hindurch verödet. – Es bedurfte einer Jahrhunderte währenden Regeneration, ehe aus diesen Ruinen wieder neues Leben ersproß.

# Die Christianisierung Armeniens und die armenischen Kirchenbauten

Armenien ist in ganz eigentümlicher Art und Weise durch das Wirken einer bedeutenden Persönlichkeit zum Christentum bekehrt worden. Gregor der Erleuchter hatte das Glück, davon sprachen wir schon im letzten Kapitel, zunächst den König und mit ihm die königliche Familie taufen und so zum christlichen Glauben bekehren zu können (315 oder 301 n. Chr.). Dadurch war es ihm möglich, von oben herab, vom Zentrum des Staates aus, das zu verkünden, was er als Auftrag empfand, und auch das durchführen zu können, was er als richtig und notwendig erachtete. Mit großem Geschick baute er zunächst die Organisation der Kirche auf, gründete Schulen für deren Nachwuchs und Bildungsstätten für die Allgemeinheit, begann soziale Einrichtungen zu schaffen, sorgte für die Armen und Waisen, errichtete die ersten Kirchen – kurz, er hatte in den wenigen Jahren seines Einsatzes das ganze Leben der Armenier grundlegend umgestaltet. In dem ehrenden Beinamen «Lehrer Armeniens», den man ihm schon zu Lebzeiten gab, sprachen die Menschen aus, was sie ihm gegenüber empfanden.

Das Christentum wurde also nicht über das religiöse Leben der einzelnen groß, sondern über eine mächtige *Organisation des Geisteslebens*. An ihr hatten bald alle Armenier Anteil. Eine solche Art der Einführung entspricht ganz der Art der altägyptischen Kultur! Auch dort war es immer üblich gewesen, neue Erkenntnisse von oben her über die Organisation des Staatsapparates einzuführen. Die Lehre, die verkündet wurde, war dort die des Königs und hier die von Gregor.[104]

Zur Art der Einführung des Christentums paßt nun auch alles Weitere, was aus dem Leben und von der Lehre Gregors berichtet wird. Nach seiner Rückkehr von Kaisareia soll er von Tiridates – die Gründe werden verschieden angegeben – in eine Höhle geworfen worden sein, in der er vierzehn Jahre verbracht haben soll, nur kümmerlich ernährt von den milden Gaben einer Witwe, die Christin gewesen sei. Später wurde dieser Aufenthalt gern mit Daniels Aufenthalt in der Löwengrube verglichen (Abb. 32). Dieses Sagenbild stammt zwar aus dem Alten Testament, ist aber auch in der ägyptischen Mythologie vorhanden. Denn in der «Löwengrube» kann man eine Verbildlichung des nächtlichen Sonnenlaufes sehen,

104 Vgl. Rob. W. Thomson, The Teaching of Saint Gregory, an early Armenian Catechism. Cambridge, Mass. 1970.

Abb. 32 Daniel in der Löwengrube, Detail aus Relieffries um die West-Apsis der Kathedrale von Martvili, Anfang 7. Jh.

an dem der König teilhat. Und in der Witwe, die Gregor ernährt, ist unschwer Isis zu erkennen, die als «Witwe» für Horus zu sorgen hatte. Daß diese Interpretation vielleicht nicht ganz unsachgemäß ist, möge die folgende Erklärung verdeutlichen, die Agathangelos (ca. 450–500 n. Chr.) in seiner «Geschichte Armeniens» der Beschreibung der Löwengrube Gregors voranstellt. Er ruft dort Gott an[105]: «Herr des Tages und Begründer der Dunkelheit, Schöpfer des Lichtes, dir gehört der Tag und der Abend; Du hast Lichter gesetzt als Führer für deine Geschöpfe, die auf der Erde sind. Du schufest die zwei Leuchten, um den Jahreszeiten, den Monaten und Zeitenkreisen zu dienen . . . Die eine ist der Herr des Tages (= Sonne), die als Vorbild deinen eingeborenen Sohn hat, das unauslöschliche, unfehlbare, unerschöpfliche und ununterbrochene Licht, das seinen Gerechten in der zukünftigen Welt enthüllt werden wird, wo es keine Tage und keine Abende, keine Wochen und keine Monate, keine Jahre und Stunden und keine Zeitenkreise, keinen Wechsel der Jahre und keinen Zeitenfluß gibt . . . Und (die andere ist) der Gang des Herrn des Abends (= der Mond), der, durch deinen Willen, deinen eingeborenen Sohn als Vorbild hat, und der die Erneuerung durch die Auferstehung unterstützt und trägt, um allen irdischen Kreaturen zu zeigen und zu bedeuten, die Ermutigung der Auferstehung aller Toten. Von Westen bewegt er sich zum Jungsein nach Osten, und durch deinen Willen erreicht er wieder den

105 Agathangelos, History of the Armenians, transl. by R. W. Thomson, Albany 1976, S. 91 ff.

Abb. 33 Etschmiadsin, Hripsimekirche von Südosten, Anfang 7. Jh.

Westen in seinem hohen Alter. Er wird umhüllt und begraben, als ein Vorbild der Auferstehung der Toten und er bringt den Geschöpfen den Trost der Ermutigung, und zeigt das Kommen deines Sohnes vom Himmel und weist hin auf die Erneuerung des Universums.» Agathangelos schildert hier, zwar etwas umständlich, aber doch eindeutig, den alten Mythos vom Tageslauf des Sonnengottes durch die beiden Phasen Tag und Nacht, wobei der eigentliche Gott jeweils derselbe ist und mit dem eingeborenen Sohn (= Christus) gleichgesetzt wird. Der Herr des Tages ist die Sonne, der Herr des Abends der Mond – auch diese Gleichsetzung ist in Ägypten bekannt, wo die beiden Himmelskörper dem rechten und linken Auge, dem Sonnen- und Mondenauge, des Sonnengottes entsprechen.
Zur gleichen Zeit, in der Gregor in der «Höhle» leben mußte, kamen 37 Nonnen nach Armenien, die durch die Verfolgungen Diokletians flüchten mußten und Asyl suchten. Eine von ihnen, die besonders schön gewesen sein soll, begehrte Tiridates zur Gemahlin. Als sie sich ihm verweigerte, ließ er nicht nur diese, die Heilige Hripsime, sondern alle Flüchtigen

Abb. 34 Etschmiadsin, Hripsimekirche, Blick in die Kuppel. Anfang 7. Jh.

zusammen töten. Diese Untat ist eng mit der Christianisierung Armeniens verbunden. Denn durch sie verfiel der König in eine schwere Krankheit, von der ihn erst der aus der Grube befreite Gregor heilen konnte. Die Folge davon war, wie schon gesagt, zunächst die Bekehrung des Königshauses und schließlich die der Armenier.

Die Gräber der Getöteten und die Märtyrerinnen selbst erscheinen aber auch noch in einem bedeutsamen inneren Bild, das Gregor als Vision erschauen konnte. Es ist nicht weniger relevant für das armenische Christentum geworden. Die Vision Gregors überliefert wieder Agathangelos in seiner «Geschichte Armeniens».[106]

«In der Mitte der Nacht, . . . als ich über die göttlichen Wunder nachsann . . . ertönte plötzlich ein großes Geräusch, wie der Donner eines Gewitters, ein schrecklicher Klang wie das Rauschen der Wellen am Ufer des Ozeans. Das Gewölbe des Himmelsfirmamentes öffnete sich und ein Mensch in Lichtgestalt stieg herab. Er rief meinen Namen und sagte: ‹Gregor›. Ich sah hinauf und erblickte seine Gestalt und schreckerstarrt fiel

106 op. cit. § 731 ff.

Abb. 35 Etschmiadsin, Gayanekirche von Südwesten, 7. Jh.

ich zu Boden. Dann sagte er zu mir: ‹Schau auf und sieh die Wunder, die ich dir zeigen werde.› Und ich sah auf, erblickte das geöffnete Firmament des Himmels und die Wasser über ihm . . . Und das Licht floß von oben zur Erde nieder, und mit dem Licht ein zahlloses Heer von leuchtenden zweiflügeligen Wesen in menschlicher Gestalt, mit Flügeln wie Feuer . . . Und ich schaute einen ehrfurchtgebietenden Mann, groß und schrecklich, der als Erster der himmlischen Scharen und sie leitend, von der Höhe herabstieg. In seiner Hand war ein großer goldener Hammer und alle folgten ihm . . . Er kam herunter und erreichte den Boden der Erde in der Mitte der Stadt . . . Und ich sah in der Mitte der Stadt, nahe dem königlichen Palast, eine runde Basis aus Gold, so groß wie ein Hügel, und auf ihr eine äußerst hohe Säule aus Feuer und an deren Spitze ein Kapitell aus Wolken und über diesem ein Kreuz aus Licht. Und ich sah auf und schaute drei andere Basen: eine an dem Ort, wo die Heilige Gayane (= die Äbtissin der 37 Nonnen) das Martyrium erlitten hatte mit ihren beiden Begleiterinnen (Abb. 35; 36), und eine an dem Ort, wo die Heilige

Abb. 36 Etschmiadsin, Blick in die Kuppel der Gayanekirche, 7. Jh.

Hripsime zu Tode kam mit ihren 32 Gefährtinnen (Abb. 33; 34), und eine am Orte der Weinpresse. Und diese Basen waren rot wie die Farbe des Blutes, die Säulen waren aus Wolken und die Kapitelle aus Feuer. Und oben auf den drei Säulen erschienen Kreuze aus Licht, wie das Kreuz des Herrn . . . Über den Kreuzen dieser vier Säulen schwangen wunderbare Bögen von einer zur anderen. Und über den Bögen sah ich ein Gebäude mit einer Kuppel, wie bei einem Baldachin. Unter der Kuppel, aber über den Bögen sah ich die 37 heiligen Märtyrer ganz leuchtend in ihren weißen Kleidern . . . Oben an diesem Gebäude sah ich einen wundervollen heiligen Thron aus Feuer, auf dem sich das Kreuz des Herrn erhob. Von dort verbreitete sich Licht nach allen Richtungen . . . Und eine reiche Quelle sprang dort hervor, sich über alle Ebenen ergießend und alles erfüllend so weit das Auge sehen konnte. Es entstand ein tiefblaues Meer und alle die Felder erschienen in der Farbe des Himmels. Und ich sah eine zahllose Menge von Feuer-Altären und eine Säule auf jedem Altar und ein Kreuz auf jeder Säule . . . Und ich sah unzählige Herden von Ziegen von schwar-

Abb. 37 Odzun, Ansicht der Kuppelbasilika von Südosten, 8. Jh.

zer Farbe, die, nachdem sie das Wasser passiert hatten, in Schafe verwandelt waren, ihre Farbe wurde hell und ihre Vliese funkelten, wie wenn Strahlen von leuchtender Wolle aufblitzten . . .»
In dem an diese Vision anschließenden Teil erklärt Gregor die symbolische Bedeutung der Bilder. Dabei macht er auf manche Einzelheit aufmerksam, die man sonst leicht übersehen hätte. Wichtig sind ihm z. B. die Orte der Säulen mit den Lichtkreuzen über den Gräbern der Heiligen. Dort soll er nämlich Martyrien errichten. Die Stelle ganz im Herzen der Stadt, wo die große Feuersäule aufloderte, bezeichnet den Ort, an dem er die erste Kirche erbauen soll. Er wird den Bau in seiner Grundlage wohl auch so ausgeführt haben, wie er in der Vision beschrieben worden ist.[107]
«Und die Herden der vielen schwarzen Ziegenböcke, die, indem sie durchs Wasser gehen, in Schafe verwandelt wurden , heißt, daß Gottes Gnade wirken wird durch die Priesterschaft, durch welche die Quelle der Taufe für die Vergebung und Reinigung der vielen Sünden fließen wird. Und ihre weiße Wolle, welche leuchtete und funkelte, zeigt an, daß die Getauf-

107 Siehe dazu A. Khatchatrian, l'Architecture Arménienne du IV$^{e}$ au VI$^{e}$ siècle, Paris 1971.

Abb. 38 Odzun, Innenraum der Kuppelbasilika nach Osten, 8. Jh.

ten in Licht gekleidet werden und des versprochenen Königreiches wert sind.»

Inmitten der Nacht steigt der Führer der himmlischen Heerscharen herab, um sich mit der Erde zu verbinden. Sein Licht erleuchtet die Finsternis und läßt eine Welt erkennen, die von Wasser erfüllt ist. Dieses wohlbekannte altägyptische Bild wird hier mit Christus verbunden, aber auch erst in der Erklärung. Zunächst wirkt es rein als Bild und wird auch als solches erzählt, ohne auf irgendwelche sonstigen christlichen oder auch alttestamentarischen Bildelemente zurückzugreifen. Dagegen finden sich altägyptische und persische Verwandtschaften bis in die Einzelheiten hinein. In der fünften Nachtstunde des «Amduat» ist z. B. die Unterwelt als solche dargestellt, aus der «ein Geräusch gehört wird, wie die Donnerstimme des Himmels bei einem Unwetter».[108] Die Beziehung zum persischen Kulturbereich ist vor allem aus den vielen Feuerbildern deutlich.[109] Sogar die Feuer-Altäre der persischen Kultur, die Gregor sicher bekannt waren, erscheinen in der Vision.

108 Vgl. z. B. Erik Hornung, Ägyptische Unterweltsbücher, Zürich 1972, S. 114.
109 Vgl. A. Hultgård, Change and Continuity in the Religion of Ancient Armenia, p. 8–26, in: Th. J. Samuelian, Classical Armenian Culture, Univ. of Pennsylvania, 1982.

Der Zusammenhang zwischen Feuerheiligtum und dem in der Vision beschriebenen Bau der christlichen Kirche – mit den vier Stützen, den zwischen ihnen schwingenden Bögen und der Kuppel darüber (vgl. Fig. 9) – ist sicher wörtlich zu verstehen. Denn die Ausgrabungen von alten heiligen Stätten in Persien haben gezeigt, daß die großen und bedeutenden Feuer tatsächlich in solchen Bauten gebrannt haben, die den in der Vision beschriebenen ähnlich sind. Eine Kuppel über vier Stützen, auf kreuzförmigem Grundriß, und das ganze von einem würfelförmigen Bau umschlossen, ist persischen Ursprungs. Einzelheiten der Bauformen, wie z. B. die Trompen, auf denen die Kuppel ruht, oder die vier kleinen Türmchen der Hripsime-Kirche von Etschmiadsin, die den kleinen Seitenkuppeln mancher persischer Heiligtümer[110] entsprechen, bestätigen immer wieder diese Beziehung.[111]

Sogar die Stätte, zu der der Führer der himmlischen Scharen herabsteigt, an der Gregor dann die erste und zentrale Kirche errichtet, ist der Ort eines alten Heiligtums. Bei Ausgrabungen unter der Kathedrale von Etschmiad-

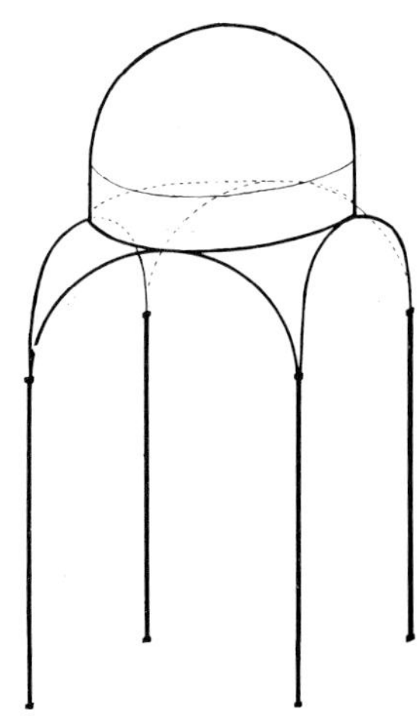

Fig. 9 Grundform eines Kuppelbaues, so wie sie in der Vision Gregors erscheint (nach Khatchatrian).

Abb. 39 Thalin, Ansicht der Kathedrale von Nordwesten, 9./10. Jh.

Abb. 40 Thalin, Innenraum der Kathedrale nach Osten, 9./10. Jh.

sin (= der-Eingeborene-stieg-herab) sind direkt unter dem Altar in der östlichen Apsis des frühesten Baues die Reste eines alten Feuerheiligtums aufgedeckt worden. Es besteht allerdings die Möglichkeit, diesen Fund auch so zu interpretieren, daß die erste Kirche älter ist als das Feuerheiligtum, welches dann erst in der Zeit der persischen Repression im 4. und 5. Jahrhundert dort eingerichtet worden wäre. Aber selbst wenn dies denkbar ist – wogegen allerdings eine urartäische Stele spricht, die mit einem eingemeißelten Kreuz versehen, an derselben Stelle gefunden[112] wurde und damit die Heiligkeit der Stätte bis in vorchristliche Zeit hinauf bezeugt –, so ist doch die zwanglose Verwandlung eines Feuerheiligtums in eine Kirche und umgekehrt überraschend. Bekannt ist die Geschichte des Narsai, der eine in ein Feuerheiligtum verwandelte Kirche wieder säubert, indem er das Feuer auslöscht, die Ziegel der «Feuerstube» einreißt und die Geräte des Magiers hinauswirft.[113]
Eine andere Verwandtschaft der Form der Kreuzkuppelkirche, so wie sie in der Vision als Bild auftritt, besteht zu den späten syrischen Grabbauten.

110 Vgl. K. Erdmann, Feuerheiligtum – Kreuzkuppelkirche, S. 53–70, in: Forschungen zur Kunstgeschichte und christliche Archäologie, Bd. 1, Spätantike und Byzanz, Baden-Baden 1952.

111 Vgl. K. Erdmann, Die Kunst Irans zur Zeit der Sasaniden, Mainz 1969$^{2}$, S. 44 ff. und K. Schippmann, Die iranischen Feuerheiligtümer, Berlin 1971.

112 Vgl. A. Hultgård op. cit., p. 16.

113 Vgl. G. Hoffmann, Auszüge aus den syrischen Akten persischer Märtyrer, Leipzig 1880, S. 36 ff.

Auch von dort her hat man versucht, die armenische Bauform abzuleiten.[114] Das liegt nahe. Denn zu Syrien, dem Land, das damals im Süden an Armenien angrenzt, bestehen schon seit Begründung des Christentums enge Verbindungen. Diese wurden verstärkt, seit es im persischen Teil Armeniens verboten war, griechisch zu sprechen (seit 387 n. Chr.). Wie schon gesagt, hatte man zunächst den Gottesdienst statt in griechischer Sprache in der syrischen abgehalten, bis dann Mesrop Maschtotz das armenische Alphabet erfunden hatte. Damit hatte man endlich die Möglichkeit, die Bibel und die syrische Liturgie in die eigene Sprache zu übersetzen. Aber selbstverständlich bestanden die engen Kontakte zu Syrien auch weiterhin fort. Allerdings wurden die Bande nach dem Konzil von Chalkedon um so lockerer, je stärker sich die eigene Art des armenischen Christus-Verständnisses ausbildete.

Von Syrien sind auch die basilikalen Formen der frühen armenischen Kirchen angeregt worden (Fig. 10). Deren Baugedanke, der an das *Tor-Motiv* anknüpft, ist ein völlig anderer als der Kuppelbaugedanke, der in der Vision Gregors erscheint. Die syrische Form der frühen Kirchen ist durch eine Tor-Anlage gekennzeichnet, die von Westen her wie ein Stadttor aussieht. Man muß es passieren, wenn man ins Innere der Kirche gelangen will.[115] Dieses Motiv schließt an das alte persische Wort für «Tempel» an, das genau übersetzt «Pforte des Mithras» (dar-i-Mihr) heißt. Eine solche christliche Kirche ist also auch, wie schon die heidnischen Tempelanlagen, ein *Tor ins Innere*.[116]

Am Ausgangspunkt der sich großartig entwickelnden armenischen Baukunst stehen also die verschiedensten Anregungen: der persische Feuertempel, das spätantike Mausoleum und die Stadttor-Kirchen syrischer Herkunft. Werden die einzelnen Typen zunächst auch noch weiter entwikkelt, so setzt sich doch früh schon die Tendenz zum Kuppelbau durch. Dieser Drang wird so stark, daß man sogar in die alten basilikalen Anlagen Kuppeln einzieht (z. B. Tekor). Eine solche künstlerisch unbefriedigende Lösung wird von einem Gedanken getragen, der den späteren Armeniern immer bedeutsamer geworden ist und dem sie alle anderen Gedanken untergeordnet haben: die *Vereinigung des Himmels mit der Erde.* Er erscheint in der Vision Gregors in allen Bedeutungszusammenhängen und findet in den späteren Kirchen seinen anschaulichen Ausdruck.

Nach den beiden Konzilien von Dwin, bei denen man sich auf einen strengen Monophysitismus festlegte, tendierten die Baumeister dazu, einen möglichst einheitlichen Innenraum zu schaffen, der den Kuppel- und auch den Gemeinderaum harmonisch vereinigt. Von außen zeigen die Kirchen einen strengen Baukörper, der sich meist auf quadratischer Basis

Fig. 10 Rekonstruierte Ansicht der Kirche von Ererouk (nach Tokarskij).

Abb. 41 Ostfassade der Heilig-Kreuz-Kirche von Achtamar, mit reichem Relief-Schmuck, Anfang 10. Jh.

114 Vgl. A. Khatchatrian, op. cit. p. 93 ff.

115 Beispiele in Heft 9 der Documenti di Architettura Armena, Ererouk, Milano 1977.

116 Vgl. S. 23 ff.

erhebt. Am Dach erscheint immer das Kreuz und am Schnittpunkt des Kreuzes die Kuppel (vgl. Abb. 33–43). Dieser klare, kristalline Aufbau von außen läßt in den wenigsten Fällen den einheitlichen Eindruck von innen erwarten. Immer ist man überrascht, wenn man das Innere einer Kirche betritt, wie etwa den herrlichen Raum der Kathedrale von Ani.
Manche dieser Kirchen muß man sich innen bemalt vorstellen, so daß der

Abb. 42 Die Klosteranlage von Haghartsin von Nordosten gesehen, 11.–13. Jh.

Abb. 43 Der Klosterkomplex von Sanahin (in Nordarmenien) von Südosten gesehen, 10.–13. Jh.

Gegensatz zwischen außen und innen noch auffälliger gewesen sein muß, als er heute noch zu erleben ist. Aber auch da, wo das nicht der Fall ist – und das sind und waren die Mehrzahl der Bauten –, ist dieser Unterschied immer deutlich. Er beruht sicherlich auch darauf, daß die Kirchen nur wenige und schmale Fenster haben, durch die das Licht hereinleuchten kann. Das Dunkel des Raumes wird so nur wenig und, da die Fenster nur

oben angebracht sind, immer von oben erhellt. Man hat bei jedem Besuch den Eindruck, als ob man eine dunkle Höhle betritt. Bringt man nicht selbst das Licht hinein, indem man z. B. Kerzen und Lampen entzündet, bleibt es dort dunkel.

Wenn man die verschiedenen Werke der kirchlichen Baukunst Armeniens studiert[117] und die enormen Schwierigkeiten ihrer Datierung, die größten-

Abb. 44 Chzkonk (= Beškilise), Lage des ehemaligen Klosters mit der Sergioskirche, von Osten, 11. Jh.

117 Vgl. B. Brentjes u. a., Kunst des Mittelalters in Armenien, Berlin/Wien 1981.

Abb. 45 Saghmossavank, Klosteranlage über Schlucht, 13. Jh.

118 Vgl. U. Bock, Die Armenische Baukunst, die Geschichte und Problematik ihrer Erforschung, Köln 1983, S. 198 ff.

teils noch problematisch ist, zu überwinden versucht, dann kann man eine sinnvolle Entwicklungslinie zu immer einheitlicheren Zentralräumen erkennen[118], und zwar sowohl bei den von Anfang an auf die Kuppel bezogenen Bauten wie auch bei den anfänglich längsgerichteten Bauwerken. Der einheitliche, alle irdischen Stützen entbehrende Zentralraum, der vollständig von der herabschwebenden Kuppel beherrscht wird, ist das

Abb. 46 Geghard, Höhlenkloster, Grabkapelle der Prošian-Familie, Ende 13. Jh.

Ziel, das schließlich im 10. und 11. Jahrhundert auch erreicht wird. Der Gläubige wendet sich dort, wie von einer Höhle aus, zu Christus, der sich als kosmisches Wesen mit der Erde vereinigt hat, der bis ins Innere der Erde, bis zu den Toten, hinabgestiegen ist.

Der Bezug zum Innern der Erde wird auch in der äußeren Lage der Kirchen und Klöster deutlich. Überwiegend sind sie nämlich an solchen Orten zu finden, wo die Erde aufklafft und ein Spalt den Eingang ins Unterirdische öffnet (Abb. 44 und 45). Eine Steigerung dieser Tendenz ins Innere der Erde zeigt sich in den Höhlenklöstern (Abb. 46), die da, wo der Stein es erlaubt, als Ganzes in den Untergrund eingetieft sind. Diese Bau-Idee schließt an die seit der Antike dort lebendigen Motive an. Da ist nur daran zu erinnern, daß Mithras in einer Höhle, aus einem Felsen geboren ist, daß Platon seine geistig Strebenden aus der Höhle herausführen möchte und auch Gregor der Erleuchter in jener Höhle des Löwen Jahre verbrachte, ehe er seine nächtliche Vision empfing und damit seinen Auftrag erfaßte. Ein jeder Christ sollte eigentlich einen solchen Weg aus dem Dunkel zum Licht

Abb. 47 Zachkadsor, Ketchariskloster, Kirche Gregors des Erleuchters (Beginn 11. Jh.) mit Gawit (um 1200), von Südwesten.

beschreiten. Es ist ein *innerer Weg*, der da gegangen werden muß, ein Weg, auf dem das Denken Führer ist.

Es gibt wohl keinen schöneren Ausdruck für diesen Weg-Charakter als ein Bauglied, das zur armenischen Kirche hinzukommen kann und das sich vom 10. Jahrhundert an schließlich zum voluminösesten Raum einer Klosteranlage entwickelt, der *Gawit*. Es ist ein Raum ganz eigener Prägung, auf quadratischem Grundriß, in der Mitte eine auf vier Stützen ruhende Kuppel, die oben eine kreisrunde Öffnung hat. Durch diese Öffnung wird der Raum nur mäßig erleuchtet. Die Wände sind in der Regel fensterlos oder haben nur wenige schmale Fensterschlitze, durch die noch etwas Licht zusätzlich einfallen kann. Die Spaltöffnungen sind jedoch allesamt so hoch oben angebracht, daß man nirgends auch nur einen Blick hinaus in die Landschaft werfen kann (Abb. 47–55).

Solche Gawits gibt es nur in Armenien. Sie werden normalerweise vor den westlichen Eingang der Kirchen gebaut und dienen als Versammlungshalle für mannigfaltige Zwecke. Hier findet der Unterricht statt; hier werden

Abb. 48 Haghbat, Blick in den Innenraum des Hamazasp-Baues (= Gawit), Mitte 13. Jh.

Bücher geschrieben und gemalt; hier werden Gesetze verkündet und Gericht gehalten usw. Das ganze geistige Leben mit Ausnahme des eigentlichen Gottesdienstes findet im Gawit statt. Hier werden aber auch, was in der Kirche verboten war, die Äbte und andere geistliche und weltliche Würdenträger bestattet. Sehr schön sind oft die geometrischen Muster, mit denen die Kapitelle der vier Säulen, die Gesimse und vor allem die

Abb. 49 Haghbat, Schrägblick durch den Gawit des Hamazasp, Mitte 13. Jh.

Mittelkuppel geschmückt sind. Merkwürdigerweise hat das Hereinregnen durch die mittlere Lichtöffnung die Mönche nicht gestört. Sie leiteten das Wasser von der Mitte ab, errichteten aber kein Schutzdach. Erst in späteren Jahrhunderten setzte man dann ein solches auf. Große Klöster haben sogar mehrere solcher Gawits. Einer davon dient dann in der Regel allein als Bibliothek (Haghbat, Sanahin). Wie stark auch da die *Tendenz zum*

*Unterirdischen* vorherrscht, ist vor allem an solchen Anlagen zu sehen, die man fast ganz in das Innere der Erde hineingebaut (Haghbat) oder aus ihr herausgehöhlt hat (Geghard). Nur die Lichtöffnung schaut jeweils noch oben heraus.

Die geistige Kultur Armeniens findet eigentlich unterirdisch statt, in Räumen, die kaum einen Blick in die Welt gestatten. Dieser Typus fällt vor

Abb. 50 Zachkadsor, Ketchariskloster, Schrägblick durch den Gawit der Gregorkirche, um 1200.

Abb. 51 Zachkadsor, Ketchariskloster, Blick in die Kuppel des Gawits mit eingraviertem Kreuzstein, um 1200.

allem dem fremden Besucher auf, weil er ihm, wenn er nicht von Ägypten kommt, so unnatürlich zu sein scheint. Und wirklich, von einer liebevollen Hinneigung zur Natur hören wir in Armenien nichts. Dafür existiert eine große Liebe zu allem, was abstrakte Wissenschaften sind, die man im Innern weiterentwickeln kann, ohne viel nach außen sehen zu müssen. Die Geometrie, die Philosophie und die Theologie werden z. B. gepflegt; ferner

alles das, was den Menschen betrifft. So gibt es eine reiche Hagiographie, eine umfangreiche Geschichtsschreibung, ausführliche Rechtssammlungen und lehrhafte Dichtungen, die das moralische Leben des einzelnen stärken sollen.

Der Armenier hat eine große Liebe zu Büchern und dem durch sie vermittelten Wissen. Er schätzt sie als Mittel, das ihm das Geistesleben erregen

Abb. 52 Sanahin, Blick in den Bibliotheksraum des Klosters, Mitte 11. Jh.

Abb. 53 Haghbat, Blick in den Gawit der Heilig-Kreuz-Kirche, Beginn 13. Jh.

und ihm Wege in geistige Welten weisen kann. Die Räume, in denen er sie aufbewahrt, sind ihm heilige Orte. Und so gibt es manche Bibliothek, die diesem Gefühl durch einen Altar in einer kleinen Apsis Ausdruck verleiht. Greifen wir zurück auf die Vision Gregors, dann erscheint dort, wie in einem großartigen Vorblick auf das, was später kommt, in Bild und Deutung, dasjenige, was typisch ist für die ganze armenische Kultur.

Gregor ist wirklich der *Lehrer* seines Landes geworden. Seine nächtliche Vision erschaut innere Vorgänge, die sich an den Tod anschließen (Feuersäulen über Gräbern), und dringt in die geistigen Welten des Kosmos ein. Wie ein ägyptischer König, so erschaut Gregor hier den Herabstieg des sonnengöttlichen Wesens in die Tiefen der Erde, die vom Urwasser Nun erfüllt sind, und bekommt den Auftrag, durch eine *Lehre* zu wirken. Diese

Abb. 54 Howannavank, Blick in die Kuppel des Gawits, 13. Jh.

Abb. 55 Saghmossavank, Blick in die Kuppel des Gawits mit eingraviertem Kreuzstein, 13. Jh.

bewirkt dann, wenn man sich ihr ergibt, die Reinigung des Seelenlebens, die Verwandlung von schwarzen Böcken zu Schafen mit goldstrahlendem Vlies. Die Bauformen der Kirchen und Klöster sind diesem Grundbild angepaßt. Ein jeder Kirchen- und Gawit-Raum stellt eigentlich eine solche nächtliche Höhle dar, von der aus der geistige Zusammenhang der Menschen- mit der Götterwelt von innen erkannt und erfahren werden kann.

# Die Christianisierung Georgiens und die georgischen Kirchenbauten

Auch Georgien wird, wie Armenien, durch das Wirken einer bedeutenden Gestalt christlich –, mit dem wesentlichen Unterschied, daß es hier eine Frau war, die diese Tat vollbrachte. Zwar wird in den Überlieferungen der Apostel Andreas als erster Verkünder des Christentums in Georgien genannt; aber schon in diesen Berichten wird davon gesprochen, daß das «nördliche Land» eigentlich ganz der Obhut der Gottesmutter anvertraut sei. Die wirkliche Bekehrung der Bevölkerung fand indessen wie in Armenien erst am Anfang des 4. Jahrhunderts durch die heilige Nino statt.

Ihre Lebensgeschichte ist mit vielen Legenden umwoben.[119] Da ist zunächst die Geschichte von dem Juden Elios aus Mzcheta zu berichten, der bei der Kreuzigung Christi auf Golgatha anwesend war und von den Soldaten das Gewand des Gekreuzigten erwarb. Er brachte es nach Georgien, wo es von seiner Schwester, die das Ereignis in Visionen miterlebt hatte, freudig in Empfang genommen wurde. Sie starb, und man begrub sie in dieser Tunika. Bald erwuchs aus ihrem Grab eine mächtige Zeder, ein vielgerühmter Baum.

Dieser Baum, der also nicht ohne den Tod Christi auf Golgatha zu denken ist, spielte dann eine wichtige Rolle in der Zeit, als Georgien von der heiligen Nino christianisiert wurde.

Nino selbst war nach den frühesten Berichten ein einfaches Sklavenmädchen. Sie soll als Christin in Jerusalem aufgewachsen sein und dort ein frommes Leben geführt haben. Eines Nachts erschien ihr in einem Traumgesicht Maria und forderte sie auf, in ein nördliches Land zu gehen, um dort das Evangelium zu verkünden. Sie würde sie führen und schützen. Als Bestätigung dieses Auftrages hinterließ sie Nino ein aus Weinreben geflochtenes Kreuz. Als Nino erwachte, fand sie in ihrer Hand tatsächlich ein solches Kreuz. Sie ergriff ihren Auftrag und gelangte über Ephesus, dem Sterbeort der Gottesmutter Maria, schließlich nach Georgien. Zunächst hielt sie sich in der jüdischen Gemeinde Urbnissis auf, ehe sie in die Hauptstadt Mzcheta übersiedelte und dort im stillen für das Christentum wirkte. Durch ihre Gebete und die Berührung mit dem Weinrebenkreuz heilte sie viele Kranke. Die Kunde davon erreichte auch die Königin Nana, deren schmerzvolle Krankheit niemand heilen konnte. Nino betete

119 Vgl. M. Tarchnišvili, die hl. Nino, Bekehrerin von Georgien, in: Analecta Ordinis S. Basilii Magni, Romae 1953, S. 572–581.

Abb. 56 Kreuz mit Sternen. Relief auf Chorschrankenpfeiler. Tiflis. Staatl. Museum der Künste.

für sie und berührte sie mit dem lebenspendenden Kreuz. Unmittelbar darauf kehrte ihre Gesundheit zurück. Durch dieses Wunder weiß der König Georgiens, daß die Prophezeiung aus dem Buche Nimrod eingetreten ist, die von einem mächtigen Engel verkündet wurde. Sie beginnt mit den Worten: «Ich bin Michael, eingesetzt von Gott als Befehlshaber des Ostens», und setzt sich mit der Ankündigung eines himmlischen Königs auf Erden fort. Ihm zu Ehren läßt der georgische König die wunderbare Zeder von Mzcheta fällen, aus deren Holz die erste christliche Kirche errichtet wird. Der Kirchenbau gelingt fast mühelos, nur eine Säule kann nicht aufgestellt werden, weil sie trotz größter Anstrengungen nicht vom Boden emporgehoben werden kann. Erst während eines nächtlichen Gebetes der heiligen Nino öffnet sich der Himmel und «plötzlich erschien ihr ein strahlender, leuchtender Jüngling, der ganz in Feuer gehüllt war. Nachdem er einige Worte zu ihr gesprochen hatte, . . . berührte er die Säule mit seiner Hand und erhob sie. Die Säule loderte auf wie eine Feuersäule und bewegte sich von selbst auf ihre Basis zu, . . . die für sie aus dem Baumstumpf derselben Zeder herausgearbeitet war, aus welcher die lebende Säule selbst stammte . . . Dann senkte sich die im Licht glänzende Säule auf ihre Basis, wie vom Himmel herunter, ohne von menschlichen Händen berührt worden zu sein.»[120] Diese Gründungslegende wird von einer zweiten Vision ergänzt, die sich am selben Ort bei der nächtlichen Ankunft König Mirians ereignete: «Siehe, ein Kreuz von Feuer kam herab, von Sternen umkränzt, und blieb über der Kirche stehen bis zum Morgengrauen . . . Und als es tagte, kaum daß es dämmrig wurde, gingen zwei Sterne von ihm aus. Einer zog nach Osten und einer nach Westen. Und es selbst verweilte genauso leuchtend, und ganz langsam bewegte es sich zum Aragwi hin und verharrte über einem Felsenhügel.»[121] (Man vergleiche dieses Bild mit dem Relief von Abb. 56.)

Die erste Kirche Georgiens ist also ein ganz besonderer Bau. Die Georgier nennen sie «Sveti Zchoweli», das heißt «lebenspendende Säule». Das Material dazu lieferte ein Baum, der mit dem Tode Christi verbunden war, und die Form derselben konnte erst durch die Hilfe des Auferstandenen vollendet werden. Der Gottesdienst fand dort in einem winzigen Raum statt, der, da er nur durch die Bretter, Äste und Zweige einer einzigen Zeder zustande kam, eigentlich nur ein erweitertes Inneres eines Stammes darstellt. Aus diesem lebendigen Baumstamm heraus wandte man sich hin zu Christus.

Damit klingt schon bei der Christianisierung Georgiens ein Motiv an, welches die ganze zukünftige Entwicklung auch weiterhin durchzieht, das Motiv des *Lebensbaumes*. Das lebenspendende und heilende Kreuz der

120 Aus dem «Leben der Heiligen Nino», ins Englische übersetzt von D. M. Lang, in Georgian Saints, London 1976, P. 19 ff.

121 Aus: Surab Kiknadzé: Die folkloristischen Varianten der ‹Bekehrung Georgiens›, Bedi Kartlisa (= Revue de Kartvélologie), vol. XLII, Paris 1984, S. 222–231.

Abb. 57 Mzcheta, Sveti Zchoweli von Osten. Im Vordergrund der Aragwi-Fluß, im Hintergrund das Kura-Tal mit dem Kleinen Kaukasus.

Nino und die lebendig-machende Säule von Sveti Zchoweli bilden den Grund des tieferen Christentums Georgiens.
Sveti Zchoweli in der alten Hauptstadt Mzcheta ist das nationale Heiligtum Georgiens geworden und bis heute geblieben. Von dort aus wandte sich Mirian an Kaiser Konstantin, um einige Splitter von dem gerade entdeckten wirklichen Kreuz in Jerusalem zu erbitten. Er erhielt sie, zusammen mit einigen Nägeln, die von der Kreuzigung stammen sollten. Diesen besonderen Reliquienschatz hat man jahrhundertelang in Manglissi gezeigt und bewahrt. Mzcheta war weiterhin auch der Ort, an dem das Lichtkreuz oberhalb des Flusses Aragwi stehen geblieben ist. Dort ließ der König ein mächtiges Kreuz errichten, welches er aus dem Holz eines anderen heiligen Baumes hat zimmern lassen. Auch heute noch kann man von unten, von Sveti Zchoweli aus, die weithin sichtbare Lage des einstigen Kreuzes erkennen, das später von der Kreuzes-Kirche, der Dšwari-Kirche, überbaut worden ist (Abb. 63; 64).
Wenn man heutzutage nach Mzcheta kommt, dann steht dort der größte

Abb. 58 Mzcheta, Sveti Zchoweli von Südwesten, Anfang 11. Jh.

Abb. 59 Das Heilige Grab im südlichen Seitenschiff von Sveti Zchoweli.

erhaltene Kirchenbau Georgiens (Abb. 58). Äußerlich ist in ihm noch die Grundgestalt einer Kreuzkuppelkirche aus dem Beginn des 11. Jahrhunderts zu erkennen. Zwar haben deren Mauern durch kriegerische Verwüstungen und Erdbeben viele Zerstörungen erlitten, aber immer wieder wurden sie ausgebessert, neu aufgebaut und sorgfältig restauriert. Der heutige Bau erhebt sich noch über der gleichen Stelle, an der die erste Kirche Georgiens stand. Ein kleiner baldachinartiger Bau im Innern markierte diesen Ort. Bei den jüngsten Ausgrabungen hat man dort die Spuren dieses hölzernen Schreines gefunden. Die Gedanken, die mit seiner Errichtung verbunden waren, leben heute in den Dekorationen und Ausstattungsstücken der neueren Kathedrale fort. So schmücken z. B. an den westlichen Vorbauten je zwei Lebensbäume den ruhigen Grund der Wandflächen (Abb. 62). Und im Seitenschiff steht extra ein kleines Gebäude mit Kuppel, als ein Zitat der Grabeskirche von Golgatha (Abb. 59). – Tod und Leben, Grab und Baum, Unterwelt und Natur sind hier zusammenzudenken. Es ist wie das Leitmotiv Georgiens, das auch überall sonst erklingt.

In Georgien steht also auch, wie in Armenien, eine Heilung im Königshaus am Anfang der eigentlichen Christianisierung. Und hier wie dort bestimmt eine für das Land charakteristische Vision die Art der weiteren Entwicklung. Dabei sind manche Elemente, die in den Visionen auftreten, sehr ähnlich: In beiden schwebt eine lichte Gestalt zur Erde herab, es erscheinen in beiden flammende Säulen und gleißende Kreuze aus Licht. Auch werden beide Visionen zur Nacht erschaut, und beide sind sie mit Formen der künftigen Kirche verbunden. Was sie zunächst voneinander trennt, ist nur das Motiv des Baumes, des lebenspendenden Holzes. Und dieser Unterschied hängt mit der Wesensart Georgiens zusammen.

Es ist immer schon von den Georgiern der späteren Zeiten als charakteristisch empfunden worden, daß ihr Land gerade von einem weiblichen Wesen und nicht von einem Manne zu Christus geführt worden ist. Eigentlich wollte Maria selbst nach Georgien kommen, um dort die Lehre ihres Sohnes zu verkünden, so schreibt Katholikos Nikolaus im 12. Jahrhundert, aber «ihr Sohn hielt sie von diesem Begehren ab» und entsandte «auf Bitten und Vermittlung seiner Mutter» die heilige Nino zur Bekehrung der Georgier.[122]

Bei der wirklichen Bekehrung der Georgier[123] haben natürlich ganz andere Elemente auch eine Rolle gespielt, sonst wäre z. B. die schnelle Ausbreitung der neuen Religion nicht verständlich. Die ins Land gerufenen christlichen Priester konnten offensichtlich das Volk nicht überall so leicht überzeugen wie die heilige Nino mit der ausstrahlenden Kraft ihres Glaubens; dann wurde eben «mit dem Schwert ein wenig nachgeholfen», wie es in einer Urkunde so zartfühlend heißt.

Das Christentum Georgiens erhielt dann wieder einen starken Impuls durch die Taten der sogenannten dreizehn syrischen Väter. Im 6. Jahrhundert aus Syrien eingewandert, versammelte Johannes von Zedazeni seine zwölf Schüler zunächst einige Jahre um sich und sandte sie dann aus, um Klöster zu gründen. In abgelegenen, einsamen Gegenden lebten sie zunächst als Einsiedler, ehe ihr frommes Leben weitere Menschen anzog. Gern suchten sie sich Gegenden aus, wo sie in Höhlen wohnen konnten. Aber diese Höhlen (Uplisziche, Wardsia, David Garedscha, Schiomgwime) lagen nicht tief und verborgen im Innern der Erde, wie das in Armenien der Fall war. Denn dem Georgier war der Blick in die Welt ein unbedingtes Bedürfnis. Dazu war seine Liebe zur Natur und ihren Wesen viel zu groß, als daß er sich davon hätte abschließen wollen. Er suchte auch da zwischen dem nötigen Rückzug ins eigene Innere und dem offenen Hingeben an die schöne geschaffene Welt das Gleichgewicht zu halten, – ist diese doch eine Schöpfung Gottes und deshalb würdig, daß man sich mit ihr beschäftigte.

Abb. 60 Lebensbaum-Relief an West-Seite von Sveti Zchoweli.

Abb. 61 Adler über Löwe, Relief an Ost-Seite von Sveti Zchoweli.

Abb. 62 Lebensbäume und andere Relief-Platten an der Südseite des Westanbaues von Sveti Zchoweli.

122 Zitiert nach: P. M. Tarchnišvili, Geschichte der georgischen Literatur, Città del Vaticano 1955, S. 236.

123 Vgl. K. Salia, Histoire de la nation géorgienne. Paris 1980, p. 73 ff.

Was unrein an ihr war und böse, das wurde durch den Geist bezwungen und geheilt.
Nirgends fand diese Haltung einen schöneren Ausdruck als in den Viten der dreizehn syrischen Väter. Alle diese Heiligen hatten ein enges und liebevolles Verhältnis zur Natur, zu den Elementen, Pflanzen und Tieren. Und alle hatten sie Kraft genug, den Elementen und Tieren zu gebieten. Sie konnten das Wasser rückwärts fließen lassen, den Wind nach ihrem eigenen Willen lenken, glühende Kohlen auf der Hand ertragen, an Orten, wo sie es wünschten, eine Quelle entspringen lassen usw. «Das alles sahen die Menschen und priesen Gott an allen Enden.»
Bewegend ist der liebevolle Umgang der Heiligen mit den Tieren. Sie sind wie Vorläufer des Heiligen Franz von Assisi. Da wird z. B. von der Predigt des Vater Schio erzählt, die er an seinem waldigen und felsigen Aufenthaltsort den dort lebenden wilden Tieren gehalten hat:[124] «Da betete unser heiliger Vater Schio zum Herrn, daß er die wilden Tiere vor sein Angesicht brächte. Auf sein Gebet hin aber kamen alle wilden Tiere vor den Mönch,

Abb. 63 Mzcheta, Dšwari-Kirche (um 600) von Nordwesten gesehen. Unten das Kura-Tal.

124 Aus: G. Pätsch, Die Überlieferung der syrischen Väter II, S. 290–315, in: Bedi Kartlisa XL (= Revue de Kartvélologie), Paris 1982.

Abb. 64 Mzcheta, Blick auf die Dšwari-Kirche von Südosten.

und er sprach zu ihnen: ‹Weshalb fügt ihr den Eseln unserer Brüder Schaden zu? Nun gebiete ich euch im Namen unseres Herrn Jesu Christi, der euch geschaffen hat, geht weit fort aus dieser Gegend, außer einem einzigen, der zum Ruhme unseres Gottes bleiben soll, um die Esel unserer Brüder zu weiden.› Und zur gleichen Stunde entfernten sich alle, nur ein Wolf blieb gehorsam wie ein Knecht bei ihm, und er sprach zu ihm: ‹Im Namen unseres Herrn Jesu Christi befehle ich dir, dem Raubtier, daß du wie ein guter Hirte unsere Esel weidest, damit du dadurch sühnst, wodurch du diese meine Brüder gekränkt hast, und als Speise wird dir dienen, womit auch wir uns ernähren. Du wirst sie aber am Morgen austreiben und in der Stunde der Dämmerung zurückbringen, und du sollst der Hirte und Beschützer unserer Lasttiere sein.› Der Wolf aber war gehorsam wie ein Knecht. Und er tat nach der Weisung des Mönches.»

Johannes von Zedazeni bekehrte einen wilden und schrecklichen Bären zum Guten[125], der an der Quelle des Klosters die ängstlichen Mönche verdrängte: «‹Wenn du noch nicht von dem Wasser getrunken hast, so

125 Aus G. Pätsch, Die Überlieferung der syrischen Väter I, in: Bedi Kartlisa XXXIX, Paris 1981, S. 174.

Abb. 65 Inneres der Dšwari-Kirche gegen Osten. In der Mitte der Steinsockel des einstigen Holzkreuzes.

trink und geh.› Und er legte ihm das Gesetz auf und sprach: ‹Im Namen unseres Herrn Jesu Christi sage ich dir, niemals sollst du Macht haben, den Menschen, denen du auf diesem Berg begegnest, Böses zu tun und ihnen Leid zuzufügen.› Und als das wilde Tier die Weisung des Mönches empfing, die Belehrung, daß es niemandem Leid zufügen sollte, begab es sich hinweg und es sah sich um wie nach einem Freunde, der ihm sanft zuredete, es senkte den Kopf und bot in Bescheidenheit das Bild des Gehorsams. Und es zeigte weder etwas von seiner wilden Natur, noch Anzeichen von Flucht, denn es hatte seine Bösartigkeit abgelegt und sich zum Guten gewandelt.»

Auch David von Garedscha hatte ein inniges Verhältnis zu wilden Tieren. Ihn besuchten z.B. regelmäßig, «außer mittwochs und freitags», drei Hirschkühe, um sich von ihm melken zu lassen. Ein andermal hatte er sich in die Einsamkeit der Natur zurückgezogen, als sich ein Rebhuhn zu ihm flüchtete, das von einem jagenden Falken verfolgt wurde. Augenblicklich ließ der wilde Falke von seiner Verfolgung ab und setzte sich friedlich

Abb. 66 Dšwari-Kirche, Tympanon des Südportals, Engel tragen das «lebenspendende Kreuz».

neben die Füße des Heiligen. Sogar ein wilder Drache wird von dem furchtlosen Abt aus seiner Höhle gelockt und zu einem Berg geleitet, auf dem ihn dann ein vom Himmel herabzuckender Blitz tötet.

Das Ideal dieser Heiligen war das Paradies, in dem die Geschöpfe friedlich beisammen leben. Zu ihm erhält Zugang, wer sich dem Geist ergibt: «Deswegen tragen wir unser vornehmstes, allerhöchstes Begehren nach dem Paradies, wir möchten vom *Baum des Lebens* essen und ewig leben.»[126]

Dieses friedliche und ehrfürchtige Verhältnis zur Natur zeigt sich auch in den georgischen Kirchen. Oft bezaubern sie den Besucher schon durch ihre Lage. Ein mächtiger Felsen in einem Tal, eine Bergkuppe mit herrlicher Aussicht, ein stiller Platz an einer Quelle im Wald, – sie bilden innerhalb der freien Natur den Topos, an dem ein Haus für die Verehrung des göttlichen Schöpfers errichtet werden kann. Immer wieder zogen solche heiligen Orte fromme Menschen an, die dort durch Klostergründungen ihrem inneren Streben und äußeren Wirken eine würdige Stätte bereiteten.

126 op. cit., S. 167.

Abb. 68 Ateni, Josephs Traum, Wandmalerei aus einem Zyklus mit der Darstellung des Marienlebens in der Südapsis, Ende 11. Jh.

In der Form der Kirchen selbst ist der Unterschied zu Armenien gering. Wie dort, so geht auch hier der Kirchenbau von Längsbauten und Basiliken aus und tendiert, ebenso früh wie in Armenien, zu einer zentralen Kuppel. Die Kreuzkuppelkirchen sind der vorherrschende Bautypus der Blütezeit. Das Innere ist häufiger als im Nachbarland mit farbigen Fresken geschmückt. Das hängt damit zusammen, daß sich die georgische Kirche schon relativ früh von dem strengen Monophysitismus wieder losgesagt hat und sich zum Konzil von Chalcedon bekannte. Damit trennte sie auch keine Kluft mehr von der byzantinischen Kirche. Die Türen standen nun weit offen für Griechisches. Griechische Künstler kamen nach Georgien, um dort die Innenräume zu bemalen oder sogar mit Mosaiken zu versehen. Aber auch der umgekehrte Weg wurde möglich. Georgier konnten auf den theologischen Schulen in Byzanz studieren, und georgische Mönche durften selbstverständlich auf dem Athos ein Kloster gründen (Iwiron). Es blühte unter bedeutenden Äbten bald auf und vermittelte den Georgiern vieles aus dem griechischen Geistesleben, brachte aber auch

Abb. 67 Ateni, Blick auf die Zionskirche (erste Hälfte 7. Jh.) der ehemaligen Klosteranlage von Osten.

manches aus dem georgischen Geistesschatz nach Europa (z. B. die Legende von Barlaam und Josaphat)[127].
Der Wind des Athos, mit seinem reichen künstlerischen Leben, wehte jahrhundertelang nach Georgien herüber, was sich besonders in den Innenräumen der Kirchen zeigte, die, mit wenigen, aber charakteristischen Ausnahmen, in Stil und Ikonographie von Griechenland abhängen.
Was aber den georgischen Kirchenbau vor allem von dem armenischen trennt, ist der reiche plastische Schmuck. Glatte und strenge Wände, die der Armenier so liebt, werden durch Rundbögen gegliedert, und mit Mustern und Reliefs verziert. Die Wand ist wie eine Folie, aus der an jeder Stelle plötzlich Leben entspringen kann. Symmetrie wird zwar angestrebt, aber selten eingehalten. So entstehen lebendige Bauten, die im Extrem vollständig zugewachsen sein können (Nikordsminda). Hier wird dem Betrachter unmittelbar anschaubar, inwiefern der Lebensbaum eigentlich der ganzen georgischen Kunst als Motiv zugrunde liegt.
Die georgischen Künstler haben vor allem in der Metallbearbeitung und

Abb. 69 Nekressi, Klosterkirche (Dreikirchenbasilika, 7. Jh.) und Glockenturm (16. Jh.) von Südosten. Im Hintergrund die Ausläufer des Kaukasus.

127 Die jüngste Stimme in der alten Auseinandersetzung, mit Literaturverzeichnis: E. Chintibidse, Ekwtime Atoneli, der Verfasser der griechischen Version von ‹Barlaam und Joasaph›, Wiss. Zeitschrift der F.-Schiller-Universität Jena, 26 (= 1977), S. 29–41.

Abb. 70 Nekressi, Wandmalerei auf der Westwand der Dreikirchenbasilika; die Entschlafung Mariens (in traditioneller byzantinischer Darstellungsweise, 16. Jh.)

der Goldschmiedekunst Großartiges geleistet. Herrliche getriebene Platten aus Kupfer und Gold schmückten die Ikonen und Kreuze des Kircheninnern. Und auch da gibt es nur wenige solcher Arbeiten, an denen das Lebensbaum-Motiv nicht erscheint. Das bedeutendste Werk der Goldschmiedekunst Georgiens, das Triptychon von Chachuli (Beginn 12. Jahrhundert), wird von einem Lebensbaum überwachsen, der alle Einzelmotive mit der zentralen Muttergottes-Ikone zu einem Ganzen zusammenschließt.

Abb. 71 Samtawissi, Blick auf die Kathedrale von Nordosten, Anfang 11. Jh. Diese Kathedrale zeigt sehr schön die zu dieser Zeit in Georgien aufkommende Tendenz, auch den Außenbau zu gliedern, zu rhythmisieren und zu schmücken. Speziell die Ostfassade mit ihrem großzügigen ornamentalen Schmuck, wird zum Vorbild für viele weitere Kirchen.

Abb. 72 Kvetera, Blick von Süden auf die Palast-Kirche der Zitadelle, 10. Jh. Die vier Apsiden und der Kuppeltambour sind außen durch Rundbögen gegliedert, so daß bei Sonnenschein ein malerischer, lebendiger Eindruck entsteht. Dieser wird noch zusätzlich durch die schönen türkisfarbenen Dachziegel gesteigert.

Abb. 74 Alaverdi, Blick auf die Kathedrale des Heiligen Georg, Anfang 11. Jh. In der weiten Ebene des Alasanitales hat Joseph aus Alaverdi (einer der 13 syrischen Väter) an der Stelle eines heidnischen Heiligtums ein Kloster gegründet. Heute steht dort der größte Kirchenbau Georgiens frei in der Landschaft, nur von einer späteren Festungsmauer umgeben. Im Hintergrund der Kaukasus. Der Kuppeltambour wurde im 15. Jh. erneuert.

Abb. 73 Alaverdi, Malerei in der Ost-Apsis, Maria mit Kind und zwei Engeln (Michael und Gabriel). Darüber, auf dem Gurtbogen, die Taube des Heiligen Geistes auf dem himmlischen Thron, der von zwei Cherubim getragen wird. 1. Hälfte des 11. Jh.

Abb. 75 Nikordsminda, die Nikolauskirche von Südosten. Beginn 11. Jh. Die Kirche ist durch ihren überaus reichen bauplastischen Schmuck berühmt. Ihre Außenwände sind mit unregelmäßigen Blendbögen belebt und von breiten Lebensbaumgeflechten umzogen. In den Giebelfeldern Reliefskulpturen.

Abb. 76 Blick in die Kuppel der Nikolauskirche von Nikordsminda. Obwohl die jetzige Bemalung erst aus dem 17. Jh. stammt, vermittelt sie doch noch einen guten Eindruck des einst farbigen Innenraumes vieler georgischer Kirchen. Inmitten Christus als Weltenherrscher in Form des Kreuzes, das sich von oben aus den Sphären der Engel und Sterne herniedersenkt. Der ganze Kosmos wird von vier Engelwesen getragen und bewegt: Gabriel, Raphael, Uriel und Michael.

Abb. 77 Blick in die Kuppel der Nikolauskirche von Kinzwissi, um 1200. Diese Klosterkirche, deren einfacher Bau ganz aus Ziegeln errichtet wurde, hat einen der schönsten Freskenzyklen Georgiens bewahrt. Die helle und durchlichtete Kuppel, auf deren Hintergrund das Kreuz noch erkennbar ist, ist ein schönes Beispiel für die beabsichtigte Wirkung georgischer Kuppelbauten.

Abb. 78 Kinzwissi, der Engel am leeren Grab; Fresko auf Südwand der Nikolauskirche, Beginn 13. Jh.

Abb. 79 Gelati, Apsismosaik der Muttergotteskirche (vgl. Abb. 31, S. 87), um 1130. Inmitten des Goldgrundes steht Maria mit dem Kind, von den Erzengeln Michael (links) und Gabriel (rechts) umgeben. Dieses Mosaik ist eines der wenigen erhaltenen Mosaiken in Georgien. Es zeugt von der kostbaren Ausstattung, die David der Erneuerer seiner Gründung zukommen ließ. Spätere Beschädigungen wurden in einfacher Malerei restauriert.

Abb. 80 Ananuri, Burg und Kirchen am Rand des Aragwi-Tales aus dem 17. Jh. Dieses späte Ensemble georgischer Baukunst zeugt von dem Weiterleben der alten Formen. Die große Kuppelkirche ist an der Südseite mit einem Relief geschmückt, das traditionelle Motive noch einmal schön zur Geltung bringt (vgl. Abb. 130, S. 204).

# Lebensbaum und Kreuzstein

Die Legenden, die sich in Georgien um die Gestalt Ninos ranken, schildern in wahren Bildern zentrale Wesenszüge des Christentums. In ihnen leben noch alte, teils sogar vorchristliche Traditionen in christlicher Verwandlung fort. Eine dieser Überlieferungen ist die im ganzen Osten gut bekannte Legende vom lebenspendenden Kreuz Christi. «O Kreuz, lebenbringendes Holz! Auf der Erde gepflanzt, die Frucht aber im Himmel sammelnd!»[128] Dieses lebenspendende Holz ist aber erst durch den Tod Christi und durch seine Auferstehung von neuem in einen Lebensprozeß eingebunden worden. Es schlägt wieder Wurzeln, treibt neue Triebe und Blätter aus sich hervor, entfaltet Blüten und bildet Früchte. Eine Quelle entspringt dem harten Fels an seinem Fuße. Und das alles, obwohl die Balken dieses Kreuzes dem todbringenden «Baum der Erkenntnis» entstammten.[129] Was ursprünglich zum Tode führte, kann jetzt, seit Christus sich damit verbunden hat, wieder ins Leben leiten. Der Georgier nennt Christus, – und da schließt er sich an die Syrer an – den «Beleber», «Lebendigmacher». Überall wo im griechischen Text «Soter» steht (auf deutsch meist mit «Heiland» oder «Retter» übersetzt), verwendet er in seiner Sprache dieses Wort.[130] Die Identifikation Christi mit dem Kreuz geht so weit, daß der Georgier sogar das heilige Kreuz als solches anrufen kann, wenn er eigentlich Christus meint. Als z. B. 1206 n. Chr. der Seldschuken-Sultan Rukn-ad-din von Ikonium aus (heute Konya) ein riesiges Heer gegen Georgien schickt und Königin Tamar in beleidigender Weise den Krieg erklärt, da schrieb sie zurück:[131] «Ich habe dein Schreiben, das Gottes Zorn entfacht, gelesen . . . Auf Gottes Macht und des heiligen Kreuzes Hilfe gestützt, schicke ich das Heer aus, das Christi Namen trägt, um deinen Stolz und Hochmut zu brechen.» Das Heer des Sultans wurde dann auch «mit Hilfe der Gottesmutter und in der Kraft des lebendigmachenden Kreuzes» vollständig geschlagen.

Von neuem belebt wurden die Gedanken, die sich an das Bild des Kreuzes anschlossen, durch den Raub des Kreuzes in Jerusalem durch die Perser. Das war ein Schlag für die östliche Christenheit, den man wie den Raub des Erlösers selbst erlebte. Die riesigen Anstrengungen, die unternommen wurden, um diese kostbare Reliquie wieder zu gewinnen, sind eigentlich

Abb. 81 Nikordsminda, kreuzförmige Flechtbandmotive am Sockel des westlichen Stufenportals. 11. Jh.

128 Aus den Andreas-Akten, in R. A. Lipsius, die apokryphen Apostelgeschichten 1883 I, S. 596 f., S. 543 ff.
129 Vgl. M. Werner, Entstehung des christlichen Dogmas, Bern 1941, S. 478 und 501.
130 Vgl. M. Tarchnišvili, Kurzer Überblick über den Stand der georg. Lit. Forschung, Or. Christ. 37/1953, S. 91.
131 Aus M. Tarchnišvili, Das Verhältnis von Kirche und Staat im Königreich Georgien, S. 79–92, in: Or. Christ. 39/1955, S. 82 f.

Abb. 82 Nikordsminda, Flechtbänder mit Blattmotiven vom Schmuck der Ostfassade. Beginn 11. Jh.

nur unter dieser inneren Empfindung verständlich. – Auf der anderen Seite bestand aber auch eine große Gefahr darin, daß man das, was eigentlich nur als Bild sprechen sollte, nun wörtlich nahm und es als Sache mit dem Wesen, das im Bild nur seinen zeichenhaften Ausdruck findet, verwechselte.

So naheliegend die Bedeutung dieser Bilder zu sein scheint, so verborgen ist doch ihr tieferer Sinn. Denn die Bilder sprechen nur andeutungsweise von den in ihnen gefaßten Zusammenhängen. Eine solche Anspielung ist z. B. der Hinweis auf den Baum der Erkenntnis selbst. Denn wer von ihm ißt, der wird sowohl «sein wie Gott und wissen, was gut und böse ist», als auch «des Todes sterben». Dies ist nicht nur Verheißung, sondern auch eine exakte Beschreibung eines jeden Erkenntnisprozesses. Denn unser gewöhnliches abstraktes Denken, das an das menschliche Gehirn gebunden ist, löst dort auch physiologisch Kristallisationsprozesse aus. Dabei verlie-

132 Vgl. R. Steiner, Die Philosophie der Freiheit, GA 4, Dornach 1978, Zusatz zum 8. Kap.

Abb. 83 Mzcheta, Samtawro-Kloster, Lebensbaum-Motive in Flechtwerk von der Südfassade der Erlöser-Kirche. 1. Hälfte 11. Jh.

ren die Gedanken ihre innere Lebendigkeit. Es wird Totes ausgeschieden und dem Menschen bleiben nur «die Leichname des lebendigen Denkens»[132], die normalen Vorstellungen (Vgl. S. 38 f.).

Nun gibt es aber eine Möglichkeit, die geistvermittelnde Tätigkeit des Denkens wirklich zu erfahren. Dann wird man nicht mehr nur die tote, abstrakte Form des Denkens haben, sondern eintauchen in die lebendige,

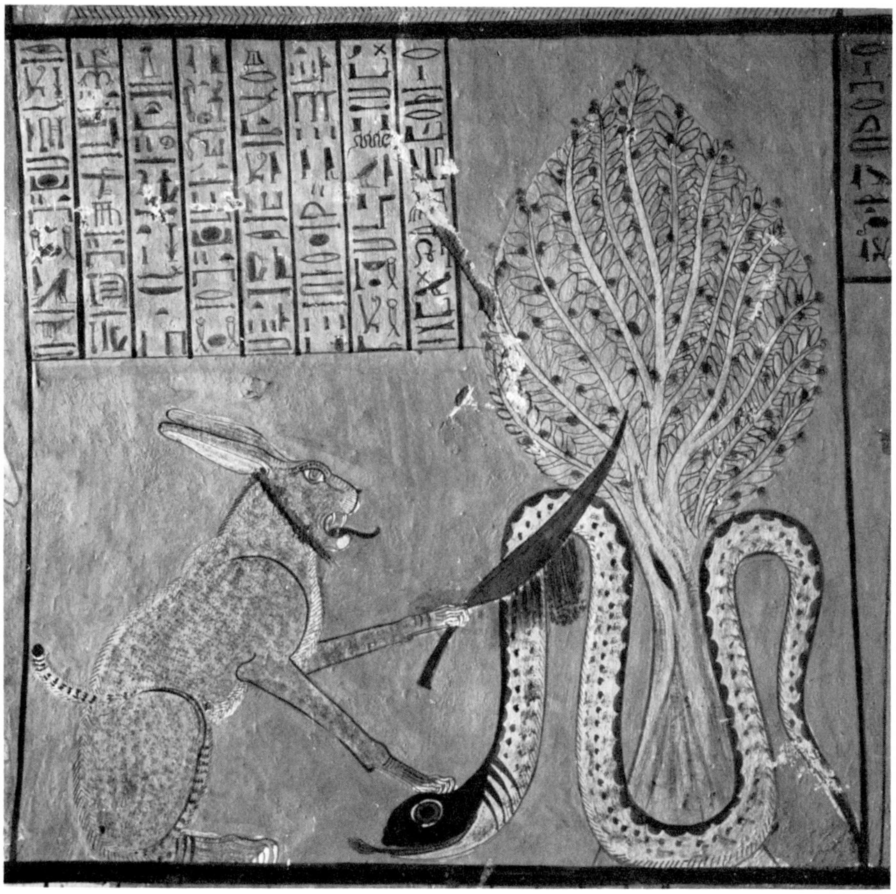

Abb. 84 Der große «Kater» (der Sonnengott), «der den Išedbaum neben sich gespalten hat in Heliopolis, in jener Nacht des Kampfes . . .». Vignette zum 17. Kapitel des Totenbuches. Deir-el-Medine, Grab des Inhercha, Nr. 359.

«warm in die Welterscheinungen untertauchende» Wirklichkeit des Denkens. Dieses Denken ist aktiv, schafft Gestaltungen; und es muß frei gebildet, d. h. in jedem Augenblick willentlich aufrechterhalten werden. Diese geistvermittelnde Tätigkeit des Menschen findet einen zutreffenden Ausdruck im Bild des Baumes. Er wurzelt im Dunkel der Unterwelt, hat einen tragenden Stamm in Höhe der Menschen und eine Krone, die sich weit hinauf in das Licht des Himmels verzweigt. Aus den Weiten des Umkreises fliegen Vögel wie Gedanken herbei und lassen sich auf seinen Ästen nieder. Und an seinen Wurzeln nagen die Tiere, die sein Leben zum Tod führen wollen. An allen drei Bereichen der Welt hat der Baum teil: am Himmel, der Erde und an der Unterwelt. Und alle drei Bereiche sind durch ihn miteinander verbunden. Das eigentliche Mittelglied ist der Stamm. Er trägt die Krone und senkt die Wurzeln in den Boden, sich selbst verankernd. Durch ihn fließen die Ströme der Stoffe hindurch, hinauf und hinab.

Aus diesem Vorgang ist es nun leicht erklärlich, daß der Stamm des

Abb. 85 Der Sonnengott, der zwischen «jenen beiden Sykomoren aus Türkis», hervorgeht. Darunter das Sonnenkalb. Vignette zum 109. Kapitel des Totenbuches. Deir-el-Medine, Grab des Irinefer, Nr. 290.

Baumes jeweils als Bild für andere vermittelnde Wesen eintreten kann. Der Ägypter hat z. B. den Sonnengott als das Urbild eines solchen vermittelnden Wesens gesehen. Immer wieder durchzieht er Himmel und Unterwelt, nie erlahmend. Wenn er als Baum verehrt wird, denkt man ihn selbstverständlich im Stamm verborgen. Durch das «Spalten» des Stammes kommt er heraus und wirft seine Feinde nieder[133] (Abb. 84).

Im Tageslauf tritt der Sonnengott am Morgen aus dem Baum heraus und am Abend wieder in ihn ein[134], wie der Phönix, der auf demselben Sonnenbaum von Heliopolis nistet.

Neben dem Sonnengott erlebte der Ägypter auch im *Gestaltenschaffen des Lebens* selbst den Übergang von der übersinnlichen zur sinnlichen Welt. Im Bilde der Kuh und des Stieres hatte dieser Begriff einen ihm entsprechenden Ausdruck gefunden (vgl. S. 61 ff.). Eine andere Möglichkeit zeigt sich im Bild des Baumes. Die sonst meist kuhgestaltige Hathor kann dann als Baumgöttin erscheinen, wenn der jenseitige Aspekt des Lebens bewußt wird. Der lebenspendende Baum ist ein Wesen, das eigentlich erst die

133 Vgl. z. B. Totenbuch, 17. Kap.
134 Vgl. E. Hermson, Lebensbaumsymbolik im Alten Ägypten, Köln 1981, S. 123 ff.

Toten erschauen. Vorher muß man sich mit dem äußeren Wirken der Natur begnügen, ohne die Kraft zu begreifen, die ihr zugrunde liegt. «Hathor» heißt wörtlich verstanden «Haus des Horus». Der Sonnengott wird also, so wie es das Schriftbild zeigt, im Innern des Hauses gedacht. Wenn Hathor nun als Baumgöttin erscheint, dann ist es nur konsequent, sich auch in diesem Bild den Horus in ihrem Innern vorzustellen; – und tatsächlich: aus dem Stamm tritt er hervor.

Abb. 86 Schriftzeichen für Hathor.

Im koptischen Christentum Ägyptens wird noch heute ein Baum neben dem alten Tempel von Heliopolis gezeigt[135], in dem dieser Gedanke nachlebt. Dort, in dem hohlen Stamm jenes Baumes, soll sich nämlich Maria mit dem Jesusknaben vor Räubern versteckt gehalten haben, als sie nach Ägypten flüchteten.

Der Lebensbaum trägt in seinem Innern die Sonne. Wenn sie auch nicht sofort in Erscheinung tritt, die Texte und Legenden sprechen davon, wobei wieder das Urbild des Tageslaufes des Sonnengottes zugrunde liegt. Das zeigt sich vor allem in jenen Bildern, wo der Baum verdoppelt wird und der Sonnengott mitten zwischen ihnen steht. Als Sonnenscheibe, als Kalb oder in anderer Gestalt. Osten und Westen, Aufgang und Untergang, Leben und Tod werden in solchen Bildern zusammengeschaut. Beide Bäume gehören eigentlich zueinander wie der Baum des Lebens und der Baum der Erkenntnis im Paradies. Auch über dem Ort der ersten georgischen «Baum-Kirche» leuchtete das lebenspendende Kreuz, und von den Sternen, die es umgaben, bewegte sich einer nach Osten und einer nach Westen, zum Tor des Lebens und dem des Todes.

Auch der Mensch ist ein Mittler, der sich dem Geiste, aber auch der Welt verbinden kann. In der georgischen Heiligenlegende vom «Leben unseres heiligen Vaters Johannes von Zedazeni» wird das folgendermaßen beschrieben[136]: «Denn für unsere geringe Menschlichkeit schuf Gott diese weite Erde und erhöhte sie durch den redenden und denkenden Geist, denn er gab ihm die anfängliche und unendliche Erfüllung, die unsterbliche Seele. Und dadurch stehen wir einerseits der Natur der Engel nahe und auf der anderen Seite sind wir den vergänglichen Tieren gleich. Und der Mensch ist weder Engel noch Tier, sondern er steht zwischen ihnen. Und aus *zwei* verschiedenen Elementen ist er geschaffen: das eine ist aus dem Geist, und er vereinte es mit dem Fleisch, und er stellte ihn an den Ort des Kampfes und des Sieges, und er gab ihm die Macht der Herrschaft, und er stellte ihn auf die Zunge der Waage und seiner Vernunft, denn diese Vernunft ist aus den beiden vereinten Naturen hervorgegangen, und sie ist der Richter. Danach, wie sie sich nach drüben senkt, wird er der geistigen Natur folgen, den Willen des Fleisches wird er bezähmen, so daß er die

135 Bei Matarija.

136 Aus G. Pätsch, Die Überlieferung der syrischen Väter I, Bedi Kartlisa (= Revue de Kartvélologie) XXXIX, Paris 1981, S. 168.

Unsterblichkeit und das Leben ergreift. Und wenn sie sich nach hüben senkt und der Geist dem fleischlichen Wollen folgt, dann wird er zum Knecht des Todes und des Verderbens.»

Abb. 87 Nikordsminda, Halbsäulen, die mit Lebensbaum-Flechtwerk geschmückt sind.

Diese Belehrung für den Christen führt das schöne Bild der Waage ein. Die eigene Vernunft soll jetzt frei entscheiden, auf welche Seite man das Gewicht legen möchte. Dabei gewinnt der Mensch die Herrschaft über beide Seiten, weil die Vernunft genau zwischen den beiden Waagschalen tätig ist, gewissermaßen auf der «Zunge der Waage» steht. Dort an diesem Hypomochlion, innerlich unabhängig von beiden Seiten, ist der Mensch eigentlich erst wahrhaft Mensch. Denn dort wird er nicht von außen bewegt, sondern kann sich von innen bewegen und im Bewußtsein schaffend das Gleichgewicht zwischen der Welt der Sinne und der Welt des Geistes erzeugen und halten.

Das Wesen des Menschen lebt in der Verbindung beider Welten, die im Bilde des Baumes repräsentiert werden kann. Auch Rudolf Steiner verwendet dieses Bild in seiner «Theosophie», indem er seine Ausführungen über das «Wesen des Menschen» mit folgenden Worten kurz zusammenfaßt: «In der Seele blitzt das ‹Ich› auf, empfängt aus dem Geiste den Einschlag und wird dadurch zum Träger des Geistmenschen. Dadurch nimmt der Mensch an den ‹drei Welten› (der physischen, seelischen und geistigen) teil. Er wurzelt durch physischen Körper, Ätherleib und Seelenleib in der physischen Welt und blüht durch das Geistselbst, den Lebensgeist und Geistesmenschen in die geistige Welt hinauf. Der *Stamm* aber, der nach der einen Seite wurzelt, nach der anderen blüht, das ist die Seele selbst.»[137]

In der nordischen Mythologie heißt der Weltenbaum, der dort eine Esche ist, «Yggdrasil», der Ich-Träger. Es ist damit dasselbe Bild, das auch den östlichen Lebensbäumen zugrunde liegt.

Von hier aus kann jetzt rückblickend auch verständlich werden, warum die Aufrichtung der Säule in der Vision der heiligen Nino so entscheidend im Mittelpunkt steht. Die Säule, die ja den Stamm der Zeder darstellt, aus der die Kirche gebaut wurde, kann nicht von Menschen allein aufgerichtet werden. Sie senkt sich statt dessen von oben nieder, nachdem ein göttliches Wesen «Hand angelegt» hat.

Auch die Aufrichtekraft des Menschen kommt immer von oben. Niemals würde sich ein Menschenkind aufrichten, wenn nicht schon andere Vorbilder da wären, an denen es sich orientierte. Hat es diese große Leistung vollbracht, dann gewinnt es eine neue Dimension. Als aufrechtes Wesen kann es von nun an frei über die gebundene Welt der Tiere hinwegblicken. Seine Gestalt bildet sich um. Jetzt lernt es sprechen und denken und prägt

137 R. Steiner, Theosophie, GA 9, Dornach 1978[30], S. 57.

auch diese neuen Funktionen in seiner Leibesgestalt aus. In seinem Antlitz und in seiner Physiognomie zeigt sich dann, was eigentlich Aufgabe des Menschen ist: ein Träger des Geistes zu werden.

Die aufrechte Haltung des Menschen ist eines der großen Rätsel der Anthropologie. Man weiß nicht, wie sie phylogenetisch entstanden ist, einmal weil zuvor kein irdisches Wesen als Vorbild dagewesen sein kann, dann aber auch wegen der Folge dieser Tat, die auch die übrigen Besonderheiten des Menschenwesens, wie vergrößertes Gehirnwachstum, Sprechmöglichkeit usw. erst hat entstehen lassen.[138]

Unsere Geistestätigkeit, – das ist heute gesicherte Einsicht der Anthropologie – ist erst möglich geworden durch unsere aufrechte Haltung.

In der Aufrichtung einer Säule oder eines Pfeilers kommt nun dieser Vorgang ins Bild. Ist es doch die Aufgabe einer jeden Säule, Träger zu sein. In den alten Kulturen trägt sie die Dächer der Tempel, die dort gewöhnlich den Himmel darstellten. Und sie steht in der Regel auf einer Basis, die im Untergrunde verankert sein muß. So kann man verstehen, daß man in vielen Kulturen solche Pfeiler und Säulen verehrt hat. Sie vereinigen ja auch, wie der Lebensbaum, die beiden Bereiche von Himmel und Unterwelt. Seit ältesten Zeiten gab es z. B. in Ägypten im Sonnenheiligtum von Heliopolis den Jun-Pfeiler. Von dem nach ihm benannten Priester haben wir schon gehört (S. 61 f.), denn sein Zeichen war das Pantherfell. Seine Funktion ist die des Horus, der ein Jun-Mutef ist, eine «Stütze seiner Mutter». In der Regel läßt sich der König als Horus Jun-Mutef abbilden. Er darf es ja auch berechtigt tun, weil er in den Bereich des Geistes Einblick hat. Dieser Jun-Pfeiler ist neben dem Benbenstein und dem Phönix eines der zentralen Symbole im Tempel des Sonnengottes von Heliopolis. Ja, der Name Heliopolis (Junu) ist im Ägyptischen von Jun abgeleitet. Er wird, wie andere pfeilerartige Symbole auch, bei einem Götterfest vom Pharao, der die Rolle des Sonnengottes spielt, *aufgerichtet*[139] (Abb. 89). Die enge Verbundenheit dieser Junpfeiler-Vorstellung mit dem Sonnenlauf und den ihn bewegenden Kräften, die in Kuh- und Stiergestalt vorgestellt worden sind (vgl. S. 50 f. Kamutef), wird in einem Pyramidentext deutlich, in dem es heißt:[140] «Unas ist der Stier mit großem Kopf, der aus Jun hervorging.» Dabei ist Jun doppeldeutig, es kann sowohl Heliopolis heißen als auch den Jun-Pfeiler mit Stierkopf bedeuten, der in Heliopolis im Tempel stand.[141] Der Königsstier, der aus dem Pfeiler hervorkommt, ist damit der aus dem Stamm des Lebensbaumes hervorgehende Sonnengott.

Diese kleine ägyptologische Exkursion kann den Sinn der Säulen erhellen, die in den beiden entscheidenden Visionen erscheinen und die Christianisierung Armeniens und Georgiens einleiten. Eigentlich sind es uralte

Abb. 88 Samtawissi, Lebensbaum-Motiv (Weintrauben und Granatäpfel) an Ostfassade der Kathedrale (vgl. Abb. 71, S. 128)

138 Vgl. K. Goerttler, Morphologische Sonderstellung des Menschen im Reich der Lebensformen auf der Erde, S. 215 – 257, in: Neue Anthropologie Bd. 2, Stuttgart 1972.

139 H. Kees, Der Götterglaube im Alten Ägypten, Leipzig 1941, S. 96 f.

140 PT Spr. 307, § 486b.

141 Vgl. E. Otto, Beiträge zur Geschichte der Stierkulte in Ägypten, Leipzig 1938, Neudruck Hildesheim 1964, S. 37.

Abb. 89 Abydos, Totentempel Sethos I., Aufrichtung des Ḏd-Pfeilers, um 1300 v. Chr.

Bilder, die aber jetzt neu aktualisiert werden. Denn jetzt geht es nicht mehr nur darum, daß der König sich im Baume des Lebens verewigt, wie es in Ägypten oftmals dargestellt ist, sondern auch darum, daß jeder Mensch ein Jun-Mutef werden soll, d. h., er soll sich Einblick verschaffen in die übersinnliche Welt. Erst dann ist er in der Lage, die natürliche Welt umzugestalten und in sie einfließen zu lassen, was er in der Lebens- und Wahrheitswelt erfahren hat. Was Aristoteles in der «Nikomachischen Ethik» als Ziel des Menschen erkannte, soll jetzt im christlichen Bereich wieder geübt werden. Im Bild der Waage leuchtete es auf, und die Heiligen Georgiens haben versucht, es in die Tat umzusetzen.

Das Motiv des Lebensbaumes ist eng mit dem Ursprung des Christentums in Georgien verbunden. Aber es ist selbstverständlich nicht auf dieses Land beschränkt. Überall da, wo das Wirken des Geistes als ein wirklich lebendiger Vorgang erfahren wird, taucht dieses Bild aus den Tiefen der Seele empor. Ganz besonders schön wird es von den Armeniern erfaßt, in deren regem Geistesleben dieses Bild sogar seine reifste künstlerische Gestaltung in den Kreuzsteinen oder Khatchkaren erfährt.

Trotz ihrer Schönheit sind die Khatchkare eigentlich nur denjenigen bekannt, die sie selbst aufsuchen konnten. Die meisten stehen noch am ursprünglichen Aufstellungsort, nur einzelne wenige Exemplare wurden in Museen gebracht (Abb. 90–99).

Der voll entwickelte Kreuzstein besteht in der Regel aus einer Platte, die ungefähr doppelt so hoch wie breit ist. Er steht auf einem erhöhten Sockel, manchmal in einer Art Kapelle. Die jeweils nach Westen ausgerichtete Seite ist reliefiert und zeigt als Hauptmotiv ein Kreuz, das unten und zu den Seiten hin in zwei mächtige Blätter auswächst. Der obere Rand ist häufig mit einer Hohlkehle gerade abgeschlossen. An den beiden Seiten und oben ist das Kreuz von einem Rahmen aus Flechtbandmustern umzogen, der sich oft in einem Rundbogen über das Kreuz wölbt. Nach unten ist dieser Rahmen stets offen. Unter den Blättern des Kreuzes können die verschiedensten Motive auftreten. Das häufigste ist eine Kreisscheibe, die manchmal nur als halbe Scheibe, wie abgeschnitten, erscheint. An manchen Beispielen treten an dieser Stelle auch Stufen auf.

Die ganze Bildfläche, einschließlich des Kreuzes, entsteht durch verflochtene Bänder. Sie ordnen sich zu Mustern der verschiedensten Art, knüpfen aber alle Einzelteile durch ihr fortlaufendes Band zusammen. Dann und wann umrankt ein Blatt oder eine Blüte das endlose Flechtwerk, ohne aber den durchgehenden Strom zu hindern.

Wenn man auf die Entwicklung der Kreuzsteine blickt, dann kann man manche Motive erkennen, aus denen sich die Flechtwerkmuster gebildet haben. Die Wölbung des Rahmens z. B. stellt den Himmel dar, an dem die Sterne erscheinen. Die Hohlkehle, die darüber liegt, ist ganz dem geistigen Geschehen vorbehalten. Das kann man aus den wenigen figürlichen Darstellungen entnehmen, die sich auf den späteren Steinplatten dort zeigen. Unter dem Kreuz dagegen findet man auf mancher frühen Darstellung den Schädel von Golgatha, d. h. das Grab Adams (Abb. 91). Daraus ergibt sich, daß das meist sehr schöne Kreisgebilde die Erde bedeutet – doch die Erde, mit der sich das göttliche Wesen Christi verbunden hat. Auf einigen späten Kreuzsteinen kann dort, auf der geistdurchdrungenen, sonnenhaften Erde der Stifter des Denkmals abgebildet werden.

Die Rückseite der Khatchkare ist frei von jeglicher Darstellung. Manchmal allerdings ist dort eine Inschrift zu finden, die den Anlaß zur Aufstellung angibt.

Entwickelt haben sich die Kreuzsteine erst seit dem 9. Jahrhundert. Zwar gab es schon lange vorher Kreuze aus Holz, die man als Zeichen der

Abb. 90 Kreuzstein von Gošavank (1291), Werk des Meisters Barghos.

Christianisierung in Armenien und in Georgien aufgestellt und die man sogar schon bald in Stein ersetzt und allseitig mit reliefierten Bildfeldern versehen hat. Aber es waren immer Balkenkreuze gewesen, die man solcherart mit verschiedenen Szenen schmückte. In Georgien hat sich diese Sitte noch lange gehalten und sich zu den schönen hölzernen Voraltarkreuzen weiterentwickelt, die man mit einzelnen getriebenen Platten aus vergoldeter Bronze beschlug. Doch lassen sich davon die Kreuzsteine nicht ableiten.

Die ersten Kreuzesmotive in der Art, wie sie auf den Khatchkaren erscheinen, finden sich im Tympanon einiger früher Kirchen (Abb. 66). Während der arabischen Herrschaft im 7. und 8. Jahrhundert scheint die Entwicklung stehengeblieben zu sein. Aber seitdem Armenien seine Selbständigkeit zurückgewonnen hat, treten, wie in Erinnerung an die erste Christianisierung des Landes, plötzlich überall Kreuzsteine auf. Zuerst graviert man das Kreuz in Felsen und in auffällige Blöcke aus Stein, ehe man dazu übergeht, an alte Traditionen anknüpfend, Stelen zu errichten. Wie stark

Abb. 91 Howannavank, Kreuzstein aus dem Gawit (13. Jh.), dessen Kreuz sich auf Golgatha erhebt.

Abb. 92 Haghbat, eingraviertes Kreuz vom Eingang in die Heilig-Kreuz-Kirche, Ende 10. Jh.

Abb. 93 Etschmiadsin, Kreuzstein mit Sternen, 9. Jh.
Abb. 94 Zachkadsor, Kreuzstein im Ketcharis-Kloster, mit Weintrauben, 10. Jh.

das freie Bekenntnis zum Christentum an die Christianisierung durch Gregor erinnert, erhellt sich z. B. durch die Tatsache, daß die frühen Kreuzstein-Motive eigentlich aus der Vision Gregors stammen. Am Eingang in die Heilig-Kreuz-Kirche von Haghbat (Ende 10. Jahrhundert) ist zum Beispiel in das Türgewände eine Säule auf einer Basis eingraviert, mit einem Kreuz darüber und einem Wolkenkapitell dazwischen, so wie sie in der Schau erschien. Dieses Lichtkreuz ist hier indessen schon eindeutig ein Lebensbaum (Abb. 92).

Die Bildseite der Kreuzsteine hat dann recht bald nach nur kurzer Entwicklungszeit ihre endgültige Form gefunden, wie sie oben beschrieben wurde. Zunächst stellt man solche Denkmäler nur bei bedeutenden Ereignissen auf. Zum Beispiel bei einem Sieg über den Feind, bei besonderen historischen Begebenheiten, bei der Einweihung oder nach der Restaurierung einer Kirche, nach dem Bau einer Brücke, zur Erinnerung an eine Klostergründung usw. Später werden die Khatchkare vor allem zum Gedenken an bedeutende Menschen errichtet: für Märtyrer, Helden, Könige, ja sogar

Abb. 95 Haghbat, Kreuzstein von 1023 am Eingang zur Bibliothek.

Abb. 96 Saghmossavank, Kreuzstein aus Grabkapelle, 13. Jh.

für unglücklich Liebende. Daraus entwickelte sich dann auch der Kreuzstein als Grabmonument. Dieser Gebrauch überlebt sogar die Mongoleneinfälle, so daß der allmähliche Verfall der Kreuzsteinkunst an einzelnen Orten bis ins 16. Jahrhundert andauert.
Überall da, wo man sich später an ein bedeutendes Ereignis oder an einen bedeutenden Menschen erinnern sollte, stellte man einen Kreuzstein auf. Das erschöpft aber nicht den Sinn dieser Sitte. Denn für das pure Gedenken an einen Menschen hätte ein einfacher Stein mit Inschrift genügt. Man fügte diesem Denkmal das symbolträchtige Bild des lebenspendenden Kreuzes hinzu, um in jedem Moment des Lebens auch desjenigen Wesens zu gedenken, das im Zentrum der Menschheitsentwicklung auf Erden wirkt. Die Khatchkare standen ja nicht nur an allen heiligen Stätten und Gräbern, sie fanden sich an jedem Weg, an Brunnen, Brücken und Gebäuden. Die ganze Erde ist seit dem Ereignis von Golgatha eigentlich heiliger Boden; denn ein Gotteswesen hat sich mit ihr verbunden. Das wollte man nie vergessen. Auf den verschiedensten Wegen kann diese Wahrheit

Abb. 97 Kreuzstein von Grigor Khaghbakian, 1233; ursprünglich in Imirzek, später nach Etschmiadsin gebracht.
Abb. 98 Kreuzstein im Gawit von Howannavank, 13. Jh.

Abb. 99 Sanahin, Kreuzstein zum Andenken an den Tod von Prinz Sarkiz, der in Sanahin begraben liegt, 1215.

Abb. 100 Koptische Stele als Grabstein, mit Kreuz, Flechtbändern und Lebensbaummotiven, 7.–8. Jh. Brit. Museum London Nr. 1814.

erkannt werden, zum Leben und Heil der Menschen. Das Volk verehrte solche Denkmale und opferte an ihnen (an manchen Stellen sogar noch bis heute), aber erwartete dafür auch ein heilsames Wirken Christi bei Gewittern und Hagelstürmen, bei Dürre und Erdbeben.
Zu einigen besonderen Kreuzsteinen pilgerte man sogar hin, um von persönlichen Übeln und Krankheiten befreit zu werden. Es sind solche, auf

denen Christus, am Kreuz von Golgatha hängend, dargestellt ist (Amenaprkitch). Diese Erlöser-Kreuze verdeutlichen den Gedanken, der eigentlich in jedem solchen Denkmal steckt. Alle sind ja gleicherweise nach Westen, gegen den Sonnenuntergang gerichtet. Sie sind damit bewußt eingebunden in den Gang der Sonne. Der alte Mythos von Tod und Auferstehung des Sonnengottes ist durch Christus wahrhaft vollzogen worden. Durch die Überwindung des Todes und seine Auferstehung hat er der Menschheit den Parakleten senden können, der ihr den Zugang zur heilenden Geisteswelt eröffnet.

Die Allgegenwart der Kreuzsteine in Armenien erinnert an dieses zentrale Ereignis. Sie sind aber gleicherweise auch eine Mahnung, die Konsequenzen daraus für das Leben des einzelnen Menschen zu bedenken. Eine solche Sitte hat im christlichen Bereich nirgendwo eine Parallele. Nicht einmal die Hochkreuze Irlands können wirklich als solche angesehen werden[142], obwohl sie manche Ähnlichkeiten aufweisen, die vor allem im gemeinsamen christlichen Gedankenhintergrund zu finden sind, kaum aber im Stil der Darstellung.

In vorchristlichen Zeiten kennt interessanterweise nur wieder die Kultur Ägyptens den Gebrauch der Stele in der Art, wie sie in Armenien zu finden ist, und zwar in Form und Inhalt. Auch dort kann es eine einzelne Steinplatte sein, die auf einem Sockel steht oder an eine Wand gelehnt wird. Auch kann ein geglätteter Felsen oder eine geglättete Wand die Form der Stele direkt aufnehmen. Ihr oberer Abschluß wird in der Regel durch einen Rundbogen oder, was dasselbe ist, durch die Himmelshieroglyphe gebildet, die auf zwei «Himmelsstützen» ruht. Schon dieser Rahmen «zeigt sinnenfällig, daß solch eine Stele nicht ein rein irdisches Denkmal sein sollte, sondern eines, das Geltung beansprucht im Diesseits und Jenseits, in Zeit und Ewigkeit.»[143] Auch die Funktion der ägyptischen Stelen ist der der armenischen ähnlich.[144] Sie wurden z. B. sowohl aus Anlaß historischer Ereignisse aufgestellt, für siegreiche Feldzüge, dynastische Heiraten, Bautätigkeiten, Brunnengrabungen usw., als auch zum Gedenken an Verstorbene oder als immerwährendes Gebet an die Götter u. ä.

Die Sitte, den Toten Stelen zu errichten, setzte sich im christlich koptischen Bereich fort, wodurch sich eine allmähliche Umwandlung der Bildmotive ergab. Zunächst lebte das alte Henkelkreuz als Lebenszeichen weiter und damit der alte Gedanke vom Leben jenseits des Todes. «Wir glauben an ein ewiges Leben», heißt es ja auch im Glaubensbekenntnis der Christen.[145] Früh schon traten dann Flechtband-Motive auf, dazu auch der Lebensbaum (vgl. Abb. 100), und das Kreuz in christlichen Formen. Da

142 Vgl. B. Brandt-Förster, Das irische Hochkreuz, Stuttgart 1978, S. 139 f.

143 K. Martin, im: Lexikon der Ägyptologie VI, Wiesbaden 1985, Sp. 1.

144 Auch in Urartu gab es Stelen, die aus besonderem Anlaß aufgestellt wurden. Aber sie zeigten erstens keine Bilder und sind zweitens bis jetzt derartig selten, daß man sie keinesfalls funktional in den armenischen oder ägyptischen Zusammenhang stellen kann.

145 Vgl. F. X. Steck, Die Liturgie der katholischen Armenier, Nachdruck Darmstadt 1967, S. 44.

Abb. 101 Thronende Gottesmutter mit segnendem Kind. Fresko aus der Apsis der Klosterkirche von Bawit (Ägypten), 5./7. Jh. Koptisches Museum, Kairo.
Abb. 102 Thronende Gottesmutter mit segnendem Kind. Wandrelief auf Südwestseite der Heilig-Kreuz-Kirche von Achtamar, Anfang 10. Jh.

alle diese Steine älter sind als die armenischen Khatchkare, könnte man hier eine der Wurzeln der armenischen Kreuzsteine vermuten. Der Weg nach Ägypten war zwar weit, lag aber doch innerlich nahe. Denn die Kopten bekannten sich, wie die Armenier, zum monophysitischen Christentum. Gegenseitiger Austausch von heiligen Schriften, die mit Miniaturen geschmückt waren, hat sicher stattgefunden. Wie weit sich auch sonst die Bilder in Armenien und Ägypten gleichen können, möge das schöne Relief Marias mit dem Kinde an der Kirche von Achtamar zeigen, das wie eine Kopie der Madonna von Bawit aussieht (Abb. 101 und 102). Wenn man sich vorzustellen versucht, was ein Mensch erlebt haben könnte, der vielleicht im 12. Jahrhundert in Armenien gelebt hat, dann werden die Kreuzsteine in seinem Leben sicher eine wichtige Rolle gespielt haben. Denn überall, wohin er auch kam, standen sie aufrecht und kündeten von Taten, die nicht vergessen werden sollten. Es waren nicht belanglose Dinge, an die man sich erinnern sollte, sondern solche, die für das Leben der Menschen bedeutsam waren. Diese Aufgabe der Khatchkare, die Menschen in jedem Augenblick ihres Lebens an wichtige Zusammenhänge zu erinnern, kommt auch in der Art ihrer Dekoration zum Ausdruck. Denn wenn man die Wege und Muster der Flechtbänder in der Anschauung verfolgt, dann betätigt man im Bewußtsein denselben Prozeß, der auch im Erinnern abläuft. Die Einzelheiten, die sonst nur neben- oder auch nacheinander existieren, werden durch diese denkende Tätigkeit zu einem Ganzen zusammengewoben. Sich etwa eines geschichtlichen Zusammenhangs bewußt zu werden, ist eine übersinnliche Tätigkeit. Man kann ihn nirgends durch einen Blick in die Welt erschauen. Aber innerlich erdenken kann man ihn. Das Denken selbst verknüpft nicht nur durch den «roten Faden» seiner Zusammenhang stiftenden Tätigkeit eine Tatsache mit einer anderen, sondern stellt selbst ein übersinnliches Ereignis dar. Im gewöhnlichen Leben sind wir uns dessen allerdings nicht bewußt (vgl. S. 38f.). Was zunächst als erstorbene Einzelform ohne Zusammenhang auftritt, wird durch das Erkennen aus seinem Grab erlöst und wieder in den wahren Strom des Lebens eingegliedert. Das Essen vom Baum der Erkenntnis führt zunächst zum Tode; aber der Leichnam wird wieder lebendig, wenn man sich durch Schulung des Wesens bewußt wird, das diesen Vorgang der Wandlung zum Baume des Lebens vollzogen hat und immer vollzieht. In der Mitte der Khatchkare erscheint dieses «lebenspendende Kreuz», von dem alle Flechtbänder ausgehen und zu dem alle wieder zurückkehren. Die sogenannten realen Einzeldinge sind nicht würdig, dargestellt zu werden; nur das, was geistig ist am Menschen – die verwebende Tätigkeit des menschlichen Denkens, die mit dem Christuswesen verbunden ist –, wird abgebildet.

Ein Khatchkar bildet so die vermittelnde Tätigkeit des Denkens ab und ruft zu ihr auf. Das Kreuz, das die eigentliche Vermittlung herstellt, ragt oben bis an den Himmel heran (die Hohlkehle) und erhebt sich unten aus der von innen neu belebten Erde. Betätigt der Mensch sein Denken, dann ergreift er den gleichen Prozeß, indem er den Begriff mit einer Wahrnehmung, den Himmel mit der Erde vereint. Das Ergebnis ist jeweils ein Schritt auf dem Wege zur Wahrheit, die zwar nie endgültig erreicht, aber doch lebenslang angestrebt wird. Eine wahrhafte Erkenntnis, auch wenn sie nicht vollkommen ist, vergeht nicht mit dem Wechsel der Tage. Sie hat dauernden Bestand auch in künftigen Zeiten. Dieser Ewigkeitsaspekt der Wahrheit findet seinen ihm angemessenen Ausdruck im Material des Steines. Seine Festigkeit läßt ihn Jahrhunderte bestehen. Und was ihm an ewigen Wahrheiten eingeprägt wird, kann noch nach Jahren von Menschen wieder als gültige Wahrheit erkannt werden. – Zwischen Zeit und Ewigkeit, zwischen Diesseits und Jenseits, ist der künstlerische Ort zu suchen, an dem der Kreuzstein angesiedelt ist. Die Menschen auf diesen Ort hingelenkt und ihn zum Mittelpunkt der Kultur erhoben zu haben, ist einer hohen Geisteskultur würdig!

Im alten Ägypten hat das Bild des Tageslaufes des Sonnengottes dieselbe Aufgabe innegehabt (vgl. S. 49). Hier durchläuft das Sonnenwesen die

Abb. 103 Amenaprkitch-Kreuzstein, 1279 von Mamikon für seine Eltern errichtet. Aus der Ararat-Region, jetzt in Etschmiadsin. Über dem Kreuz, im «Himmel», Sonne und Mond, wobei die Sonne mit einem Falken, der Mond mit einem Stier verbunden ist.

Abb. 104 Hölzerner Evangelienständer aus Ani, 2. Hälfte 13. Jh.
Abb. 105 Das lebenspendende Kreuz auf einem Panther stehend. Geschnitztes Bildfeld eines Evangelienständers aus Ani. 2. Hälfte 13. Jh.

beiden Phasen von Tag und Nacht – Falke und Löwe – und vermittelt sie so miteinander. Ein ähnliches Motiv tritt auch in der urartäischen Kunst auf (Abb. 8). Da steht ein geflügelter Gott auf einem Löwen und zwei antithetische Vögel sitzen über ihm, auf der Krone einer Stadtmauer. Links von ihm ist ein Tor zu denken, dem er sich zuwendet. In der einen Hand hält er eine Schale, in der anderen ein Blatt. Zwei Bäume vor Türmen rahmen die zentrale Szene ein.

Dasselbe Motiv erscheint nun ein drittes Mal, wenn auch wieder im Stil verwandelt, auf den großen Evangelien-Ständern, die man bei Ausgrabungen in Ani gefunden hat (Abb. 104; 105). Hier ist das Bild des Gottes durch das «lebenspendende» Kreuz ersetzt, das schon für sich genommen dieselbe Bedeutung hat wie die ganze urartäische Komposition. Der Panther unter dem Kreuz ist jetzt aber nicht wie ein äußeres Beiwerk hinzugekommen, etwa als der «Löwe der Bagratiden», sondern gehört unbedingt zum inneren Gehalt des Ganzen.

Die Ständer sind im 13. Jahrhundert entstanden, zu einer Zeit, in der

Armenien und Georgien lange Jahre hindurch unter georgischer Oberherrschaft vereinigt waren. In dieser Blütezeit der georgischen und armenischen Kultur entstand auch das Nationalepos der Georgier, «Der Mann im Pantherfell».[146] Dieses Werk gehört zu den großen Ausnahmeerscheinungen der Kulturentwicklung. Denn obwohl es mitten im christlichen Bereich entsteht, kennt es den Koran, schätzt die Araber, die Inder und ist überhaupt fremden Lebensweisen gegenüber aufgeschlossen. Die Helden dieses Epos, die als Ritter drei verschiedenen Kulturkreisen angehören, befreunden sich miteinander, über alle äußeren und inneren Schranken hinweg. Erst durch ihr gewissermaßen menschheitliches Zusammenwirken können sie das Ziel erreichen und Nestan Daredschan – eine Art göttliches weibliches Wesen – befreien. Das Merkwürdigste an diesem Werk ist aber, daß es das Christentum mit keinem Wort erwähnt, auch nicht einmal christliche Sitten, dagegen den Fortgang des Epos in Bilder kleidet, die der altägyptischen Kultur entstammen könnten. Darauf mag der Dichter wohl im Prolog seiner Dichtung anspielen, wenn er schreibt:

> «Die Dichtkunst ist vor allem
> eine Frucht der Weisheit,
> dem Göttlichen geweiht und göttlich zu verstehen,
> für den, der hören kann, reicher Gewinn.»

Nicht jeder, der lesen kann, heißt das, versteht auch schon den Inhalt. Und in der Tat, man muß eigentlich schon die Bilder kennen, um den Gehalt der Dichtung wirklich erahnen zu können. Der Leser möge einmal versuchsweise den folgenden Worten aus dem georgischen Epos das altägyptische Bild des Sonnenlaufes unterlegen und auf die damit sich ergebenden Zusammenhänge achten. Schon die Einführung des Haupt-Helden Tariel macht stutzig: «Und unversehens erschien vor uns ein Ritter . . . Er ritt ein edles feuriges Roß, es glich einem schwarzen Pegasus, und Haupt und Körper des Mannes waren in Pantherfell gehüllt. Solch schöne Gestalt nahm nie ein menschliches Auge wahr! Wir schauten auf ihn wie geblendet, sein blitzendes Strahlen vermochte das Auge kaum zu ertragen. Wir sagten uns, es müsse die Sonne auf Erden sein.» Als man ihn verfolgen wollte, war er «im Nu entschwunden, kaum daß wir's uns versahn. Es schien, als hätte die Unterwelt ihn verschlungen . . . Sie suchten ihn . . . doch spurlos war der Mann verschwunden wie ein Geist.» Wer ihm unvorbereitet entgegentrat und ihn in seinem Gang aufhalten wollte, der mußte den Tod erleiden. Wer ihn willentlich suchte, fand ihn nicht, denn es gab «keinen Lebenden, der ihn gesehen hätte». Nur Awtandil, der dem «Tode nahe» war, «dem das Schwert nichts anhaben konnte» und der «an

Abb. 106 Geghard, Südportal der Hauptkirche mit Flechtbandrahmung. Im Tympanon Lebensbaum, Anfang 13. Jh.

146 Schota Rustaweli, Der Mann im Pantherfell, übersetzt von R. Neukomern, Zürich 1974. Alle Zitate im folgenden aus diesem Werk.

allen Wesen, die unter dem Himmel sind, vorbeigezogen» war, findet den Weg zu ihm. Tariel, der edle «Löwe und Held», hatte «im Kampfe den Dewi [= Geistern] die Höhlen entrissen und deren Behausung dient ihm nun als Heim . . . Er sieht die Welt nicht mehr, denn Feuer verzehrt ihn wieder und wieder.» Die Fragen, die er stellt, sind keine Alltagsfragen. Er hatte ja auch «seine Grenzen überschritten . . . und war anzuschauen wie eine Sonne und wie ein Löwe an Gestalt.» So möchte er als erstes das Geheimnis Awtandils erfahren: «Wer bist du, woher kommst du, wo liegt deine Heimat und wohin des Weges?» Das sind Fragen, deren Hintergrün-

Abb. 107 Gošavank, Westportal der Kirche von Gregor dem Erleuchter mit Flechtbandrahmung und Lebensbaum-Tympanon, links der Kreuzstein von Abb. 90. Beide von Meister Barghos, Ende 13. Jh.

digkeit unauslotbar ist. Man bedenke nur, daß sie dem Eindringling im Innern der «Höhle», wo sonst die Geister wohnen, gestellt werden.

Das zentrale Ereignis im Leben dieses Mannes im Pantherfell war die Begegnung mit Nestan Daredschan. Dabei schwanden ihm die Sinne, «drei Tage lag ich wie leblos und unlöschbares Feuer brannte in mir . . . Dann kam ich wieder zur Besinnung und begann das Unfaßbare zu erfassen. ‹Weh›, dachte ich, ‹in welche Lage bin ich geraten, der ich des Lebens Grenzen überschritten habe!» Erst seine «Sonne, da sie hellstrahlend über ihm aufgegangen» ist, hat ihn als «Toten zum Leben erweckt».

Das Epos endet, wie es enden muß, mit der Krönung und Hochzeit Tariels: «Was Tariel und seine Gemahlin sich wünschten, das wurde ihnen zuletzt zuteil, sieben Herrscherthrone und nie gesehene Freuden! . . . Seht euch die beiden an, wie sie vereint dort sitzen, auch die Sonne hätte sie nicht zu überstrahlen vermocht!»

Nach diesem spricht das Bild des Panthers unter dem lebenspendenden Kreuz gegenüber dem Menschen, «der hören kann», sein «göttlich zu verstehendes» Geheimnis. Das alte Motiv war offenbar in den Kreisen der Dichter, die «sich dem Göttlichen geweiht» hatten, noch zu verstehen. Auch das Bild des Lebensbaumes wurde, obwohl es aus vorchristlichen Zeiten stammt, in seinen Tiefen noch verstanden. Wer es zu durchschauen vermag, dringt ein in die Innenseite der Welt. Er durchschreitet damit die Pforte, die sonst die beiden Bereiche der äußeren und inneren Welt voneinander trennt. Die armenischen Künstler haben diese Grenze sensibel wahrgenommen, indem sie den Lebensbaum z. B. häufig in den Tympana der Tore und Eingänge darstellen (vgl. Abb. 106 und 107). Eine solche Verbindung gab es zwar schon in alten Zeiten (Fig. 11)[147], aber ihr systematisches Weiterleben zeugt doch von einem noch lebendigen, wahren Verstehen.

Die Bilde-Gedanken, die um das lebenspendende Kreuz kreisen, sind relativ spät – wie in einem Abgesang der armenischen Kunst – nochmals mit aller Sorgfalt und in edlem Material gestaltet worden in dem Kreuzreliquiar des Prošian (um 1300). Von außen zeigt das Reliquiar, eines der wenigen, das die Jahrhunderte überdauert hat, ein geschlossenes Tor (Abb. 108). Über ihm schwebt, von zwei Engeln begleitet, das «Licht der Welt». Links und rechts des Tores stehen Maria und Johannes der Evangelist. Auf den beiden Türflügeln sind die großen Gestalten Gregors des Erleuchters und Johannes des Täufers, die beiden Inauguratoren des Christentums, aus dem Gold herausgetrieben. Öffnet man das Tor, dann erscheint groß und mächtig das lebenspendende Kreuz, gerahmt von Gabriel und Michael. Es ist mit edlen Steinen geschmückt und hat, wie die irischen Hochkreuze,

147 Vgl. F. Muthmann, Der Granatapfel, Symbol des Lebens in der alten Welt, Fribourg 1982.

Fig. 11 Neuassyrische Wandverkleidung als Tympanon über einem Hoftor eines Palastes in Nimrud. Es hat selber die Form eines Tores. Im Zentrum der Lebensbaum und zwei Stiere. 9. Jh. v. Chr. Nach Muthmann.

um die Mitte einen Ring. Im Schnittpunkt der Kreuzbalken ist die eigentliche Reliquie unter einem großen Bergkristall zu erkennen, ein Splitter vom Kreuze Christi. Die ganze Komposition der Figuren ist vielschichtig durchdacht. Mit Ausnahme des oberen Teiles, der wie immer den Himmel vorstellen soll, blickt man z. B. nur auf Menschen hin. Hat man dagegen die Tore geöffnet, dann erscheinen die Wesen der geistigen Welten. Dabei überdeckt Gabriel die Maria und Michael Johannes den Evangelisten. Man wird so an die Verkündigung der Geburt des Jesus erinnert und an die Tat der Reinigung der übersinnlichen Welt durch Michael. Er war es, der die bösen Engel aus dem Himmel gestürzt hat, wie es in der Apokalypse des Johannes beschrieben wird. Auch an des Menschen geistige Geburt kann gedacht werden. Denn aus vielen Bildern war dem armenischen Christen die innige Verbindung Marias mit Johannes gegenwärtig, die von Christus unter dem Kreuz vollzogen worden ist. Die Verkündigung des Johannes-Evangeliums, die dazu auffordert, ein Kind Gottes zu werden und damit

Abb. 108 Staurothek des Prošian mit geöffneten Toren. Um 1300. Etschmiadsin, Museum der Kathedrale.

ein geistiger «Sohn der Mutter» Christi, ist überhaupt erst durch die Nähe des Johannes zu Christus und zu dessen leiblicher Mutter verstehbar.
Immer wieder taucht das Motiv des Schulungsweges auf, eines geistigen Weges, der konsequent beschritten, zum Erleben der Wahrheitswelt führt. Die Fähigkeit, die dazu ausgebildet werden muß, ist die des Denkens. Sie ist das Tor zwischen Diesseits und Jenseits und hat zwei Flügel: Der eine davon ist das Tor der Geburt (Gabriel), durch das der Mensch in die irdische Welt hineinwirkt, der andere entspricht dem Tor des Todes mit dem Totengericht (Michael), durch das der Mensch die geistige Welt erschaut. Weisheitsvolles Handeln und lebendiges Denken sind dann die Tätigkeiten, die die beiden Türflügel öffnen.
Von außen gesehen waren Gregor der Erleuchter und Johannes der Täufer die Gestalten, die sich an den beiden Toren offenbarten. Der eine dadurch, daß er das Christuswesen den Armeniern verkündete, wie es der Engel Gabriel ‹innen› der Maria verkündet hat. Der andere hat durch die Taufe den Menschen den Zugang zu lichten Welten geschaffen. Wendet man diesen Türflügel um, dann erscheint Michael, der von innen mit diesem Vorgang verbunden ist.
Das lebenspendende Kreuz zwischen Gabriel und Michael, zwischen Geburt und Tod, ist das großartige Bild für die zentralen Fragen des Tariel: «Wer bist du, woher kommst du . . . und wohin des Weges?» Sie müssen eigentlich zu den Darstellungen auf den Kreuzsteinen hinzugedacht werden. Denn eine solche künstlerische Form ist auch, wie eine wahrhafte Dichtung,

> «eine Frucht der Weisheit,
> dem Göttlichen geweiht und göttlich zu verstehen,
> für den, der hören kann, reicher Gewinn.»

# Gralsmotive

Wer kennt sie nicht, die Sagen vom Gral. Ihre zeitlosen, tiefen und unerschöpflichen Bilder bewegen noch heute die Menschen wie in jenen Zeiten, in denen sie in aller Munde waren. Die großen Dichter des 12. und 13. Jahrhunderts haben die Stoffe gestaltet und in Formen gegossen, die jahrhundertelang lebendig bleiben konnten. Chrétien de Troyes, Wolfram von Eschenbach und Albrecht von Scharfenberg sind die größten unter ihnen.[148] Obwohl jeder der Dichter eine andere Quelle für seinen Sagenstoff angibt, erzählen sie im Grunde alle drei dieselbe Geschichte; nur in der Art der Durchführung unterscheiden sie sich. Sie sind sich allesamt auch darin einig, daß der geistige Gehalt, den sie in Bilder kleiden, aus dem Orient stammt. Albrecht von Scharfenberg führt dies am deutlichsten vor. Er leitet das Geschlecht der Gralshüter von einem Stammvater ab, der noch in römischen Zeiten in Kappadokien und als Heide gelebt hat.[149] Einer seiner Nachkommen war Titurel, der, nun schon Christ, zum eigentlichen Bewahrer der Gralsgeheimnisse auserkoren worden ist. Ihm ist dann der Bau von Burg und Tempel des Grales zu danken.

Aber nicht nur bei Albrecht besteht diese Verbindung zum Osten. Auch Wolfram von Eschenbach kennt den Weg dorthin. Als er die eigentliche Dichtung des «Parzival» schon beendet hatte, stellt er dem Werk eine Handlung voran, die als Vorgeschichte bis zur Geburt des Parzival führt. Sie beginnt mit dem Auszug des Gachmuret aus seiner Heimat. Er muß sie verlassen, weil er als jüngster Bruder beim Tod seines Vaters kein Recht auf das Erbe hat. Obwohl ihn sein Bruder gern bei sich behalten hätte, schlägt er dessen Hilfe aus. Er möchte das, was er sich an Schätzen erwirbt, nur seinen eigenen Kräften zu verdanken haben. Dabei weiß er noch nicht, wohin ihn die Wege Gottes führen werden –, aber eines weiß er, daß sein «Herz zur Höhe strebt».[150] Von Spanien aus schifft er sich ein, segelt gen Osten und begibt sich in den Dienst des Baruchs von Baldak (= Bagdad), des mächtigsten Herrschers auf Erden. Er kommt weit herum unter dem «Heidenvolk», kämpft in Persien und Marokko, vor Damaskus und Aleppo, überall siegend und Ruhm erwerbend. «Man sagte von ihm zu Baldak, daß sein Mut und seine Kraft unaufhaltsam vorwärts drängten» (I.16,1). So kommt er auch in die schwerbedrängte Stadt Patelamunt im

148 Zur Einführung geeignet: K. O. Brogsitter, Artusepik, Stuttgart 1971, und J. Bumke, Wolfram von Eschenbach, Stuttgart 1981.
149 Vgl. Kürschners Deutsche Nationalliteratur, Höfische Epik II, herausgeg. v. P. Piper, Stuttgart 1873, S. 457–559.
150 Im folgenden alle Zitate aus: Wolfram von Eschenbach, Parzival, in der Übersetzung von W. Stapel, München 1950.

Königreich Zazamank. Wieder schlägt er tapfer die Feinde in die Flucht, verhilft dem Lande zum Frieden und gewinnt die Königin zur Frau. Mit ihr zeugt er den Feirefiß, aber noch bevor dieser geboren wird, kehrt Gachmuret schon wieder in den Westen zurück.

Was ihm von seinen Taten im Orient bleibt, ist der Adamas, der Kristallhelm. Ihn hat er während der Überfahrt mitten im Meer als Belohnung für seine Leistungen empfangen, und Wolfram versichert extra: «Es mag euch zwar als ein großes Wunder erscheinen, daß ihm das Schiff begegnete, aber die Aventüre versicherte es mir als wahr» (I.58,14–16). Die unwahrscheinliche Begegnung der beiden Schiffe macht den Leser darauf aufmerksam, daß es sich hier nicht um eine äußere Schilderung handelt, sondern um ein Bild, das etwas aussagen soll, was für den Zusammenhang des Ganzen wichtig und wahr ist. Was hat es also mit dem Kristallhelm auf sich? Gachmuret war ja eigentlich mit der Hoffnung in den Orient gefahren, daß ihm Gott dort «der saelden wege» (I.8,16) weisen würde. Auf diesem Wege zur Saelde, das heißt zu spirituellem Wissen, erwirbt er sich als erstes kristallklare Gedanken. Dazu reist er an den Hof des Kalifen zu Bagdad, dem damaligen Zentrum der intellektuellen Kultur. Nur dort kann er finden, was er sucht; denn in Europa stand man in dieser Hinsicht noch am Anfang. Er nimmt auch auf, was in Persien und in den anderen «arabischen» Weisheitsstätten zu lernen ist.

Abb. 109 Helm des Argišti, 7. Jh. v. Chr. Historisches Museum Jerewan.

Wolfram kennt den «Adamas» aus dem «Physiologus»[151], dem schon seit spätantiken Zeiten bekannten Volksbuch, das eine Art Anleitung zum Lesen der Bilder der Natur gibt. Die verschiedensten Tiere, Bäume und Steine werden allegorisch gedeutet. Unter Adamas lesen wir: «Ist auch ein Stein, Adamas genannt, denn er wird nicht mit Eisen geschnitten noch mit dem Meißel geformt, ja selbst nicht vom allverzehrenden Feuer geschmolzen . . . Man sucht ihn zur Nachtzeit, und er wird im Bereich der aufgehenden Sonne gefunden.» Obwohl es sich hier um einen Stein handelt, der «Adamas», der «Unbezwingliche» (abgeleitet von dem lateinischen «indomitus») heißt, verwandelt ihn Wolfram doch in einen Helm. Diesen Helm gewinnen diejenigen, «die im Finstern sitzen» und denen «ein Licht aufgegangen» ist, wie der Physiologus zu deuten weiß.

Dieser «Denkhelm» hat seine Vorbilder in Armenien. Dort fand man bei den verschiedensten Ausgrabungen[152] spitze urartäische Helme, die alle über der Stirne das Lebensbaum-Motiv eingraviert haben. Von den Seiten aus schwingen sich Schlangen mit Löwenköpfen nach vorne. Wenn man die Beziehung des Lebensbaum-Bildes zum Denken kennt, dann ist einem auch verständlich, warum gerade dieses Motiv an einem Helm eines Königs erscheinen kann (Abb. 109).

151 Der Physiologus, übersetzt von O. Seel, Zürich 1960.
152 Z. B. in B. Piotrowsky, Urartu, Genf 1969, Tafel 93, und S. Eichler, Götter, Genien und Mischwesen, Berlin 1984, T 8–10.

Den Adamas muß man bei Nacht suchen, am Tage findet man ihn nicht. So auch das Denken. Dem Sinnesblick bleibt es unsichtbar. Wer es sich aneignen will, muß in das Morgenland fahren, in das Land der aufgehenden Sonne. Die Bilder, die Wolfram gewählt hat, fügen sich bis in die Einzelheiten in diesen Zusammenhang. Als Gachmuret in Zazamank ankommt, wundert er sich über die Leute, «die schwarz waren wie die Nacht» (I.17,24). Sie erscheinen ihm «nach Rabens Farbe» (I.20,6). Es ist zunächst keine lichte Welt, in die er da kommt auf dem Weg in die geistige Welt. Aber durch seinen selbstlosen Einsatz gewinnt er endlich doch das, was er eigentlich suchte. Den ersten Schritt auf seinem Weg tut er in ein Land, wo ihm die schwarzen Raben vom unsichtbaren und dunkeln Bereich der Nacht künden. Auch in anderen Mythen und Sagen ist das die Funktion der Raben. Man denke nur an die Raben des Wotan oder an die des Elias. Ein «Rabe» war zudem der erste Weihegrad in den Mithras-Mysterien, der «unter dem Schutz des Merkur stand».[153] Der Götterbote hatte ja auch dieselbe Funktion zu erfüllen wie die Raben, denn er hatte den Menschen die Botschaften von der geistigen Welt zu überbringen. Er war ein Mittler von Göttern zu Menschen.

Nachdem Gachmuret von seiner Fahrt in den Osten nach Spanien zurückgekehrt ist, hört er von dem Turnier zu Kanvoleis. Die Königin von Waleis, Herzeloyde, hatte es ausrufen lassen. Sie bot zwei Länder und sich selbst dem, der den Preis erränge. Als Gachmuret einreitet und die Königin erblickt, richtete sich der edle Held «auf wie ein Falke» (II.64,8). Bald entbrennt der Kampf «auf dem Felde des Löwen», und schon in dem Vesperspiel, am Vorabend des eigentlichen Turniers, hat er alle anderen Ritter besiegt.

Auch hier sind die Bilder konsequent: Am Abend, wo sich der Tag mit der Nacht berührt, wo sich Falke und Löwe begegnen, da endet der Held seinen Weg. Denn nun hat er die Frau gefunden, bei der seine Suche zur Ruhe kommt. In diesem Moment wandelt sich auch sein Wappenbild. Vorher hatte er sich den Anker als Zeichen gewählt, – als Zeichen dafür, daß er in Bewegung ist und über das Meer fahren will, genauso wie es bei den Argonauten der Fall war. Nun, da sein Anker Grund gefunden hat, wechselt er wieder zum Bild seines Vaters, zum Panther! (II.101,7).[154] Diesen Preis konnte er auch nur gewinnen, weil er ein selbstloses und reines Leben führte. Schon den Leuten von Zazamank war er «wie einer ihrer Götter» (I.36,20) erschienen. So konnte er den Kampf auf dem Löwenfelde in einem Gewand antreten, das folgendermaßen beschrieben wird: «Der Rock war mit dem Golde gemustert, das einst Greifen in dem Gebirge des Kaukasus mit ihren Klauen von einem Felsen gerissen

153 Vgl. R. Merkelbach, Mithras, Königstein/Ts. 1984, S. 86 f.

154 Auch die armenischen Bagratiden führten den Panther im Wappen! F. Panzer (Gahmuret, Quellenstudien zu Wolframs Parzival, Heidelberg 1940, s. 62 ff.) sieht in Richard Löwenherz das Vorbild für Gahmuret. Er, der durch seine Taten im Orient weitberühmt wurde, hat auch den Löwen (oder Panther) im Wappenbild.

hatten . . . Aus Arabien wandern Leute dorthin und erlisten sich das Gold – nirgends sonst gibt es so kostbares – und bringen es heim nach Arabien, wo man das grüne Achmardi . . . wirkt. Kein Gewebe kommt diesem gleich» (II.71,17). Gachmuret hat also ein Gewebe aus dem Golde des Kaukasus an, wie ein Goldenes Vlies!

Es ist schon auffällig, wie sich die Bilder zusammenfügen. Nachdem Herzeloyde durch Gachmuret schwanger geworden ist, wird er vom Baruch erneut um Hilfe gebeten. Er folgt diesem Ruf und fällt im entscheidenden Kampf. Sein Tod bleibt der Königin vorerst verborgen. Noch strahlte sie «licht wie die Sonne . . . Ihr Herz wandte sie an das Gute . . . und ihre Reinheit ward hoch gepriesen» (II.102,25). – Der kundige Hörer der Dichtung konnte aus dieser Beschreibung ohne große Schwierigkeiten die nahe Verwandtschaft zu Christus erkennen, der «noch lichter als der Tag ist» (III.119,19).

Als Herzeloyde schließlich den Tod ihres Gatten erfährt, ruft sie aus: «Ach, wo kam mein Liebster hin? . . . Ich war viel jünger als er und bin doch seine Mutter und sein Weib zugleich, denn ich trage ihn selbst in mir und seines Lebens Samen» (II.109,25). Der Sohn, der hier nach dem Tod des Vaters geboren wird, ist also wie der Sonnengott in dem ägyptischen Mythos Sohn und Gatte seiner Mutter (Kamutef) zugleich. Und wie Isis das Horuskind vor den Nachstellungen seiner Feinde bewahren will und es im Chemmis-Sumpf versteckt, so versteckt auch Herzeloyde den kleinen Parzival im Wald. «So ward der Knabe heimlich auf der Waldlichtung in Soltane erzogen» (III.117,30). – Hiermit endet Wolframs «orientalische» Einleitung und die eigentliche Parzival-Geschichte beginnt.

Der Knabe wächst auf und wandelt sich vom Toren zum vollkommenen Ritter. Sein Lebensweg gipfelt zunächst in seinem ersten Besuch in der Gralsburg, wo er die geheimnisvollen Ereignisse unverstanden und fraglos an sich vorüberziehen läßt. Aus diesem traumhaften Dasein wacht er am Morgen auf und reift allmählich zu einem wachbewußten Menschen heran. Langsam wird es ihm deutlich, daß er als Mensch nicht nur einfach so leben kann wie bisher, nur gütiger Schicksalsführung vertrauend, sondern daß er sich ein Ziel zu setzen hat, dem er nachstreben muß. Dieses Ziel leuchtet ihm in dem Moment hell auf, in dem ihn Kundrie inmitten der Tafelrunde verflucht. Von nun an möchte er wiedergutmachen, was er in seinem bisherigen Leben versäumt hat. So bekennt er vor der ganzen Gemeinschaft: «Ich will mich keiner Freude mehr hingeben, ehe ich den Gral gesehen habe, es wäre kurz oder lang. Dahin jagt mich mein Denken, und davon lasse ich nimmer meines Lebens immer!» (VI.329,28).

Warum Parzifal gerade mit dem Denken den Gral erjagen will, wird später,

Abb. 110 Geghard, Felsenkapelle westlich des Höhlenklosters, 12. Jh.

nach langen Jahren der Suche, in dem Gespräch mit Trevrizent enthüllt. Dieses Gespräch findet in einer Höhle statt, in die ihn der Einsiedler einlud, damit er sich «an einem Feuer erwärmen» (IX.456,15) könne. «Über den Platz rauschte eine Quelle herab» (IX.458,29). An diesem unterirdischen Ort, der auch noch von Wasser überflossen wird, muß man sich also das Gespräch vorstellen, das um die zentralen Fragen des Menschseins kreist. Eine ähnliche Höhle, die gleich daneben lag, diente dem Frommen als Bibliothek.[155]

Zunächst belehrt dort Trevrizent den Parzival über das Wesen des Denkens. Es ist zwar äußerlich nicht wahrnehmbar, kann jedoch innerlich von Gott geschaut werden. «Das Denken der Menschen ist undurchdringlich selbst dem Sonnenlichte . . . und keine Kreatur kann die Gedanken von außen erblicken. Nur die Gottheit kann so hell und rein sein, daß sie durch die Wand der Finsternis, hinter der die Gedanken hausen, hindurchglänzt . . . Auch der schnellste Gedanke, wenn er aus dem Herzen aufspringt, ist nicht so schnell, er wird, ehe er aus dem Herzen hinaus in die

155 Die ganze Situation ist mit der eines armenischen Höhlenklosters zu vergleichen, mit unterirdischem Gawit und unterirdischer Kapelle.

Welt gelangt, von Gott gerichtet. Dem reinen Gedanken will Gott wohl» (IX.466,16).

Wenn das Denken im Menschen von Gott wahrgenommen werden kann, dann ist das *reine Denken* auch das Mittel, das Mensch und Gott verbindet. Von diesem Gesichtspunkt aus ist es nicht ohne Bedeutung, daß Wolfram das Gespräch zwischen Karfreitag und Ostern stattfinden läßt, es also eigentlich auf dem Hintergrund von Christi Tod und Auferstehung sieht.

Das Streben nach dem Gral ist überall mit dem Bereich des Todes verbunden. Denn wer vom Tod nichts weiß, weiß nichts vom Gral und kann ihn auch nicht finden. Das wird immer wieder in den Gralserzählungen deutlich ausgesprochen. Ehe Parzival zu Trevrizent kommt, der offenbar in Gralsnähe wohnt, muß er zum Beispiel einen Kampf mit einem Gralsritter bestehen. Dieser begründet die unbedingte Auseinandersetzung folgendermaßen: «Munsalwäsche ist nicht gewohnt, daß ihr einer zu nahe kommt. Wer es tut, muß einen gefährlichen Kampf bestehen oder eine Buße zahlen, die man draußen vor dem Walde ‹Tod› nennt» (IX.443,16). Noch deutlicher wird die Nähe des Grales zum Tode dadurch betont, daß die Schrift, die am Gral erscheint, wenn jemand zu seiner Bruderschaft berufen wird, ein «Epitaphium», d. h. eine Grabinschrift, genannt wird (IX.470,24).

Der Tod wird hier jedoch nicht als endgültiger Zustand erlebt, sondern als ein Tor, das auf dem Wege zum Mysterium der Auferstehung steht. Der Gral umschließt den ganzen Prozeß. Trevrizent erklärt ihn dem Parzival in einem Bild. Von den Rittern sprechend, die beim Grale wohnen, führt er aus: «Ich will euch sagen, wovon sie leben: sie leben von einem Steine, der von ganz reiner Art ist. Wenn ihr ihn nicht kennt, so soll er euch hier genannt werden. Er heißt Lapsit exillis. Durch dieses Steines Kraft verbrennt der Phönix zu Asche. Die Asche aber macht ihn flugs wieder lebendig . . . Danach beginnt er hell zu strahlen und wird wieder schön wie zuvor. Dieselbe Kraft wie beim Vogel Phönix bewährt der Gral bei den Menschen» (IX.469,3).

Hiermit stehen wir wieder vor einer der bedeutungsvollen Merkwürdigkeiten der Gralserzählungen. Denn da, wo es um das zentrale Verstehen des Grales geht, wählt Wolfram wieder ein ägyptisches Bild, den Phönix.[156] Zwar könnte er ihm, wie der Adamas, aus dem Physiologus bekannt sein. Da er aber dort anders beschrieben wird, muß er auch andere Quellen gekannt haben. Der Phönix[157] stammt sicher aus Ägypten (Abb. 111). Er ist eines der Bilder für den Kreislauf des Sonnengottes, von dem er auch seinen Namen hat. Benu, «der Aufgehende», wird er genannt. Sein

156 Vgl. W. Wolf: Der Vogel Phönix und der Gral, in: Panzer-Festschrift, Studien zur deutschen Philologie des Mittelalters, Hsg. v. R. Kienast, Heidelberg 1950, S. 73–95.

157 Vgl. den Artikel «Phönix» von L. Kakosy in: Lexikon der Ägyptologie Bd. IV, Wiesbaden 1982, Sp. 1030–1039.

Abb. 111 Der Sonnengott als Phönix. Deir-el-Medine, Grab des Inhercha Nr. 359. Mitte 12. Jh. v. Chr.

heiliges Zentrum ist Heliopolis, in dessen Tempel er im Allerheiligsten wohnt. Dort, in diesem «Phönixhaus», steht auch der heilige Baum (!), aus dessen Stamm der Sonnengott durch Spaltung hervorgeht (vgl. S. 111 f.) und dessen Blätter die Lebenszeit des Königs vermerken.

Tod und Auferstehung des Sonnengottes sieht der Ägypter im Bild des Phönix. Für die frühen Christen lag es daher nahe, dieses Bild für das zentrale Mysterium des Christentums aufzunehmen und fortzubilden. Schon im Physiologus sind Christus und Phönix miteinander verbunden. Bei Wolfram ist dieser Zusammenhang inzwischen längst selbstverständlich; denn unter dem Bilde des Grales stellt er sich immer die christlichen Geheimnisse vor. So verwundert es nicht, wenn der Stein seine Kraft vom Heiligen Geist empfängt, der sich jeden Karfreitag in Form einer Taube auf ihn herniedersenkt und eine weiße Oblate auf ihm niederlegt. Dieses allen Christen sofort verständliche Zeichen führt das Motiv der «Wandlung» ein, ohne die der Gral nicht zu denken ist. Ein solcher Stein belebt diejenigen, die sich mit seiner Hilfe zu des «Paradieses Vollkommenheit»

(IX.470,14) entwickeln wollen. Wer aber kein Christ ist, der kann den Gral nicht schauen, weil er das Wesen nicht kennt, das mit ihm verbunden ist. Bevor Parzival zu Trevrizent kommt, der ihm in dem Karfreitagsgespräch die Geheimnisse des Grals enthüllt, lüftet Wolfram das Geheimnis von der Herkunft seiner «Märe». Denn Kyot, der «wohlbekannte Meister», bat ihn, «es im Verborgenen zu lassen, . . . ehe nicht die Aventüre selbst ausdrücklich dazu eingeladen hätte, so daß man wohl davon sprechen *muß*» (IX.453,5). Der Kern dieser Herkunft ist folgender: Kyot hat die Geschichte aus Toledo, wo er sie in heidnischer Schrift aufgezeichnet fand. Um sie lesen zu können, half es ihm, «daß er getauft war. Sonst wäre die Geschichte noch heute unbekannt. Keine heidnische Kunst könnte uns dazu verhelfen, von des Grales Art zu künden» (IX.453,20). Trotzdem hat die eigentliche Aventüre vom Gral ein Heide namens Flegetanis aufgeschrieben. Der war ein berühmter Naturforscher gewesen, dessen Vorfahren zum Teil Juden waren. Er «sah mit seinen Augen in der Sternenwelt . . . geheimnisvoll Verborgenes. Er sagte, ein Ding hieße der Gral, dessen Name hatte er deutlich in den Sternen gelesen» (IX.454,17).

Das Geheimnis des Grales stammt also – und das wird hiermit deutlich genug gesagt – aus heidnischer Zeit. Nach Europa kam es über die Araber, deren hochstehende geistige Kultur die Weisheit der Antike aufgenommen hatte. Der Ort der Vermittlung war damals Spanien (Toledo), wo sich vom 7.–12. Jahrhundert eine arabisch-jüdisch-christliche Mischkultur ausgebildet hatte.[158] Dorthin mußten diejenigen gehen, die an diesem intellektuellen Leben Anteil nehmen wollten. Man denke z. B. nur an die berühmte Reise von Gerbert von Aurillac in die spanische Mark, von der er, neben vielen anderen Neuerungen, die «arabischen» Zahlen (und mit ihnen das Dezimalsystem) mitbrachte und im christlichen Raum bekannt machte. Auch für ihre Sternenkunde waren die Araber damals hochberühmt. Bis heute noch wirken ihre Kenntnisse nach; so sind z. B. die Namen der Sterne vielfach arabischen Ursprungs. Auch Flegetanis wird ausdrücklich als ein Sternenkundiger geschildert. Sogar sein Eigenname ist arabisch; er leitet sich etymologisch von «felek thâni» ab, was die «andere Sphäre» heißt. Wenn also Flegetanis als der eigentliche Quell der Gralserzählungen angegeben wird, dann heißt das, daß der Gral aus der «anderen Sphäre» stammt, der Sphäre der Nacht. Nur in dieser kann man die Sterne beobachten, und nur dort ist der Gral zu finden. Das ist auch sonst aus der Aventüre zu entnehmen, nach der Parzival stets nur nachts auf die Gralsburg kommt. Am Morgen findet er sich jeweils wieder in der sinnlichen Außenwelt vor.

Hiermit stimmt auch das Gespräch mit dem Einsiedler zusammen, welches

158 Vgl. J. Vernet, Die spanisch-arabische Kultur in Orient und Okzident. Zürich 1984 (Bibl. des Morgenlandes).

zwar nur die Fragen des Grales erklärt, aber doch im Nächtlich-Innern der Höhle statthat. Es ist wie beim «Mann im Pantherfell», wo Tariel in der Höhle der Dewi dem anderen die Fragen nach seinem Wesen, seiner Herkunft und nach seinem Ziele stellt. Für Parzival enthüllt sich in diesem Gespräch seine Herkunft und festigt sich sein Ziel. Trevrizent rückt sein Streben zurecht, das immer noch, wenn auch auf höherer Stufe, töricht zu nennen ist. «Denn wahrlich, niemand kann den Gral erjagen, der nicht im Himmel so bekannt ist, daß er mit Namen berufen werde zum Grale» (IX.468,12). Diese Anspielung bezieht sich auf den voreiligen Entschluß Parzivals, den Gral erjagen zu wollen. Jetzt heißt es, er solle sich erst einmal im Himmel bekanntmachen. Dazu muß er aber das reine Denken erüben, denn nur das wird von den Göttern wahrgenommen.

Wer in der Nachtwelt lebt, ist nach Osten gerichtet, denn dahin wendet sich hier die Sonne. Folgerichtig lesen wir an der Stelle, wo der Gral während des ersten Besuches Parzivals auf der Gralsburg hereingetragen wird: «Nach ihnen kam die Königin. Von ihrem Antlitz ging ein Schein aus, daß alle meinten, es beginne *zu tagen*» (V.235,15). Dies ist nicht bloß ein hübsches Bild, sondern sinnvoll gestaltet. Der innere Bezug zum Osten, zum Morgenland, kommt auch im folgenden deutlich heraus, wenn nämlich von dem Stein, den die Königin trägt, gesagt wird: «Sie trug den Schatz vom Paradies, beides zugleich, *Wurzeln* und *Reis*. Das war ein Ding, das hieß der Gral . . . Es war des Grales Art, daß er von reiner Hand bewahrt werden mußte; die ihn in rechte Obhut nehmen sollte, die mußte ohne Falsch sein» (V.235,21).

Der Gral wird hier also mit dem Baum-Motiv verbunden. Zwar wird diese Charakterisierung nur zart und knapp angedeutet, aber Wolfram hat sie sicher bewußt gegeben. Wenn man die Aussagen über den Gral mit denjenigen vergleicht, die über den Lebensbaum gemacht wurden, – beide beziehen sich auf die geistvermittelnde Tätigkeit des Denkens, das dabei den Tod überwindet, sich lebendig wandelt und demjenigen Wesen begegnet, das mit diesem Vorgang verbunden ist –, dann wird deutlich, daß das, was sich im Osten in den Vorstellungen des lebenspendenden Kreuzes ausspricht, im Westen im Bilde des Grales gesehen wird. Beide Symbole beziehen sich auf dieselben wesentlichen Tatsachen. Von hier aus sind auch die Worte Rudolf Steiners zu verstehen, die er in einer Betrachtung über das Johannes-Evangelium ausgesagt hat[159]: «Im Gral lebt das Ich, das verbunden ist mit dem Ewigen und Unsterblichen, wie das niedere Ich mit dem Vergänglichen und Sterblichen. Und wer das Geheimnis des Heiligen Gral kennt, der weiß, daß aus dem Holz des Kreuzes hervorgeht das lebendig sprießende Leben, das unsterbliche Ich.»

159 R. Steiner, Vortrag v. 24. 6. 1909 in: Das Johannes-Evangelium im Verhältnis zu den drei anderen Evangelien, GA 112, Dornach 1975, S. 19.

Die Helden der Gralserzählungen ziehen weit herum in der Welt. Sie verlassen den engen Bereich ihres Heimatlandes und suchen sich stets zu bilden und zu veredeln. Die Widrigkeiten und Gefahren, die ihnen auf solchen Wegen begegnen, werden als Proben und Prüfungen empfunden, die man auszuhalten und zu bestehen hat, wenn man ein tugendreicher Mensch werden will. Sie sind weltoffen und weitherzig. Nationalistischer Chauvinismus oder religiöse Engstirnigkeit ist ihnen unbekannt. Wenn es nötig ist, kämpfen sie im Dienste des Baruchs von Baldak mit demselben Einsatz gegen das Böse wie in Europa im Dienste des Artus. Und als Belohnung wirkt hier wie dort der Ruhm, den man durch diesen Einsatz gewinnen kann.
Dieser allgemein menschliche Zug, der die Erzählungen um das Motiv des Grales umweht, gehört zu den besonders auffälligen Zeiterscheinungen der Ritterzeit. Dabei steht jeweils die einzelne und ganz individuelle Persönlichkeit im Mittelpunkt des Geschehens. Woher dieser merkwürdige und sogar völker- und rassenübergreifende Antrieb, bestimmte Tugenden zu erüben, stammt, wird kaum deutlich gesehen.[160] Er ist aber wirksam in der ganzen damals bekannten Welt. In den großen zeitgenössischen Literaturwerken sind die Ausgestaltungen dieses Impulses an den Schicksalen der einzelnen Helden abzulesen. Wir sehen ihn z. B. in Gawan in Wolfram von Eschenbachs «Parzival» ebenso wirkend wie in Awtandil in Shota Rustawelis «Mann im Pantherfell» als auch in Yvain aus Chrestien de Troyes gleichnamigem Roman, um nur einige Namen aus der Fülle der möglichen zu nennen.
Diese Weltweite gilt nicht nur für die inneren Ideale. Auch die Bilder, in denen sich diese Ideale ausprägen, ähneln einander. Eines davon ist das Bild der Gralsburg selbst. Obwohl sie eigentlich nicht auf dem irdischen Plan als äußerer, «wirklicher» Bau aufgefaßt werden darf, wird sie doch wie ein solcher beschrieben. Der Hörer, den der Dichter vor Augen hat, soll sie sich möglichst deutlich vorstellen können. Bei Wolfram herrscht das Bild der Burg vor, die tief in einem undurchdringlichen und wohlbewachten Wald versteckt liegt. Dort wird der Gral in einem geheimen Raume aufbewahrt, und eine stählerne Tür verschließt den Zugang zu ihm (V.232,10). Bei feierlichen Gelegenheiten wird er, in einer Art Prozession, in den großen Saal der Burg getragen, wo er dann seine Wunder wirkt. Daß Wolfram hier eigentlich an einen heiligen Raum denkt, geht aus dem Schlußbild hervor. Da wird Feirefiß gebeten, «in den *Tempel* vor den Gral

160 Vgl. die z. T. kontroversen Aufsätze, die von G. Eifler gesammelt herausgegeben sind unter dem Titel «Ritterliche Tugendsysteme», Darmstadt 1970.

zu kommen» (XVI.816,15), damit er dort getauft werden kann. Das kostbare Taufbecken hatte Titurel gestiftet.
Albrecht von Scharfenberg hat dann in «der jüngere Titurel» diesem heiligen Raum eine eigene Gestalt gegeben in dem sogenannten Gralstempel.[161] Palast und Wirkungsort des Grales sind somit in zwei Bauteile geschieden, gemäß dem Königs- und Priesteramt der Gralsherrscher. Der von Titurel erbaute Tempel ist der Mittelpunkt der Gralsritter, der «Templeisen», die zu ihm hinorientiert sind und ihm zugehören. Er ist gleichzeitig der spirituelle Mittelpunkt der ganzen Menschheit, denn die Zahl seiner 72 Chöre weist nicht von ungefähr auf die biblische Zahl der 72 Apostel und 72 Sprachen der Welt hin.
Der Gralstempel erhebt sich auf einem Berge aus Onyx, dessen Kuppe ursprünglich mit einer dicken Lehm- und Grasschicht bedeckt war. Nachdem diese abgehoben war, ließ Titurel den Onyx glatt schleifen, daß er gleißte wie der Mond (Strophe 338):

«er hiez in vegn und slîfen eben, daß er gleiz alsam der mâne.»

Durch ein Wunder des Grales fand Titurel auf dieser Mondenplatte den Grundriß und manche «zierde» des Tempels eingeritzt: Es war der Grundriß einer großen Rotunde, ein Zentralbau mit Mittelturm, der sich auf einigen Stufen erheben und einen Hauptchor nach Osten aufweisen sollte. 72 oder, nach anderen Lesarten, 22 Chöre haben kranzartig das weite Rund umgeben. Eine Krypta sollte ausdrücklich nicht angelegt werden. Nur die edelsten Materialien wurden zu seiner Errichtung verwendet: Die beiden Steinarten Asbestos und Heliotrop, die zu Feuer und Wasser in innerer Beziehung stehend gedacht wurden (Str. 333/4), waren für das Mauerwerk vorgesehen; ansonsten wird viel von goldenem Schmuck und edlen Steinen berichtet.
Dreißig Jahre dauerte die Bauzeit dieses Wunderwerkes. Dann stand es fertig da. Außen war der Tempel mit plastischen Rankengewinden geschmückt, die alle Chöre umzogen und voller Gestalten steckten. Auf den Chortürmchen erhob sich jeweils ein Adler. Drei Portale führten in das Innere, das ein Wunder an Pracht und Herrlichkeit sein sollte. Betrat man dieses aus Gold und edlen Gesteinen gebaute Innere, dann sollte man einen Eindruck empfangen, wie wenn man selbst in die lichten Himmelssphären eintreten würde. Eine reiche Ausstattung mit leuchtenden Farben und goldenen Figuren lenkte die Blicke auf ein edles Abbild der Welt, das von den Tieren des Meeres, über die Vögel in den Lüften bis hin zu den Sternen- und Engelwesen den ganzen Kosmos umfaßte. Inmitten dieses Weltenraumes stand ein Schrein, der nochmals die Form des Tempels im

161 Textausgabe von W. Wolf, Strophen 329–439.

Abb. 112 Konstanz, Mauritius-Rotunde mit Heiligem Grab, Ende 13. Jh. Wie beim Gralstempel beschrieben, gibt es in Konstanz einen Zentralbau, in dessen Mitte wieder eine Darstellung eines solchen Tempels steht. Statt aber eine Hülle für den Gral zu bilden, wird in ihm ein fortwirkendes Bild des Heiligen Grabes von Jerusalem gesehen.

kleinen zeigte. Er diente als Hülle des eigentlichen Geheimnisses, des Grales selbst. Darüber, inmitten des sternengeschmückten Himmelsgewölbes, befand sich der mit dem Lamm verzierte Schlußstein, von dem ein Seil auf den Gralsschrein herabhing, an dem während des Gottesdienstes eine Taube herabschwebte. Der Hauptchor nach Osten war dem Heiligen Geist geweiht, die beiden Nebenchöre (im Norden und Süden) der Jungfrau Maria und Johannes dem Evangelisten. Direkt vor der kostbaren Gralssakristei stand der Taufstein, in dem, wie bei Wolfram, Feirefiß getauft wurde (Str. 551–553).

Nachdem Albrecht von Scharfenberg den Gralstempel ausführlich beschrieben hat, gibt er eine mystische Auslegung desselben durch die Lehre des alten Titurel[162] (Str. 510–586). Dieser steht kurz vor seinem Tode und ist sich seiner Hinfälligkeit voll bewußt. An der Grenze seines irdischen Lebens faßt er zusammen, was hier erstrebt worden ist. Der Bau des Tempels ist das unbedingte Ziel: Denn das ist die Stätte, wo der Mensch den Gral erkennen und sich mit dem Feuer des Heiligen Geistes,

162 Vgl. Gundula Trendelenburg, Studien zum Gralsraum im «Jüngeren Titurel», Göppingen 1972, S. 72 ff.

dem er geweiht ist, verbinden kann. Außerdem ist der Bau eine Stätte der Reinheit und Tugend, was sich z. B. in den verwendeten edlen Materialien zeigt. Auch in dieser Beziehung ist er ein Ziel für den Menschen: «Dem tempel gar geliche sol sich der mensche reinen» (Str. 528,1). Wenn der Mensch sich darum bemüht, dann wird Gott sich in des Menschen reiner Seele niederlassen. Klaus Zatloukal[163] hat herausgearbeitet, warum der Schmuck des Gralstempels mit Edelsteinen so ausführlich geschildert wird. Er sieht darin eine Lehre, die für jeden Stein eine ihm zugeordnete Tugendübung kennt. Und so kommt er zu dem Resultat: «Der Gralstempel bedeutet die Seele (des Menschen), in der Gott dann Wohnung nimmt, wenn sie sich – wie der Tempel mit Edelsteinen – mit Reinheit als Folge eines tugendhaften Lebens schmückt. Beschaffenheit und Eigenschaften der Edelsteine, ihre ‹art› bzw. ihre ‹tugenden› sind verborgene Ausdruckswerte göttlicher Gesetze, göttlichen Willens. Ihre Aufschließung legt göttliche Forderungen an den Menschen frei. Ihnen nachzukommen, bedeutet, Gottes Willen zu entsprechen, selbst zum Gesetz Gottes, zur göttlichen Leitlinie in der Schöpfung, zur kosmischen Ordnung, zum Edelstein zu werden.» Der Eingang zum Himmelsreich wird von einem Engelwesen behütet, das die Menschenseele wiegt und prüft, ob sie von Sünden belastet sind. «die aber tugende kunde heten, den ist wol bi Michahêle» (Str. 11,2). Vor den Gral und vor das Paradies ist ein Gericht gestellt, und wer zum Ziel gelangen will, muß sich Michaels Richterspruch beugen.

«Wan ich den gral enphie von gote mit siner hohen krefte.
der tugende engel was des bote,
der tugend ler was dran geschriben und orden.» (Str. 512)

Mit dieser Deutung des Titurel wird auch klar, daß der Gralstempel eigentlich nicht irgendwo auf der Erde als ein ganz bestimmtes Bauwerk gesucht werden soll, sondern daß er ein Bild darstellt, – ein Bild, welches, wenn man es lesen kann, hinweist auf die Veredlungs- und Entwicklungsfähigkeit des Menschen. Der Geist des Menschen kann sich so weit erheben, daß er bis in die höchsten Höhen des Himmels zu dringen vermag, und seine Seele wird sich dadurch zu reiner Tugendhaftigkeit läutern.

Trotz dieser deutlichen Absicht ist es jedoch auch immer wieder verlokkend, danach zu suchen, ob es nicht doch irgendwo auf der Welt ein Vorbild dieses so präzise geschilderten Gralstempels gegeben hat oder ob vielleicht nicht irgendwo wenigstens der Versuch gemacht worden ist, dieses Bild auf Erden zu «realisieren». Zunächst ist es natürlich naheliegend, die Heimat des Titurel, das alte »Kappadokien», daraufhin zu befragen, ob nicht dort ein Plan seines Tempels bekannt gewesen ist. Wo auch

163 Vgl. K. Zatloukal, Salvaterre, Studien zu Sinn und Funktion des Gralsbereiches im «Jüngeren Titurel», Wien 1978, S. 200.

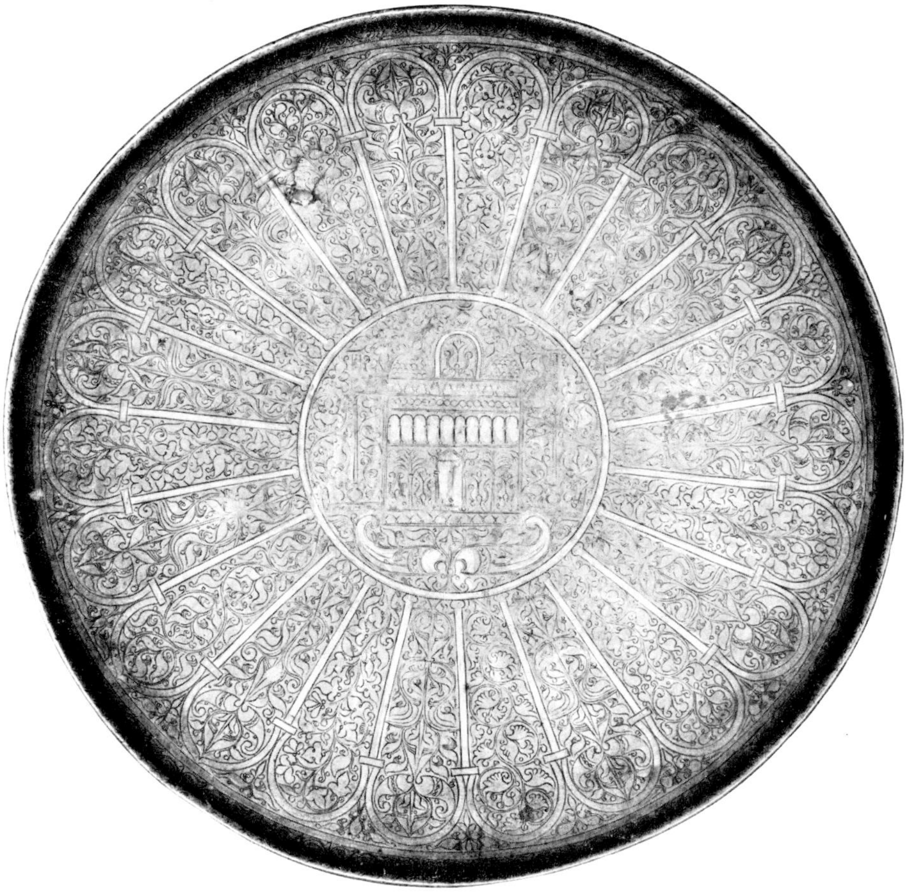

Abb. 113 Sasanidische Bronzeschüssel, Durchmesser 64 cm, 6./7. Jh., Staatl. Museen Berlin.

immer man mit der Suche ansetzen wird, man wird sicherlich erwarten können, daß die Ideen, die sich im Bild des Gralstempels ausgestaltet haben, im Orient zu finden sind. Denn dafür ist der Bezug zum Osten in den literarischen Darstellungen viel zu konkret, als daß es sich nur um rein dichterische Phantasiebilder handeln könnte.

### *Der Tacht-e-Suleiman*

Der erste Forscher, der diesen Weg systematisch beschritten hat, war Lars Ivar Ringbom in seinem bahnbrechenden Buch «Graltempel und Paradies».[164] Ausgehend von charakteristischen Einzelheiten aus Albrechts Gralstempel-Schilderung (künstlicher Garten, Orgelbaum, Himmelsgewölbe) suchte er nach Vorbildern, die diesen Beschreibungen zugrunde liegen könnten. Dabei stieß er immer wieder auf den «Thron Chosraus», ein sasanidisches Wunderwerk, welches um 600 n. Chr. die Menschen des

164 Beziehungen zwischen Iran und Europa im Mittelalter. Stockholm 1951.

Abb. 114 Der Tacht-e-Suleiman von Osten. Rechts neben dem See die Ruinen des Feuer-Heiligtums.

Ostens in Staunen versetzte. Auf der Suche nach Abbildungen dieser Thronhalle traf Ringbom auf eine sasanidische Bronzeschüssel (Abb. 113), deren Mittelmotiv er wieder in die Dreidimensionalität des ursprünglichen Baues zurückübersetzte. Auf der Suche nach einem Vorbild für seine Rekonstruktion fand er Luftaufnahmen eines Feuerheiligtums auf dem »Tacht-e-Suleiman», dem »Thron Salomos» im Herzen Aserbeidjans in Westpersien. Das Heiligtum, das damals nur durch diese Bilder bekannt war, ist inzwischen von deutschen Archäologen weitgehend ausgegraben und publiziert worden. Dabei haben sich die Hypothesen Ringboms z. T. glänzend bestätigt. Selbstverständlich ist auch Ringbom nicht der Meinung gewesen, hiermit den «wirklichen» Gralstempel gefunden zu haben. Aber er hat doch treffend zeigen können, daß im iranischen Osten Vorbilder für die Verbildlichung des Gralsgeheimnisses auffindbar sind.

Die Ruinen auf dem Berge, der heute Tacht-e-Suleiman heißt, sind die Überreste des größten persischen Feuerheiligtums, das wir bis heute kennen[165] (Abb. 114–116). Es war eines der drei großen Reichsfeuer, und zwar

165 Die Quellen dafür sind vollständig gesammelt von K. Schippmann, in: Die iranischen Feuerheiligtümer, Berlin 1971, S. 316 ff.

Abb. 115 Der See auf dem Tacht-e-Suleiman, links am Bildrand die Ruinen des Feuer-Heiligtums (Blick nach Nordosten).

dasjenige, welches mit dem Königtum in Zusammenhang stand und dem daher auch ein Palast angegliedert war. Zumindest seit der späteren Sasanidenzeit mußte der König nach der Thronbesteigung in Ktesiphon das Heiligtum von dort aus zu Fuß, wie auf einer Art Pilgerfahrt, aufsuchen. Die Anlage selbst liegt, von einer starken Mauer umschlossen, auf einem nicht sehr hohen Berg in einsamer, einst vielleicht sogar bewaldeter Umgebung.[166] Die Kuppe des Berges wird von einem tiefen und leuchtend blauen See eingenommen. Mehrere Bäche gehen von ihm aus, deren Wasser aus starken unterirdischen Quellen nachfließt. Die im Wasser reichlich gelösten Mineralien (vor allem Kalk) fallen[167] aus, wenn Luft hinzutritt, so daß sich bei ungeregeltem Abfluß aus dem See der Berg im Laufe der Zeiten erhöht. Die Ausgräber mußten zunächst einmal eine meterdicke Sinterplatte durchbrechen, ehe sie die alten Mauerreste aufdekken konnten. Sie haben dabei die merkwürdige Entdeckung gemacht, daß die Erbauer vor Errichtung des ganzen Baukomplexes die Sinterplatte der Bergkuppe vollständig gereinigt und eingeebnet hatten[168], so daß alle

166 Vgl. Ringbom, S. 87.
167 Genau beschrieben von E. Naumann, in: H. H. v. d. Osten u. R. Naumann, Takht-i-Suleiman, Berlin 1961, S. 23 f.
168 Vgl. R. Naumann, Takht-i-Suleiman, und Zendan-i-Suleiman, im Jahrbuch des Deutschen Archäologischen Instituts, Bd. 80/1965, Berlin 1965/66, Spalte 629.

Fig. 12 Grundriß der Gesamtanlage des Tacht-e-Suleiman. Auffällig sind die beiden Quadrate mit dem Wasser- und dem Feuerheiligtum. Nach R. Naumann.

Mauern auf der gleichen Ebene beginnen. Man erinnert sich da an die Weisungen Titurels, der des Berges Onyxplatte vom Schmutz befreien und eben schleifen ließ (Str. 338,4, vgl. S. 179). Im Gegensatz zum Gralstempel handelt es sich hier jedoch nicht um eine Rotunde, sondern um zwei Bauteile, die jeweils ein Quadrat eines Doppelquadrates einnehmen.[169] Der nördliche Komplex ist dabei dem eigentlichen Feuerheiligtum vorbehalten, der südliche umschließt den See. Die Mittelachse verbindet die Zentren beider Teile. Genau zwischen ihnen liegt die Thronhalle, ein riesenhafter Iwan, der zum See offen ist. Das ständig unterhaltene Feuer brannte im Innern eines Raumes, der sich über einen kreuzförmigen Grundriß erhob und von einer hohen Mittelkuppel umschlossen war. Diese ruht auf Trompen und hatte vier schmale Fenster nach den vier Himmelsrichtungen.

Es gibt kaum ein treffenderes Bild für das antike Königtum als dieses Heiligtum. Wenn wir uns den König in der Thronhalle sitzend vorstellen, vielleicht sogar auf dem Wunderthron des Chosrau, dann hat er vor sich

169 Vgl. R. Naumann, Die Ruinen von Tacht-e Suleiman und Zendan-e Suleiman, Berlin 1977.

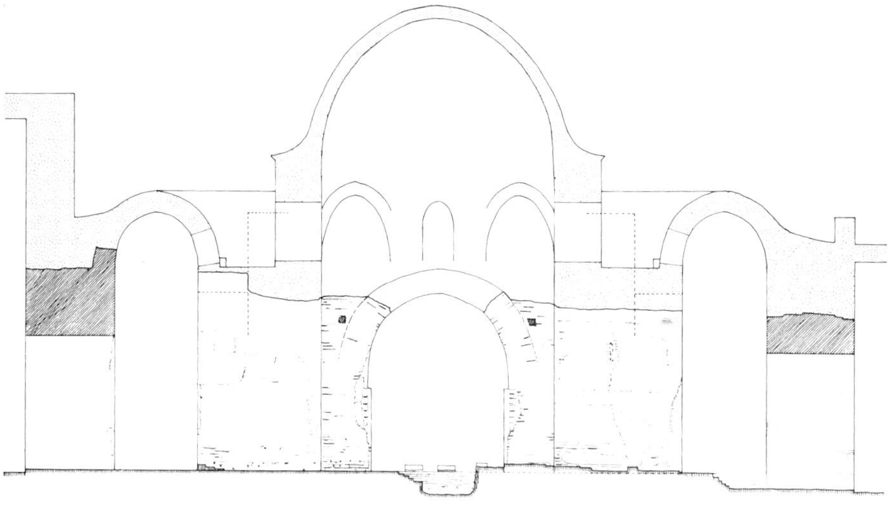

Fig. 13 Rekonstruierter Aufriß des Feuer-Tempels auf dem Tacht-e-Suleiman. Nach R. Naumann.

Abb. 116 Tacht-e-Suleiman, Blick von Norden auf die ausgegrabene Ruine des Feuer-Tempels auf dem Tacht-e-Suleiman.

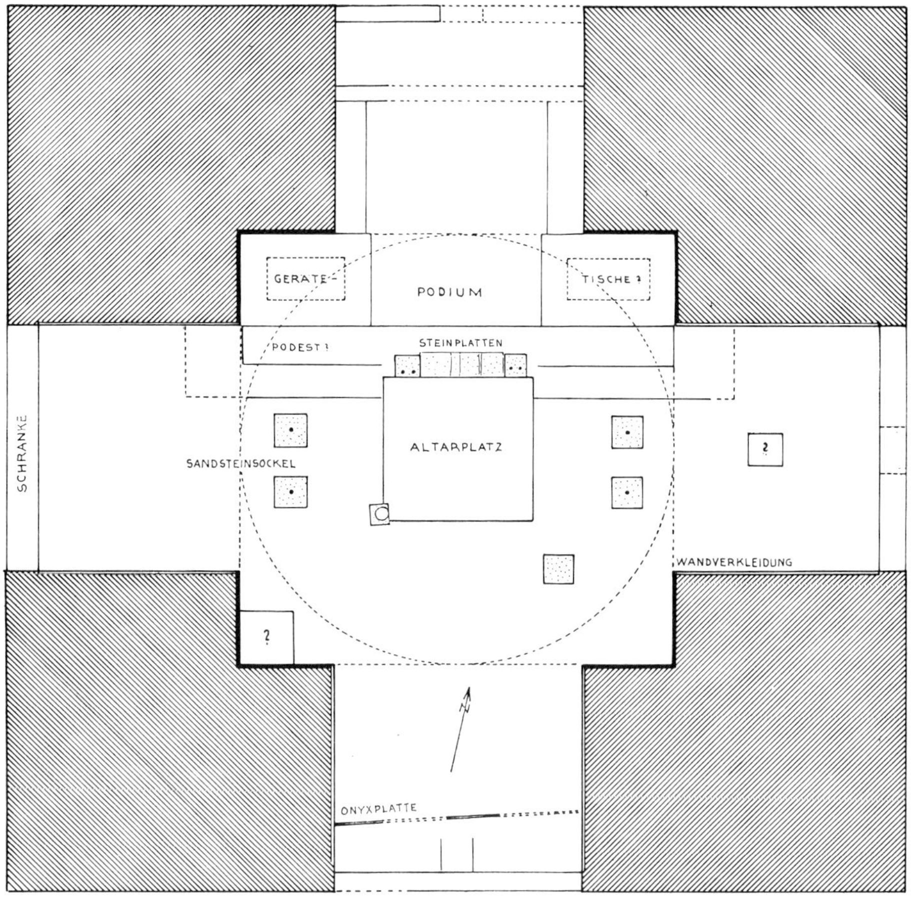


Fig. 14 Grundriß des Feuer-Tempels auf dem Tacht-e-Suleiman. Nach R. Naumann.

und unter sich den wunderbar leuchtenden See, der von Arkaden umgeben ist. Hinter ihm und für ihn unsichtbar, brennt sein inneres Feuer in dem überkuppelten Zentralraum. Dabei ist daran zu denken, daß bei der Krönung für jeden König ein eigenes Feuer neu entzündet wurde, welches dann auch bei seinem Tode wieder erlosch.

Die Thronhalle selbst liegt nun nicht nur räumlich zwischen dem Feuer- und Wasserbereich, sondern hat selbst teil an der Vermittlung: Von ihrer Rückwand aus führt ein Zugang zum brennenden Königsfeuer, ihre Vorderfront öffnet sich in die Welt nach Süden, zu Sonne und Wasser. Der König ist also wie ein ägyptischer Pharao nach Süden orientiert.[170] Vor sich hat er den ganzen Tagesgang der Sonne, hinter sich aber hat er das Reich der Nacht. Dieses ist für ihn nicht dunkel, denn dort brennt sein eigenes Feuer. Das Wesen des Königtums erscheint auch hier wieder mit den beiden Elementen Feuer und Wasser verbunden, aber gesteigert zu einem bisher noch nie dagewesenen großartigen Bauwerk. Was in Ägypten in rein bildlicher Darstellung lebte, in Kolchis wieder erschien in den

170 Vgl. Frank Teichmann, Der Mensch und sein Tempel, Bd. 1: Ägypten, Stuttgart 1978, S. 49 ff.

beiden Mythenkreisen, wird hier zum gebauten Denkmal. Die Abgelegenheit des Ortes bewahrt darüber hinaus das Heilige, das in diesen Formen lebt, vor aller Profanierung und Gewöhnung. Selbst der König mußte erst Hunderte von Kilometern zu Fuß zurücklegen, ehe ihm das Bild des wahren Königtums aufleuchtete.

Der äußeren Beschreibung nach ähnelt der Bau von Tacht-e-Suleiman also nicht dem Gralstempel; doch geht seine Anlage ganz offensichtlich auf denselben Baugedanken zurück, der auch im Bild des Gralstempels zum Ausdruck kommt. Feuer und Wasser sind hier in ihrer Bildlichkeit auf eine Weise erlebbar wie sonst nirgends in der antiken Welt. Zwar gibt es auch dafür Vorbilder in Ägypten, aber sie sind in ihren Maßen doch bescheiden zu nennen im Vergleich zu der sasanidischen Anlage (vgl. Fig. 15).

Trotz der bescheideneren Größe tritt in Ägypten jedoch ein weiterer Aspekt deutlich hervor, der am Tacht zunächst nicht so wichtig zu sein scheint: der Aspekt des Todes. Die Kombination von dunklen Innenräumen, in die man nur mit einer brennenden Flamme eintreten kann, mit einem See, wobei beide aufeinander bezogen sind, tritt nämlich nur bei Totentempeln auf.[171] Die üblichen Tempel Ägyptens besitzen zwar auch einen Teich oder kleinen See, aber diese sind nie direkt mit den Innenräumen verbunden. Bei der Anlage des Amenophis, des Sohnes des Hapu, dagegen weist die Achse des Tempels auf den Mittelpunkt des Sees, so wie es bei dem persischen Heiligtum der Fall ist. Auch dort war der See von Arkaden umgeben, zwischen denen Bäume gepflanzt waren. Man blickte also eigentlich in einen Garten und hatte vor sich den See, der von Fischen belebt war. Das von Fischen wimmelnde gläserne Meer, das den Boden des Gralstempels bildete, könnte also vielleicht auch schon in Ägypten sein Urbild haben; das Wasser vom Tacht-e-Suleiman dagegen hatte wegen seines hohen Mineralgehaltes kein Leben ermöglicht.

In Ägypten wünscht sich die Seele des Verstorbenen, kühles Wasser schöpfen und eine Spende der Baumgöttin empfangen zu können (vgl. Abb. 117). Dies wird in vielen Gräbern des Neuen Reiches ausführlich dargestellt. Der See vor Totentempeln hat aber darüber hinaus sicherlich auch noch eine andere Rolle im Kultgeschehen gespielt.[172] So fanden z. B. auf ihm – wohl im Zusammenhang mit den Osiris-Mysterien – Barkenprozessionen statt, bei denen eine Statue des Verstorbenen mitgeführt wurde. In einer Bauinschrift, die sich auf den Tempel Sethos I. in Abydos bezieht, heißt es[173]: «Du (der König) hast seinen (des Gottes) Tempel wie den Himmelshorizont erbaut, indem sein Glanz ins Gesicht strahlt . . . Die Götterfiguren ruhen an ihrem Platz, wobei ihre Gestalten richtig sind wie zur Zeit des Re, Edelsteine sind in ihre Barken eingefügt . . . Ein

171 Vgl. B. Geßler-Löhr, Die heiligen Seen ägyptischer Tempel, Hildesheim 1983, S. 101 ff.

172 Vgl. op. cit., S. 111 f.

173 Übersetzt von E. Otto in: Osiris und Amun, München 1966.

Fig. 15 Grundriß des Totentempels von Amenophis, Sohn des Hapu in Theben-West. Nach Robichon/Varille.

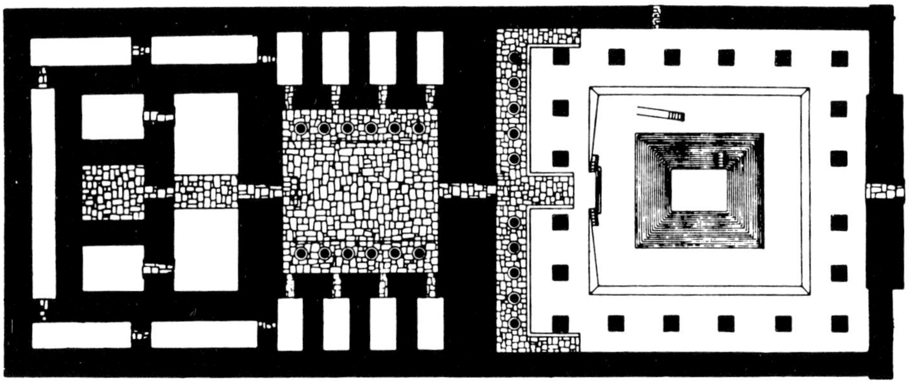

Palast (wohl der eigentliche Tempel) ist darin, sehr geschmückt mit echtem Gold vom besten der Fremdländer. Sieht man ihn, so jubeln die Herzen und alle geben ihm Lobpreis . . . Eine Treppe ist darin aus Silber, die glänzt, wenn man sie anblickt. Seine sehr großen Türen sind aus Holz vom Libanon, wobei ihre Füllung mit Gold vergoldet ist, mit Kupfer auf ihrer Rückseite beschlagen . . . Ein Teich ist vor ihm wie das Meer, ohne daß man beim Betrachten seinen Umfang erkennt, klar wie die Farbe des Lapislazuli . . . umgeben von Bäumen, die sich dem Himmel vereinen. Die große Neschmet-Barke vereinigt sich mit ihrem See, um den Vater seines Monumentes zu fahren. Er wird darauf gefahren, indem er in Jubel ist, und seine Mannschaft freut sich. Das ganze Horusgeleit sagt: ‹Gib ihm eine Ewigkeit an Sed-Festen, um seine Lebensjahre auf Erden zu verdoppeln, während er das Königtum des Atum verwaltet› . . .» Im weiteren wird dann geschildert, wie der König Priester eingesetzt habe, damit diese «den Tempeldienst sprechen und verkünden für die Herren des Friedhofs».[174]

Auch diese Schilderung klingt in der Art der Darstellung wieder an die Gralstempel-Motive an. So wird die reine und lichte Atmosphäre der edlen Materialien hervorgehoben und die wunderbare Großartigkeit eines solchen Sees betont. Es ist so wenig ein natürlicher See, so wenig der Tempel ein gewöhnlicher Palast ist. Seine Bedeutungsfülle ist erahnbar, wenn es heißt, daß sich der Erbauer mit ihm vereinen soll. Die ägyptische Sprache hat keinen Begriff für «Tugend», dafür aber kennt sie Bilder, die denselben Sachverhalt verständlich machen können. Das Bild des reinen Sees, mit dessen klarem Wasser sich der Mensch durchdringen kann, spricht vielleicht viel deutlicher die Reinheit der «tugendhaften» Seele aus als jeder abstrakte Begriff. Ein Gleiches gilt für den Dienst am Gralstempel, wenn es heißt: «Dem tempel gar geliche sol sich der mensche reinen.» Diese Aufgabe des Königs ist eine Art heiligen Vorgangs, ist ein «Ritual», das

174 Das ganze Nauri-Dekret ist übersetzt von G. Roeder in: Ägyptische Mythen und Legenden, Zürich 1960, S. 295–331.

Abb. 117 Der Verstorbene und seine Seele (Ba) trinken Wasser vom Teich in der Nekropole und der Ba empfängt Nahrung von einer Baumgöttin. Theben-West, Grab des Tjanefer, Nr. 158. Mitte 12. Jh. v. Chr.

immer wieder vollzogen wird und kein gewöhnliches Alltagsgeschehen. In vorchristlichen Zeiten ist es der König, der diese Veredlung zu vollbringen hat, um ein wahrer König zu werden. Er muß den Weg zu jener Stätte gehen, an der ihm diese Aufgabe bewußt wird. Im christlichen Bereich aber hat eigentlich jeder Mensch dasselbe zu leisten, wenn er nur wahrhaft Mensch sein will.

Im Mittelalter sind es zunächst nur wenige «Templeisen», die sich dem Dienst des Geistes verpflichtet fühlen. Sie streben aber danach, die Segnungen des Grales schließlich allen Menschen zukommen zu lassen. Im Reich des Priesterkönigs Johannes sollte dann eine solche Höhe des Menschseins möglich werden. – Aus diesem Zusammenhang heraus ist es zu verstehen, daß der Gralstempel für alle Menschen, die nach dem Geiste streben, zugänglich sein muß, nicht nur für Könige.

In Europa stand die Gralsburg in Nordspanien: «Swer in Galitz ist varnde, der weiz Sant Salvator und Salvaterre» (Str. 324,4). Jahrhundertelang stand sie dort, bis allmählich das Land ringsum immer mehr besiedelt

wurde, und zwar von Menschen, die eigentlich des Grales unwürdig waren: «daz iz dem grâl unwirde gáp» (Str. 6002,4). Da beschlossen die Hüter des Grales, wieder nach Osten zu ziehen, in das Land des Priesterkönigs Johannes. Auf dem weiten Weg dorthin spendeten sie überall vom Segen des Grales und lehrten die Völker das tiefe Geheimnis des Christentums. Besonders interessierten Gruppen wurde sogar die Gestalt des Gralstempels enthüllt: «diu forme tempel grâles wárt in dâ mit künde niht verborgen.» (Str. 6041,4). Und die Bürger bauten einen solchen Tempel: «Dem grâl ein Tempel zêren die búrgaèr nu bouten . . .» (Str. 6045,1).
Diese Erzählung gibt, neben der Abstammung des Titurel, einen weiteren Hinweis darauf, daß es im Osten Bauten gegeben haben kann, die den Formen des Gralstempels angenähert waren. Auch hier wieder war es Ringbom, der die ersten Entsprechungen fand. Er fand vor allem in der Rundkirche von Zwarthnotz[175] einen solchen Bau, der den literarischen Beschreibungen nahe kommt.

### *Die Palastkirche von Zwarthnotz*

Der heutige Besucher der Ruinenstätte von Zwarthnotz, die er nach kurzer Fahrt von Jerewan aus erreicht, ahnt kaum, daß er vor den Resten eines Baues steht, der wohl einst zu den bedeutendsten architektonischen Werken Armeniens gehörte. Der Bau steht, der Überlieferung nach, an demselben Wege, «auf dem König Tiridates ging, um Gregor dem Erleuchter zu begegnen.» Dort, an einem alten heiligen Orte[176] (bei den Ausgrabungen fand sich eine urartäische Stele), ist im 7. Jahrhundert eine der merkwürdigsten Anlagen errichtet worden[177]: Auf einer siebenstufigen Terrasse erhob sich nicht nur der Rundbau der Kirche, sondern auch noch ein Palast des Katholikos. Wie im Reiche des Priesterkönigs Johannes waren hier Palast und Tempel zusammengebaut. Sie befanden sich auf gleicher Höhe und zu beiden mußte hinaufgestiegen werden. Das ganze Ensemble war außerdem noch von einer mächtigen Mauer umschlossen, deren Fundamente erst bei den jüngsten Grabungen aufgedeckt wurden.
Sowohl der Palast, der überhaupt der größte bisher entdeckte Palast Armeniens ist als auch die Kirche sind jeweils in ihrer Art ungewöhnlich. Ungewöhnlich schon wegen ihres fehlenden Zusammenhanges mit anderen Bauten derselben Zeit. Es gibt weder für den Palast noch auch für die Kirche Vorbilder, aus denen sie abgeleitet werden könnten. Beide sind (wenn der frühe Datierungsansatz stimmt) höchst originelle Schöpfungen armenischer Künstler. Und so berichten schon die alten Chronisten davon,

175 op. cit. S. 124.
176 Vgl. zum folgenden: S. Kh. Mnatsakanjan, Zvartnots, Moskau 1971 (russ.) und W. E. Kleinbauer, Zvart'nots and the Origin of Christian Architecture in Armenia, S. 245–262, in: The Art Bulletin, vol. LIV Nr. 3, New York 1972.
177 Obwohl die Quellen alle das 7. Jahrhundert als Entstehungszeit angeben, hat U. Bock in: Armenische Baukunst, Köln 183, S. 145 f., mit guten Gründen diese frühe Datierung bezweifelt.

Fig. 16 Die Palastkirche von Zwarthnotz, Rekonstruktion von Mnazakanjan.

daß der byzantinische Kaiser Konstans II., nachdem er diese Bauten bei einem Besuch in Armenien gesehen hatte, von ihnen so begeistert war, daß er den Baumeister einlud, nach Byzanz zu kommen, damit er ihm dort eine ebensolche Kirche errichte. Durch dessen Tod sei diese Hoffnung dann allerdings nicht in Erfüllung gegangen.

Im Grunde genommen besteht die Palastkirche von Zwarthnotz aus einem Tetrakonchos, d. h. aus vier Apsiden, um den ein kreisförmiger Umgang gelegt ist. Nur die östliche Apsis ist mit einem Altar versehen. Die drei anderen sind von Säulenarkaden durchbrochen, so daß sich der zentrale Raum zum Umgang hin öffnet. Eine mächtige, aus Stein gemauerte Kuppel überwölbt den Bau. Der Aufriß besteht somit aus drei Gliedern: zunächst der Umgang als niederste Stufe, in den die fünf Portale münden, durch die man das Innere betritt; dann die vier Apsiden, deren Innenflächen möglicherweise mit Bildern oder Mosaiken geschmückt waren (einzelne Mosaiksteinchen sind bei der Ausgrabung gefunden worden), und schließlich die zentrale Kuppel. Dieser dreigeschossige Aufbau, dem hierarchischen Aufbau der Welt entsprechend – vom Menschen über die

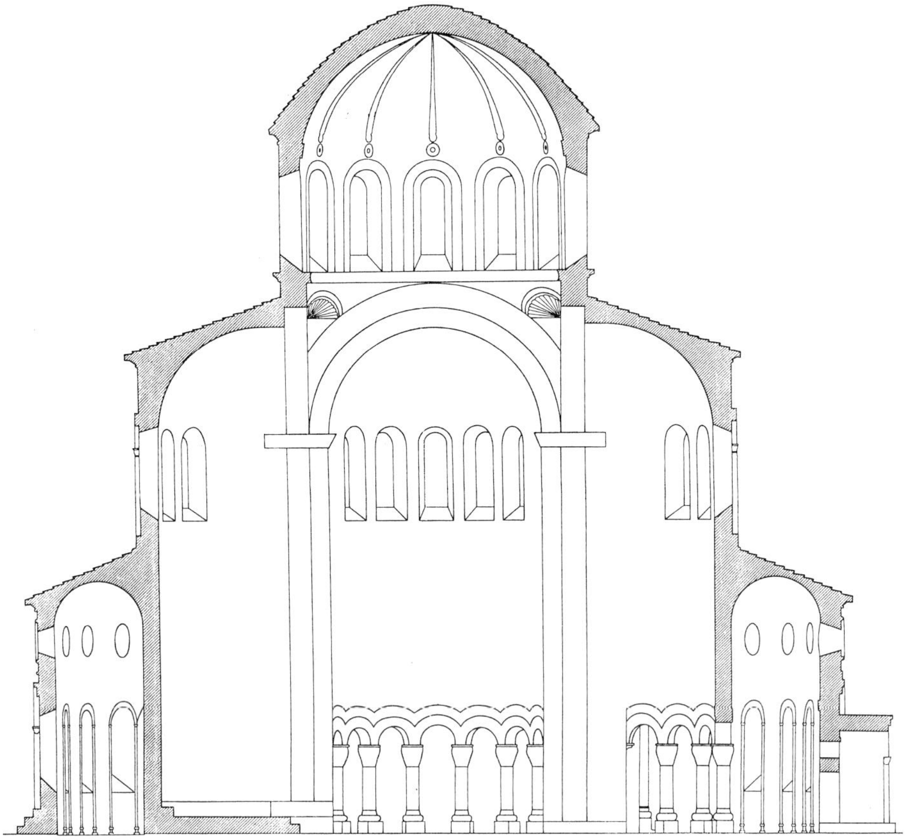

Fig. 17 Aufriß der Palastkirche von Zwarthnotz, nach Mnazakanjan.

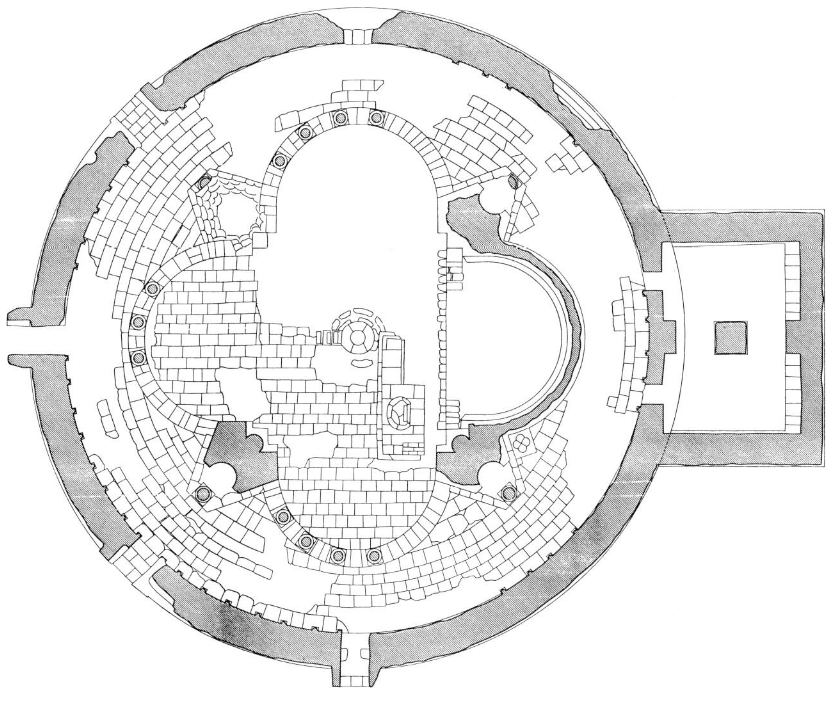

Fig. 18 Grundriß der Palastkirche von Zwarthnotz, nach Mnazakanjan.

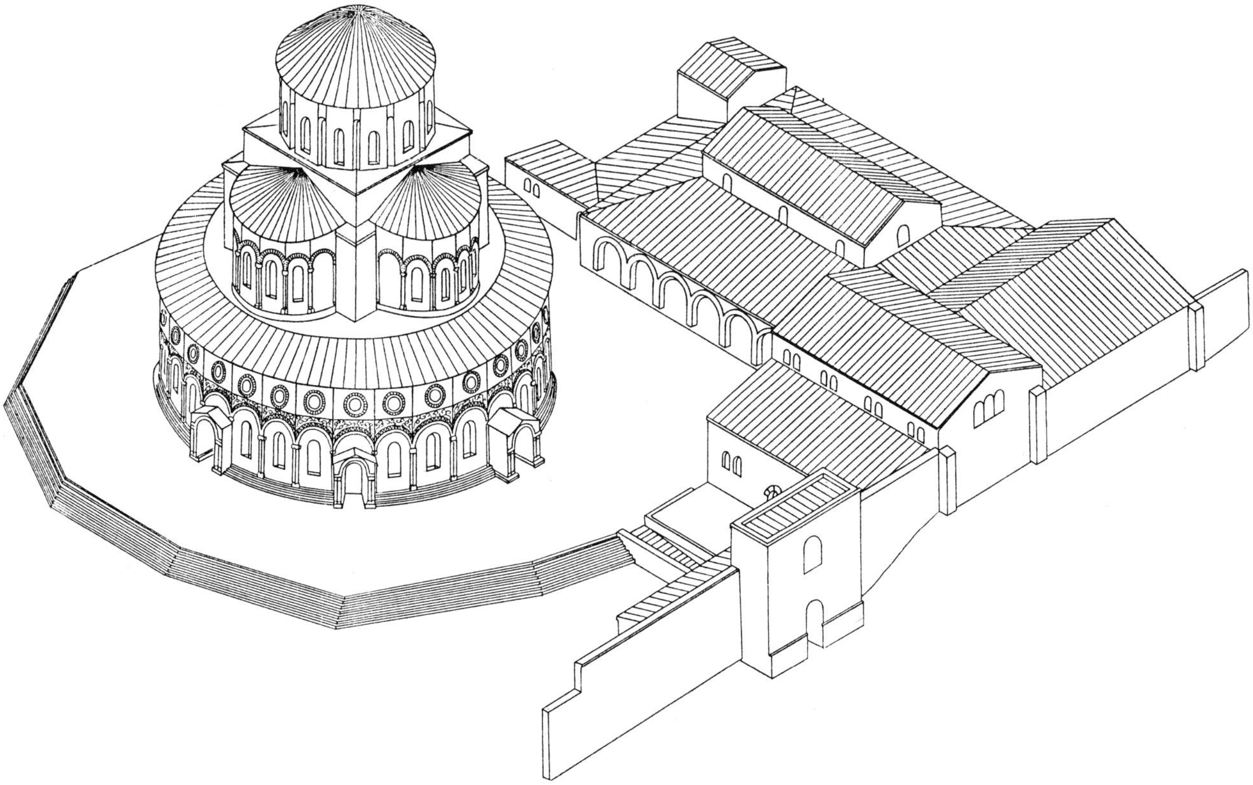

Fig. 19 Rekonstruierte Gesamtansicht von Kirche und Palast von Zwarthnotz. Nach Mnazakanjan.

Engelwelt, der auch der Bau geweiht war, zu Gott –, hat im östlichen Bereich der Kirchenkunst keine Parallele. Von außen ist der Umgang, den 24 Fenster erhellen, wie der Gralstempel mit plastischen Lebensbaummotiven, das heißt mit Wein- und Granatapfelranken, geschmückt. In der Mitte des Innenraumes, also direkt vor der um drei Stufen erhöhten östlichen Apsis, findet sich eine vertiefte Taufstelle, zu der einige Stufen hinabführen. Im Gralstempel steht an dieser Stelle der heilige Schrein, der den kostbaren Gral umschließt. Daneben erst befindet sich der Taufstein. Hier in Zwarthnotz ist stattdessen eine richtige Taufstelle eingetieft, so wie sie sonst in den östlichen Baptisterien zu finden ist. Diese einmalige Konstruktion fällt damit völlig aus dem Rahmen des Gewohnten.

In jeder Hinsicht haben wir in der Anlage von Zwarthnotz ein ungewöhnliches Denkmal vor uns, das sicher von einem besonderen Baugedanken zeugt. Ursprünglich hat wohl auch der Bau selbst die Menschen ungeheuer beeindruckt. Von der Wirkung auf Kaiser Konstans II. wurde schon berichtet. Aus dem letzten Jahrhundert haben wir das Zeugnis eines

Abb. 118 Der Stufenunterbau und die Ruine der Palastkirche von Zwarthnotz, von Südosten gesehen.

Forschungsreisenden, der als einziger Europäer eine Kirche gesehen hat, die Zwarthnotz sehr ähnlich gewesen sein muß. Ihre Ähnlichkeit beruht möglicherweise darauf, daß sie von demselben Bauherrn und aus denselben Zusammenhängen heraus errichtet wurde. Der Eindruck, den diese im Russisch-Türkischen Krieg (1878) zerstörte Kirche von Bana (heute im Nordosten der Türkei gelegen, vgl. Abb. 3), auf den Botaniker Karl Koch gemacht hat, wurde von diesem als «ohne Zweifel das Schönste und Erhabenste» erlebt, «was ich in der Art im ganzen Oriente (mit Ausnahme von Konstantinopel) gesehen habe.» Vor allem hat ihn die «ungeheure Kuppel» bewegt und die Gesamtanlage, von der er noch Spuren und «Steinmassen» vorfand.[178] Damit wird klar hervorgehoben, daß auch in Bana nicht nur die Kirche, sondern auch ein Palast existiert haben muß.
Der erhabene Eindruck, den diese Bauten im Menschen erweckten, kann nur von einer erhabenen Idee herrühren, die in ihnen zum Ausdruck kam. Gewöhnlich wird der Bau von Zwarthnotz im Anschluß an einen Bericht des Chronisten Johannes Draskhanakertei (10. Jh.) als eine Gedenkstätte

178 Karl Koch, Wanderungen im Oriente während der Jahre 1843 und 1844, Band 2. Reise im pontischen Gebirge und türkischen Armenien. Weimar 1846, S. 243.

Abb. 119 Reliefplatten mit Lebensbaummotiven von der Außenwand der Palastkirche von Zwarthnotz.

Abb. 120 Reliefplatte mit Lebensbaumfragment (Granatäpfel) von der Außenwand der Palastkirche von Zwarthnotz.

Abb. 121 Blick in den Umgang der Ruine der Palastkirche von Zwarthnotz.

für Gregor den Erleuchter erklärt. Dort heißt es von dem Erbauer Nerses: «Als er den Grund» für das Gotteshaus «legte, brachte er, unter den vier kolossalen Stützen verteilt, die Reliquien der Gebeine des heiligen Gregor unter, damit dieser himmlische Schatz auf immer unberührt bleibe von den verheerenden Horden, zur Glorie des Christentums».[179] Dabei ist zu bedenken, daß die Bauzeit mit der Zeit der islamischen Eroberung Armeniens zusammenfällt. 641 war Dvin zerstört worden. Im Jahre 661 soll sogar die armenische Nationalversammlung in Zwarthnotz getagt haben, in der, nachdem man von Byzanz keinerlei Hilfe mehr erwarten konnte, beschlossen worden ist, sich dem Umajjaden-Kalifen Mu'awija zu unterwerfen.

Das Vorbild für eine solche Gedenkstätte wird in der Regel in den großen Tetrakonchen-Anlagen in Syrien[180] (Apamea, Seleucia Pieria, Rusafah) gesehen. Aber eine derartige Ableitung erklärt nur *ein* Element der ganzen Anlage von Zwarthnotz. Denn weder wird damit der seltsame Zusammenhang mit dem Palast berücksichtigt noch der dreigliedrige Aufbau noch auch die merkwürdige Taufstelle im Mittelpunkt der Kirche usw. Allerdings wird dadurch verstärkt das Verhältnis zum Tod betont, das auch sonst in allen übrigen armenischen Kirchen immanent anwesend ist. –

179 Zitiert nach Josef Strzygowski, Die Baukunst der Armenier und Europa, Wien 1918, Bd. 2, S. 683.
180 Z. B. Eugene Kleinbauer, op. cit. p. 258.

Abb. 122 Adlerkapitell von einer Säule der Palastkirche von Zwarthnotz.

Abb. 123 Taufstelle in der Mitte der Palastkirche von Zwarthnotz.

Was also ist der Baugedanke von Zwarthnotz? – Einen Angelpunkt für das Verständnis dieses besonderen Baugedankens bietet vielleicht die Taufstelle. Sie steht im wahrsten Sinne des Wortes im Mittelpunkt der Palastkirche. Sie nimmt hier die zentrale Stelle ein, die im Gralstempel der Aufbewahrungsort des Grales innehat. Wenn also der Baugedanke von Zwarthnotz eine urbildliche Parallele zur Idee des Gralstempels darstellt, dann muß man sich fragen, welche Beziehung zwischen der Taufe und dem Gral besteht. Gibt es im Osten überhaupt «etwas», das dem Gral entspricht? – Dieses «Etwas» gibt es in der Tat! Es ist sogar selbst ein Stein, ein Stein aber, der sich aus dem Leben gebildet hat: die Perle.

### *Das Bild der Perle*

Überall im Osten ist die Perle das Bild für das höchste Gut des Menschen, und dieses zu gewinnen ist sein höchstes Ziel. So belehrt z. B. Awtandil, ein Held aus Rustawelis «Mann im Pantherfell», seinen Freund[181]: «Hör auf mich, . . . ich will dir eine Wahrheit . . . sagen. Wenn ein Ritter durch die Lande zieht, muß er es allein tun. Eine Perle fällt keinem zu, ohne daß er sie erwerbe, daß er sie erringe.» So wie in westlichen Ländern Parzival als einsamer Ritter nach dem Gral strebt, so strebt hier der östliche Held, von aller Welt verlassen und nur auf sich selbst gestellt, nach der Perle. Denn solche Ziele sind einzig und allein auf dem mühsamen Wege individuellen Strebens zu erwerben. Dieser Weg ist nicht leicht zu beschreiten. Er erfordert Einsatz und Hingabe alles dessen, was man bis dahin an äußeren Schätzen erworben hat. Das Bild dafür stammt schon aus vorchristlichen Zeiten, so daß es Christus in einem seiner Gleichnisse wie selbstverständlich benutzen kann (Mt. 13,45 f.): «Mit dem Himmelreich verhält es sich wie mit einem Kaufmann, der edle Perlen sucht. Als er eine sehr kostbare gefunden hatte, ging er hin, verkaufte alles, was er besaß, und kaufte sie.» Dieses Gleichnis wird von Origenes in seinem Kommentar zum Matthäus-Evangelium[182] mit der Aufforderung des Christus: «Suchet und ihr werdet finden» (Mt. 7,7) in Zusammenhang gesehen: «Was sollt ihr denn suchen, und was wird jeder Suchende finden? Kühn wage ich zu sagen: Perlen – und *die* Perle, die der erwirbt, der alles hingegeben und verloren hat.» Die Suche nach der Perle gehört wie die Suche nach dem Gral zum Wesen der heiligen «Dinge». Ohne eine solche Anstrengung lassen sie sich nirgends erhaschen.
Warum aber ist gerade die Perle als Bild für die höchsten geistigen Güter erwählt worden? Wohl schon deshalb, weil das Wunder ihres Entstehens,

181 op. cit. S. 41.
182 In Matth. 10,7 – 10.

Abb. 124 Eine der frühen Miniatur-Seiten aus dem Etschmiadsin-Evangeliar (7. Jh.). Die Anbetung der Magier. Über dem Heiligenschein der Maria eine Muschel-Darstellung. Jerewan, Matenadaran Nr. 2374, Fol. 229.

dem Vorgang verwandt ist, der ihrem Bildwert zugrunde liegt. Sie entsteht in den dunklen Tiefen des Meeres, im Inneren eines Lebewesens. Dem Sinnesblick verborgen, bildet sie ihre Gestalt aus, die, zur Überraschung derjenigen, die sie aus ihrem Dunkel ans Licht emporheben, eine innige Beziehung zum Licht aufweist. Das farbige Glänzen ihrer vollkommenen Form hat schon früh die Betrachter dieses Wunders bewegt. Hat sie doch, ehe man das Dunkel der Muschelschalen geöffnet hat, noch nie vorher das Licht der Sonne beschienen. Aber nicht nur ihre merkwürdige Verbindung zum Licht hat die Menschen dazu bewogen, die Perle zu schätzen, auch der Anfang ihres Entstehens dürfte dazu beigetragen haben. Dazu heißt es z. B. im Physiologus[183]: «Nun höre aber auch, wie die Perle entsteht. Ist eine Muschel im Meere, genannt Auster. Die aber steigt in der frühen

183 Der Physiologus, übersetzt von O. Seel, Zürich 1960.

Abb. 125 Christus und zwei Apostel aus dem Etschmiadsin-Evangeliar (989 n. Chr.). Über Christus, im Tympanon, die Muschel. Über dieser das Licht-Kreuz als Lebensbaum. Jerewan, Matenadaran Nr. 2374, Fol. 6.

Morgenstund' zu Sonnenaufgang aus dem Meer empor, und da öffnet die Muschel ihren Mund und trinkt den Himmelstau, und sie schließt den Strahl von Sonne, Mond und Sternen in ihre Schalen ein, und wird durch die Lichter aus der Höhe schwanger, und sie gebiert die Perle.» In anderen antiken Schilderungen dieses Vorgangs ist es das Feuer, das in Form des Blitzes befruchtend ins Innere der Muschel eindringt. Jedoch ist es immer ein himmlisches Element, das sich mit einem irdischen vereint und dadurch die Perle hervorbringt.

So ist es verständlich, daß die Muschel mit ihrer Perle schon früh in der christlichen Ikonographie auftaucht. Wie das Feuer mit dem Heiligen Geist, so ist die Muschel mit Maria in Verbindung gebracht worden und im Bild der Perle hat man das Christuswesen selbst gesehen. So heißt es

zum Beispiel bei einem syrischen Kirchenvater[184]: «Die Perle entsteht nicht durch Begattung der Muscheln, sondern durch eine Mischung von Blitz und Wasser. So ist auch Christus in der Jungfrau ohne Fleischeslust empfangen worden, indem das heilige Pneuma aus dem gemischten Stoffe der Jungfrau für Gott die körperliche Ergänzung bereitete.» Im Physiologus heißt es dann ganz lapidar:
«Die Perle aber deutet auf unseren Herrn Jesus Christus; ihn soll der Mensch annehmen, und soll all seine Habe verkaufen und den Bettlern verschenken, und dafür die kostbare Perle gewinnen.» Diese im ganzen Orient weit verbreitete Bildaussage wurde nicht nur in Predigten und Kommentaren immer wieder entwickelt, sondern auch in der bildenden Kunst immer neu dargestellt. Sowohl in der Buchmalerei (Abb. 124; 125) als auch in der Reliefkunst, ja sogar in der Architektur (Abb. 126; 127) erscheint das Motiv der Muschel und der Perle in den verschiedensten Zusammenhängen. Das Perlen-Motiv ist ein Musterbeispiel für solche tiefen wie universellen Gedankenverbindungen. An vielen georgischen

Abb. 126 Gelati, Blick auf die Muttergotteskirche von Nordosten. Unter dem Fenster der Haupt-Apsis die «Perle». Beginn 12. Jh.

Abb. 127 «Perle» mit Kreuz- und Lebensbaumflechtwerken von der Haupt-Apsis der Muttergotteskirche von Gelati. Beginn 12. Jh.

184 Ephraem der Syrer, aus einer Homilie «gegen die Häretiker», zitiert nach H. Usener, Vorträge und Aufsätze, Leipzig 1907, S. 219 f.

Abb. 128 Koptische Stele mit Muschel über dem Kopf der Adorantin. 7. Jh. Louvre, Paris.

Abb. 129 Sarkophag aus dem Mausoleum der Galla Placidia in Ravenna, mit Muscheln über den Kreuzen. Mitte 5. Jh.

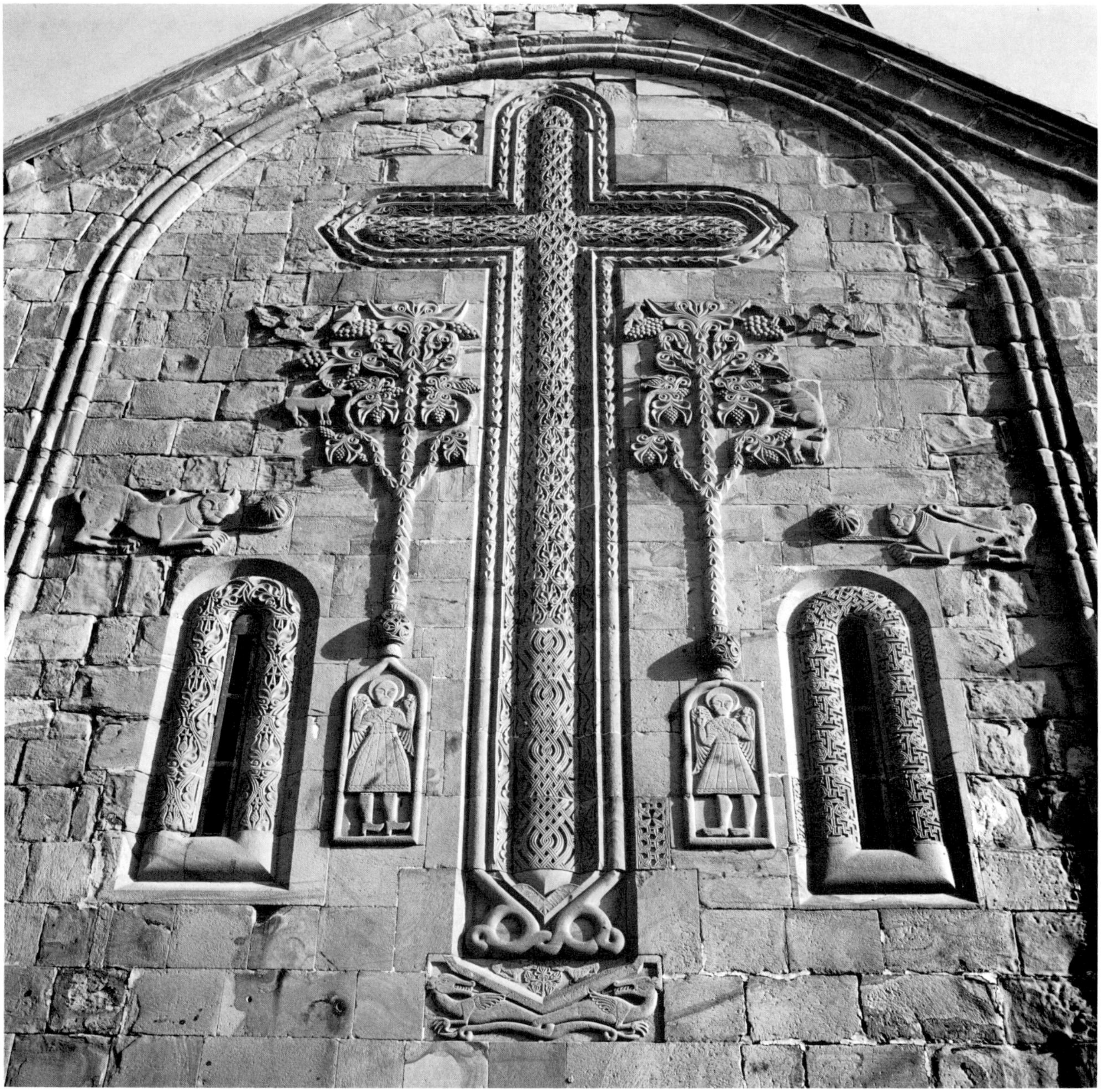

und auch an manchen armenischen Kirchen tritt es auf. Es kann z. B. allein an der Außenseite der Apsis erscheinen, neben einem Lebensbaum auftauchen oder auch zu einem Löwen Beziehung haben.

Eines dieser wenngleich späten Bilder, das alle erwähnten Motive vereint, findet sich an der Südfront der georgischen Kirche von Ananuri (Abb. 130). Da sind Kreuz, Lebensbäume, Drachen, Löwen und Perlen zu einer einheitlichen Komposition gefügt. Wenn man aber daran denkt, daß das

Abb. 130 Lebensbaumrelief auf der Südseite der großen Kuppelkirche in der Burg von Ananuri, Georgien, 17. Jh.

Motiv des Lebensbaumes dem Gralsmotiv entspricht, dann wird verständlich, wieso hier die Löwen – dem Doppellöwen Ägyptens vergleichbar – jeweils an einer «Perle» befestigt sind. Denn so, wie die lichtstrahlende Perle nur im Dunkel der Tiefen zu finden ist, so ist auch das Wesen des Sonnengottes erst im Nun-erfüllten Dunkel der Nacht, im Innern des Löwen zu finden. Wer in nachchristlichen Zeiten in diese Welt der Wahrheit[185] hinabtaucht, der begegnet dort dem Wesen, welches sich bei der Taufe mit dem Leib des Jesus verbunden hat. Und so heißt es wiederum bei Ephraem in bezug auf die Taufe[186]: «Der mit dem Meer vertraute Taucher allein holt aus dem Meer die Perle. Tauchet unter! Entraffet dem Wasser die Reinheit, die sich in ihm findet als ein Verborgenes: die Perle, aus der die Krone eures vergöttlichten Seins ihren Ursprung genommen hat.» Denn, so sagt Ephraem, «ich kenne Christus als Wahrheit, und in der Perle bewundere ich ihn als Gott, der aus der Jungfrau den Menschen angenommen.»[187]

Wir hatten früher gesagt, daß das Denken diejenige Seelentätigkeit ist, die Mensch und Gott verbindet (vgl. S. 174), im Bilde gesprochen ihn zum Grale, zur Perle führt. Demgemäß müßte dann auch in der Beobachtung des Denkens selbst der Prozeß wieder auffindbar sein, der schon früh in den geschilderten Mysterien-Bildern verhüllt worden ist. Und in der Tat, es ist so: Zwar besteht «die Schwierigkeit, das Denken in seinem Wesen beobachtend zu erfassen . . . darin, daß dieses Wesen der betrachtenden Seele nur allzuleicht schon entschlüpft ist, wenn diese es in die Richtung ihrer Aufmerksamkeit bringen will. Dann bleibt ihr nur das tote Abstrakte, die Leichname des lebendigen Denkens . . .»[188] Aber dieser Tod ist ein notwendiger, weil sonst der Inhalt nicht voll bewußt wird. Wird aber von diesem auf das Entstehen des Denkens selbst zurückgeblickt, auf dasjenige, was den Denkleichnam, die ausgeformte Vorstellung, aus sich herausgesetzt hat, dann dringt man ein in einen lebendigen Prozeß. Normalerweise ist die Aufmerksamkeit des Denkers auf den Inhalt des Gedankens gerichtet und nicht auf den Prozeß, der diesen hervorbringt. Wendet man sich jedoch dieser Tätigkeit zu, wozu man sich umwenden muß – wie der Grieche in der Höhle in Platons Höhlengleichnis (vgl. S. 40) –, dann dringt man durch diesen «Ausnahmezustand» in lebendige geistige Welten ein: «Keine andere menschliche Seelenbetätigung wird so leicht zu verkennen sein wie das Denken. Das Wollen, das Fühlen, sie erwärmen die Menschenseele auch noch im Nacherleben ihres Ursprungszustandes. Das Denken läßt nur allzuleicht in diesem Nacherleben kalt; es scheint das Seelenleben auszutrocknen. Doch dies ist eben nur der stark sich geltend machende Schatten seiner lichtdurchwobenen, warm in die Welterschei-

185 Vgl. S. 61.
186 Zitiert nach: Ph. Rech, Inbild des Kosmos, Salzburg-Freilassing 1966, Bd. 2, S. 195. Dort noch weitere schöne Stellen über die Perle.
187 Forts. der gleichen Homilie von Anm. 184.
188 Rudolf Steiner, Die Philosophie der Freiheit, GA 4, Dornach 1978, Zusatz zum 8. Kap.

nungen untertauchenden Wirklichkeit. Dieses Untertauchen geschieht mit einer in der Denkbetätigung selbst dahinfließenden Kraft, welche Kraft der Liebe in geistiger Art ist.»[189]

Der ganze Prozeß, der hiermit beschrieben ist, entspricht nun genauestens dem Vorgang der *Taufe*. Johannes der Täufer leitet sie ein mit der eindringlichen Aufforderung: «Wendet euren Sinn». Dann erst taucht der Mensch unter in die Tiefen des dahinfließenden Stromes, wobei sich ein Lichtwesen aus Himmelshöhen, das ganz aus Liebe besteht, mit dem Menschenwesen verbindet. Was dabei gewonnen wird, kann als Einwohnung eines Gotteswesens verstanden werden, so wie es von Aristoteles als Ziel höchsten Menschseins formuliert worden ist (vgl. S. 74).

Klemens von Alexandrien hat diesen Vorgang im Bilde der Perle gesehen, indem er schreibt[190]: «Denn wie die Perle, in Fleisch und Muschel und Feuchtigkeit geboren, ein Körper ist, feucht und durchscheinend von Licht und voll von Pneuma, so ist auch der fleischgewordene Gott-Logos geistiges Licht, durchscheinend durch feuchten Körper.» Mit «feuchtem Körper» kann hier kein sinnlicher Gegenstand gemeint sein. Viel wahrscheinlicher ist, daß der Kirchenvater «im Bild» spricht. Denn zu seiner Zeit ist das Motiv der Perle immer und überall als geistiges Erlebnis verstanden worden. Noch Jahrhunderte später schreibt der armenische Geschichtsschreiber Agathangelos (5. Jh. n. Chr.) in der Einleitung seiner «Geschichte der Armenier»[191]: «Und so geben wir hin unserem Herrn die Kraft der geistigen Erfahrungen, ... wie die kostbare Perle, die von allen bewundert, unvergleichlich schimmernd, keinen Fehler hat, der ihren Lichtglanz verdirbt, sondern vollkommen die ehrwürdigen Kronen der Könige ziert.» Und ein wenig später heißt es von den Gottesliebhabern, sie seien «geschmückt mit der kostbaren Perle und gekrönt mit den Edelsteinen geistigen Lichtes.»

Wenn wir von hier aus das Bild der Perle, in dem die höchsten Geistesziele aufleuchten, versuchen anzuschauen, dann kann man empfinden, was es für einen Wissenden der östlichen Weisheit bedeutet haben mag, daß sich im Mittelpunkt der Palastkirche von Zwarthnotz – statt eines Schreines mit der gegenständlichen Perle – die Taufstelle selbst befunden hat. Dieser «Gralstempel» hatte damit nicht einen fertigen, wenn auch geheimnisvollen heiligen «Gegenstand» in seiner Mitte, der das eigentliche geistige Geschehen nur symbolisiert, sondern dieses Geschehen selbst in Wirklichkeit: das Vollziehen der Taufe, das heißt das Untertauchen in die geistigen Reiche.

Auf den Vorgang selbst wird hingewiesen, nicht auf das Bild allein. Im «Jüngeren Titurel» wird ja die Mitte des Gralstempels nicht nur durch den

189 op. cit. Fortsetzung.

190 Zitiert nach: Ph. Rech, op. cit. S. 183.

191 Ins Englische übersetzt von R. W. Thompson, in: Agathangelos – History of the Armenians, Albany N. Y. 1976.

Abb. 131 San Vitale, Ravenna. Mosaik im Gewölbe des Altarraumes. Vier Engel tragen das Lamm, das vor einem Sternenhimmel erscheint. Um die Engel mächtige Lebensbäume. Mitte 6. Jh.

heiligen Schrein für den Gral betont, sondern auch durch die dort herabschwebende Taube, d. h. durch das Feuer des Geistes, das beim Taufgeschehen auf den Täufling wirklich herabkommt. Wenn also in Zwarthnotz tatsächlich die Mitte des Baues als Taufort ausgestattet ist, so stellt dies nichts anderes dar als das, was im Bild des Gralstempels vorgegeben ist.
Im Realsymbol des Kirchenbaues von Zwarthnotz erscheinen damit von neuem, und jetzt im christlichen Gewande, die Bilder von Feuer und Wasser, im «Feuer» des Heiligen Geistes und im «Wasser» der Taufe. In der dichterischen Beschreibung des Gralstempels wird nun noch auf dem Schlußstein im Mittelpunkt der Kuppel das Bild des Lammes dazugesellt (Str. 420). Daß es im östlichen Bereich tatsächlich das Lamm als Mittelpunkt einer Kuppel gegeben hat, geht schon aus dem erhaltenen Mosaikschmuck der von byzantinischen Künstlern errichteten Kirche von San Vitale in Ravenna hervor (Abb. 131). Von vier Seiten her wachsen Lebensbäume auf, aus deren Zentren sich vier Engel erheben, die die Sternensphäre des Lammes tragen. In Zwarthnotz ist zwar ein solches Bild wegen des desolaten Zustandes der Ruine heute nicht mehr nachzuweisen, doch

Abb. 132 Jonas wird vom Walfisch wieder ausgespuckt. Dieses in Georgien und Armenien häufig dargestellte Motiv ist dasselbe Bild, welches in vorchristlichen Zeiten im Mythos von Jason lebt (vgl. Abb. 11) und auch dem Perlenlied zugrunde liegt. Relief neben dem Südeingang der georgischen Kirche von Chachuli (heute Türkei), Ende 10. Jh.

Mosaiksteinchen sind gefunden worden. Wer aber wagte daraus auf die Motive zu schließen?

Am Ausgangspunkt dieser Betrachtung über die Perle stand die Frage nach der merkwürdigen Taufstelle in Zwarthnotz. Erwartet hätte man dort, wenn es sich um ein gebautes Abbild des Gralstempels handeln würde, einen kostbaren Schrein, der dazu gedient hätte, den Gral oder auch die Perle zu bewahren. Stattdessen findet sich dort im Mittelpunkt des ganzen Tempels das Taufgeschehen selbst. Damit wird, wie schon oben gesagt, der Vorgang selbst, der zum Entdecken der Perle führt, das heißt der Weg zu geistigen Erlebnissen, in den Mittelpunkt gerückt. Der Gralstempel ist, obwohl das zunächst nicht so deutlich ist, auch insofern auf das Taufereignis bezogen, als seine Bauzeit 30 Jahre beträgt, entsprechend dem Alter Christi bei der Taufe (vgl. S. 179). Auch dieser Hinweis bestätigt nur wieder, wie nahe das Gralstempelbild mit dem Bau von Zwarthnotz verbunden ist. Zwar ist die Anlage von Zwarthnotz damit noch nicht als Vorbild für die Geschichten vom Gralstempel anzusehen, aber sie ist doch

eindeutig als ein Denkmal zu identifizieren, das aus demselben Gedankenzusammenhang stammt, der sich im Bilde des Gralstempels zeigt.
Die Bilder der Gralsgeschichten sind im Osten ebensogut bekannt wie im Westen. Vielleicht nicht in ausgeführter dichterischer Form, aber doch ihrem spirituellen Gehalt nach. Die Erzählungen sprechen ja auch immer wieder davon. Nicht nur von der Herkunft der großen Geheimnisse aus dem Osten wird berichtet und von der Rückkehr des eigentlichen Mysteriums ins Land des Priester-Königs Johannes, auch in den Zwischenzeiten gibt es immer wieder Boten, die den Geist des Ostens mit der Kraft des Westens vermitteln. Eine der schönsten Erzählungen dieser Art, die aus dem Osten kommt, ist uns in der großartigen Dichtung des «Perlenliedes» erhalten geblieben. In ihm taucht in denselben Bildern der gleiche Inhalt wieder auf, der den Erzählungen vom Gral zugrunde liegt. Dieses in die Thomas-Akten aufgenommene Lied[192] erscheint zwar in einem frühen christlichen Zusammenhang (Anfang 3. Jahrhundert), aber den Bearbeitern ist schon früh aufgefallen, daß sich darin eigentlich keine direkten Erwähnungen von christlichen Inhalten finden.[193] Es ist dasselbe Phänomen wie bei den Gralserzählungen, die auch heidnischen Ursprüngen entstammen (Flegetanis), aber doch nur im christologischen Kontext verständlich sind. Wir geben hier das Lied in gekürzter Form (in der Übersetzung von G. Bornkamm) wieder:

«Als ich ein kleines Kind war
und im Reiche, dem Hause meines Vaters wohnte
und am Reichtum und an der Pracht
meiner Erzieher mich ergötzte,
versahen mich meine Eltern mit einer Reisezehrung
und schickten mich aus dem Osten, unserer Heimat, fort.
Und aus dem Reichtum unseres Schatzhauses
hatten sie mir schon längst eine Last zusammengebunden.
Sie war groß, aber leicht, so daß ich allein sie tragen konnte:
Gold . . . Silber . . . Chalcedone . . .

Sie zogen mir das Strahlenkleid aus,
das sie in ihrer Liebe mir gemacht hatten,
und meinen Purpurrock,
der meiner Statur angemessen gewebt war,
und machten mit mir einen Vertrag
und schrieben ihn in mein Herz, ihn nicht zu vergessen:
‹Wenn du nach Ägypten hinabsteigst

192 Am leichtesten zugänglich in: E. Hennecke u. W. Schneemelcher, Neutestamentliche Apokryphen, Tübingen 1964, Bd. 2, S. 349 ff. jetzt auch in: O. Betz u. T. Schramm, Perlenlied u. Thomasevangelium, Zürich u. Einsiedeln 1985.
193 Gesammelte Lit. in: G. Quispel, Makarius, das Thomasevangelium und das Lied von der Perle, Leiden 1967, S. 39 ff.

und die eine Perle bringst
die im Meere ist,
in der Umgebung des zischenden Drachen,
sollst du dein Strahlenkleid (wieder) anziehen und . . .
Erbe in unserem Königreich werden.›
Ich verließ den Osten und zog hinab,
indem zwei Gefolgsmänner mit mir waren,
da der Weg gefährlich und schwierig war
und ich (zu jung) war, ihn allein zu gehen.

Ich stieg hinab nach Ägypten,
und meine Begleiter trennten sich von mir.
Ich ging geradeswegs zum Drachen,
um sein Gasthaus ließ ich mich nieder,
um während er schlummern und schlafen würde,
von ihm meine Perle zu nehmen.
Da ich einer und ganz einsam war,
war ich den Mitbewohnern meines Gasthauses fremd.

Aus irgendwelcher Ursache
merkten sie, daß ich nicht ihr Landsmann wäre,
und mischten sich mit mir in ihren Listen,
ja, gaben mir zu kosten ihre Speise.
Ich vergaß, daß ich ein Königssohn war,
und diente ihrem König.
Und ich vergaß die Perle,
nach der mich meine Eltern geschickt hatten.

Und durch die Schwere ihrer Nahrung
sank ich in tiefen Schlaf.
Und alles dieses, was mir zustieß
bemerkten meine Eltern und hatten Kummer um mich.
. . . und schrieben mir einen Brief,
und jeder Große setzte seinen Namen darauf:
‹Von deinem Vater, dem König der Könige,
und deiner Mutter, der Herrscherin des Ostens, . . .
Dir unserem Sohn in Ägypten, Heil!
Erwach und steh auf von deinem Schlaf,
vernimm die Worte unseres Briefes!
Erinnere dich, daß du ein Königssohn bist,

betrachte die Knechtschaft, wem du gedient hast.
Gedenke der Perle!
wegen welcher du nach Ägypten reistest!
Erinnere dich deines Strahlenkleides, . . .
auf daß im *Buch der Helden* dein Name gelesen werde,
. . . und du Erbe in unserem Reiche werdest.›

da erwachte ich und stand auf von meinem Schlaf.
. . . Ich gedachte, daß ich ein Königssohn wäre
und meine Freiheit nach ihrer Natur verlange.
Ich gedachte der Perle,
wegen derer ich nach Ägypten gesandt ward,
und ich begann zu bezaubern,
den schrecklichen und zischenden Drachen.
Ich brachte ihn in Schlummer und Schlaf,
indem ich den Namen meines Vaters über ihm aussprach,
und den meiner Mutter, der Königin des Ostens.
Und ich erhaschte die Perle
und kehrte um, nach meinem Vaterhause mich wendend.
Und ihr schmutziges und unreines Kleid
zog ich aus und ließ es in ihrem Lande
und richtete meinen Weg um zu kommen
zum Licht unserer Heimat, dem Osten.

Und mein Strahlenkleid, das ich ausgezogen hatte, . . .
schickten mir von den Höhen Hyrkaniens
dorthin meine Eltern . . .
Ich sah überall an ihm
die Bewegungen der Erkenntnis hervorkommen.

Damit bekleidete ich mich und stieg empor
zum Hofe des Heils und der Anbetung . . .
Ich neigte mein Haupt und betete an
den Glanz des Vaters, . . .
dessen Gebote ich ausgeführt hatte . . .
Er freute sich über mich und empfing mich,
und ich war mit ihm in seinem Reich . . .»

Von Osten also ging der Königssohn aus, zog hinab nach Westen, nach Ägypten, überwand dort den Drachen, gewann die Perle und kehrte mit

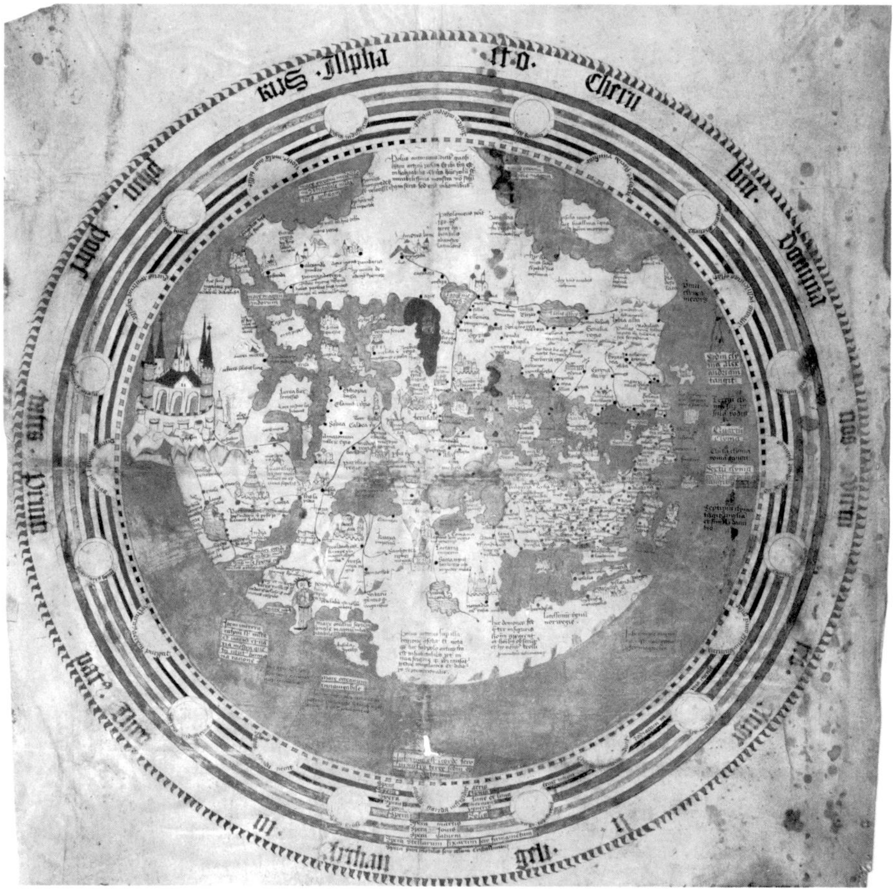

Abb. 133 Weltkarte von Andreas Walsperger. In der Mitte der Welt liegt Jerusalem, darüber das Rote Meer. Im Gegensatz zu heutigen Karten ist Süden oben, Norden unten. Osten, mit dem von Mauern umschlossenen Paradies, liegt auf der Karte links, Westen rechts. Vatikan, Bibliothek.

ihr wieder nach Osten zurück. Es ist der gleiche Weg, den auch der Gral durchläuft: Von Osten geht er aus, bleibt eine Zeitlang im äußersten Westen (Nordspanien), um dann wieder zum Osten, ins Land des Priesterkönigs Johannes zurückzukehren. Noch im 15. Jahrhundert ist auf der Weltkarte Andreas Walspergers in der Nähe des Paradieses und Armeniens der Ort eingetragen, «wo der Presbyter Johannes wohnt».

Auch im Perlenlied schimmert immer wieder der Schulungsweg des Denkens als höhere Bedeutung dieser Bildfolge durch. Das wird nicht nur durch den Appell zur Umkehr der Sinnesrichtung klar, durch die man aufwachen soll in den Bereichen, in denen man bisher geschlafen hat, sondern auch durch ganz direkte Aussagen. So heißt es zum Beispiel vom Strahlenkleid, daß an ihm von demjenigen, der die Perle besitzt, die Bewegungen des Erkennens wahrgenommen werden können. Diese Fähigkeit ist nur einem Schauenden möglich.

Seltsam ist wieder die Verbindung mit Ägypten. Es ist das Land unseres «normalen» Bewußtseins, zu dem man hinabsteigen muß. Erst dort ist es

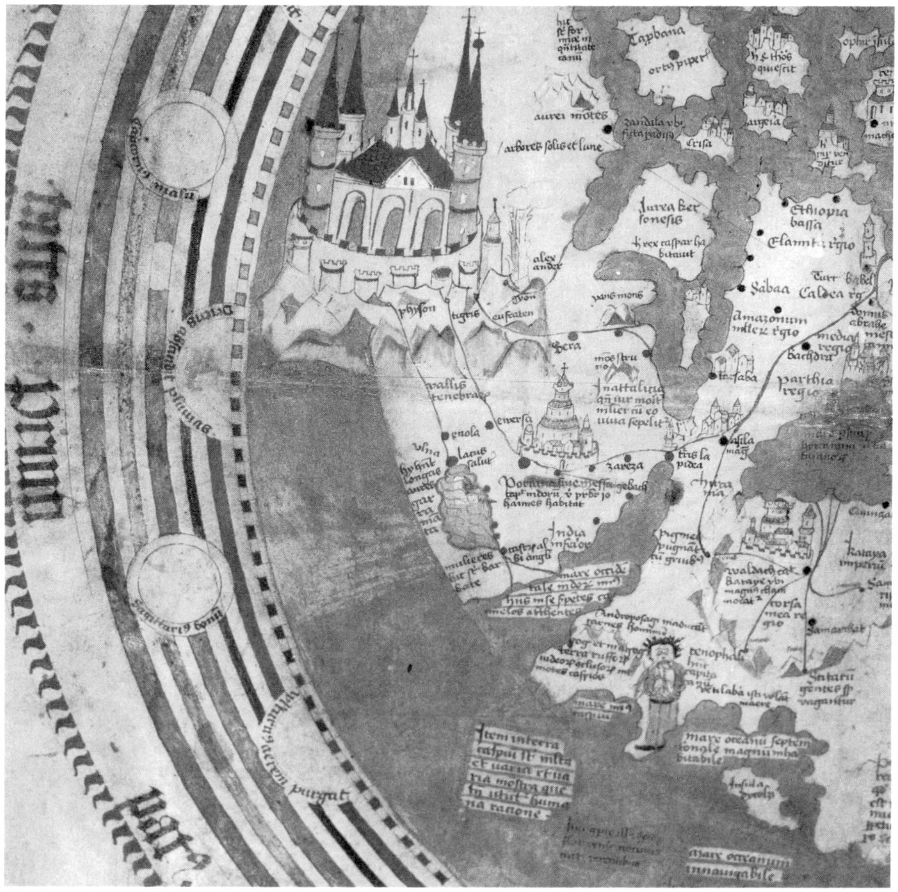


Abb. 134 Ausschnitt aus der Weltkarte von Andreas Walsperger. Am Berg des Paradieses entspringen die vier Paradieses-Ströme und stehen zwei Bäume, der Baum der Sonne und der des Mondes. Darunter, also in der Gegend, wo Armenien liegt, ist eine mauerumschlossene Rundkirche zu sehen, mit der Beischrift: Portana sive Nyessa cap(u)t Indoru(m) u(b)i Pr(es)b(yte)r Johannes habitat. Der Ort, wo der aus den Gralserzählungen bekannte «Presbyter Johannes wohnt», liegt also für Walsperger in Armenien.

möglich, sich frei und individuell dem ursprünglichen Auftrag gemäß, dem Kampf um die Perle zu stellen. Ist sie gewonnen und der Drache besiegt, dann wird sich ein «Herausgehen am Tage» (wie es im altägyptischen Totenbuch heißt), in Richtung eines neuen Sonnenaufganges anschließen. Immer, wenn es sich um das Entwickeln der Denkkräfte handelt, wird auch Ägypten genannt. Schon in vorchristlichen Zeiten trat diese Beziehung bei den Mythen um Prometheus und dem Argonautenzug auf. Im christlichen Bereich begegnet sie uns wieder bei den Kreuzsteinen und der Art der armenischen Kultur. Auch in die Gralsgeschichten war Ägypten verwoben. Sogar im Perlenlied wird es als wesentliche Durchgangserfahrung des Denkens genannt. – Einmal auf diesen besonderen Zusammenhang aufmerksam geworden, stellen sich weitere Fragen: Ist Ägypten vielleicht nur ein Bild, ein Symbol für den Schulungsweg des Denkens oder ist mit diesem Land doch eine reale geschichtliche Mission verbunden, indem es diesen Weg durch die spezifische Art seiner Kultur immer wieder anstieß?

# Arabismus und Gralsströmung

Wenn man die Art der altägyptischen Kultur zu charakterisieren versucht, dann fällt einem als erstes ihre unbedingte Hinneigung zum Wissen und zur Wahrheit im Wissen auf. Alte Texte, große Weise, richtige Lebenslehren sind Objekte tiefer Verehrung. Selbst die alltägliche Stimmung der alten Ägypter ist eine solche, daß Wissen und Weisheit gedeihen können, weil sie am höchsten geschätzt werden.[194] Die Führer dieser Kultur, die Könige, haben sogar die Aufgabe, ihre Kenntnisse auszuweiten und über das hinwegzugehen, was von den Vorfahren überliefert worden ist. Dazu müssen sie all die Fähigkeiten schulen, die mit dem Entwickeln des Denkens zusammenhängen. Nach außen stellt sich dieser Vorgang in denjenigen Bildern dar, die im ersten Teil dieses Buches dargestellt worden sind (S. 48 ff.). Schon zu Lebzeiten haben die Pharaonen die Aufgabe, über das gewöhnliche Verständnis der Sinneswelt hinauszuschreiten, um als göttliche Wesen (Horus) unter Göttern ein höheres Wissen zu erlangen. Dazu müssen sie den Erkenntnis-Tod überwunden und ihr Seelenleben gereinigt haben. Diese Arbeit an sich selbst geschieht in abgeschlossenen, von Natur und Menschenwelt isolierten Räumen – gewissermaßen im Dunkel der Nacht, wo die Sonne von innen erleuchtet und nicht mehr von außen scheint.

Was die einzelnen Pharaonen immer wieder neu zu erringen hatten, tritt nun mit dem Beginn der griechischen Ära ins weltgeschichtliche Rampenlicht. Zunächst tauchen die alten Bilder auf der erweiterten Bühne auf, um aber schon bald in den allgemein geübten Bewußtwerdungsprozeß überzugehen. Was in Ägypten nur die Könige als Auftrag hatten, wird Aufgabe aller Menschen. Sokrates ist tief überzeugt davon, daß ein jeder Mensch, und sei er bisher noch so ungebildet, in sich die Fähigkeit zum Denken besitzt. Man muß sie nur wecken. Weil er sich dessen ganz sicher ist, unternimmt er es, dies bei jedem Anlaß anderen zu beweisen. Er erweist es z. B. dem Menon, indem er von einem seiner Diener die Länge der Diagonale in einem Viereck erfragt und auch richtig beantworten läßt.[195] Die Voraussetzungen zu diesen Fähigkeiten, die in Griechenland öffentlich und für alle gefördert und ausgebildet wurden, wurden durch die Taten Alexanders des Großen über die ganze orientalische Welt ausgebreitet. In

194 Vgl. dazu: F. Teichmann, Der Mensch und sein Tempel, Bd. 3, Megalithkultur, Stuttgart 1983, S. 132–168.

195 Platon, Menon, 82a ff.

allen eroberten Ländern gründete er Akademien, in denen griechisches Geistesleben, auch noch Jahrhunderte nach seinem Tode, gepflegt wurde. Die berühmteste und blühendste dieser Gründungen war Alexandria in Ägypten. In hellenistischer und römischer Zeit entwickelte sich dort *das* Bildungszentrum der Antike und setzte damit die alte ägyptische Tradition fort. Sogar noch in christlicher Zeit war Alexandria eine der Stätten, an denen das alte Geistesleben in christlicher Verwandlung weiterlebte. Von dort aus strahlte es dann auch auf andere Städte aus. So trat zum Beispiel schon bald Antiochia in Rivalität zu den großen alten Zentren und pflegte in eigenen Schulen eine eigene Gedankenrichtung. Allerdings fand die Ausweitung des Geisteslebens hauptsächlich in den südlich und östlich vom Mittelmeer gelegenen Gebieten statt. Die nördlichen Mittelmeerländer dagegen hatten sehr unter dem politischen Zerfall der antiken Welt zu leiden und mußten immer mehr und mehr Kräfte für die Abwehr der eindringenden Völker aufwenden.

Aufgrund dieser unterschiedlichen kulturellen Entwicklung drifteten der Norden und der Süden geistig allmählich auseinander. Dieser Trennungs-Prozeß wurde seit dem 5. Jahrhundert auch noch dadurch verstärkt, daß die dogmatischen Streitigkeiten zu Abspaltungen von der orthodoxen Kirche führten. Ägypten bekannte sich dabei mit Armenien – zunächst auch noch mit Georgien – zum sogenannten Monophysitismus, was wiederum zu einer verstärkten Wechselwirkung zwischen diesen Ländern führte. Deren innerer Zusammenhalt wurde aber vor allem durch die islamische Eroberung und durch die politische Eingliederung in das Kalifenreich bewirkt. Jetzt erst hatten sich die christlichen Kirchen wirklich zu behaupten und zu bewähren.

Unerwartet schnell hatten sich im 7. Jahrhundert die politischen Verhältnisse gewandelt. Ein kleines Volk, das bis dahin eher am Rande der Geschichte dahingelebt hatte, stürmte plötzlich, politisch geeint und mit dem religiösen Impuls des Islam gerüstet, aus Arabien hervor, entriß Palästina den Byzantinern, eroberte Syrien und Ägypten, besetzte das persische Reichsgebiet, durchstürmte in kurzer Zeit Nordafrika und gliederte sich, kaum hundert Jahre nach seinem Aufbruch, fast die ganze spanische Halbinsel ein, ehe es von den europäischen Heeren aufgehalten werden konnte. Nach dieser explosionsartigen Ausweitung des islamischen Herrschaftsbereichs und seiner Konsolidierung unter den Umajjaden und Abbasiden trat aber nun das unerwartete Phänomen ein, daß sich die führenden Schichten in diesem Herrschaftsbereich zum alten Weisheitsideal bekannten und die Ausbreitung aller Arten intellektueller Beschäftigung tatkräftig unterstützten. Schon gegen Ende des 7. Jahrhunderts wurden die ersten Werke ins Arabische übersetzt. Hundert Jahre später entfaltete sich dann das arabische Geistesleben unter den Kalifen Harun ar-Rašid und al-Ma'mun zu voller Blüte. Während ihrer Regierung wurde das «Haus der Weisheit» gegründet, das um sich die hervorragendsten Wissenschaftler und die bedeutendsten Gelehrten der damaligen Zeit versammelte. Die Aneignung der antiken Kultur vollzogen die Araber unter den merkwürdigsten Umständen. Was da in Bagdad entwickelt wurde, ist ja nicht identisch mit dem Islam als solchem. Die Welt der hochgeistigen Gelehrten ist eine andere als die der fanatischen Anhänger des Korans.[196] Und dennoch wurde deren Sprache das Medium, das den weltweiten intellektuellen Austausch ermöglicht hat. Im 9. und 10. Jahrhundert ging die Wertschätzung der Gelehrten so weit, daß auf religiösem Felde weitestgehende Toleranz geübt wurde. Ein spanischer Reisender, der am Ende des 10. Jahrhunderts in Bagdad studierte, berichtete, daß an den Sitzungen, welche die Theologen abhielten, «nicht nur Muslime aller Richtungen, Orthodoxe und andere, sondern auch Ungläubige, Zoroastrier, Materialisten, Atheisten, Juden, Christen, mit einem Wort Angehörige aller Religionsgemeinschaften, teilnahmen. Jede Sekte hatte ihren Anführer, der damit beauftragt war, die Ansichten, die sie vertrat, zu verteidigen; und wenn einer von ihnen den Saal betrat, erhoben sich alle ehrfurchtsvoll, und niemand setzte sich wieder, bevor nicht dieser seinen Platz eingenommen hatte. Sehr rasch füllte sich der Saal, und einer der Ungläubigen ergriff das Wort: ‹Wir haben uns also hier versammelt, um zu diskutieren. Ihr Muslime, greift uns bitte nicht mit einem Argument an, das eurem Buch entnommen ist oder auf der Autorität eures Propheten beruht. Halten wir uns doch alle an Beweise, die auf dem menschlichen Verstand begründet sind.› Dieser Vorschlag wurde einmütig gebilligt.»[197]

Einen der Anstöße zu der überraschenden Hinwendung zum intellektuellen Geistesleben, unabhängig von religiösen Vorurteilen, gab der berühmte Traum al-Ma'muns. Er ist uns in mehreren Versionen überliefert, von denen eine folgendes berichtet[198]: «Al-Ma'mun sah in einem Traum einen Mann mit heller, rosiger Haut, breiter Stirn, finster dreinblickend, kahlköpfig, mit blauen Augen und angenehmen Manieren. Er saß auf einem Thron. Al-Ma'mun erzählt: Ich hatte den Eindruck, ich stünde vor ihm, und er erfülle mich mit Erfurcht und Schrecken. Ich fragte ihn:

– Wer bist du?

– Aristoteles, gab er zur Antwort. Ich freute mich und sagte zu ihm:

– Weiser, darf ich dir Fragen stellen?

– Bitte!

196 Vgl. hierzu R. Frieling, Christentum und Islam, Stuttgart 1977.

197 Zitiert nach J. Vernet, Die spanisch-arabische Kultur in Orient und Okzident, Zürich u. München 1984, S. 18 f.

198 Zitiert nach J. Vernet, op. cit. S. 101.

– Was ist die Schönheit?
– Was der Vernunft schön erscheint.
– Und was ist das?
– Was vor dem Gesetz schön ist.
– Und was ist das?
– Was von der Mehrheit akzeptiert wird.
– Und was ist das?
– Frage nun nicht weiter.»

Dieser Traum war von der weitreichendsten Bedeutung, denn er hatte das systematische Sammeln und Übersetzen der antiken Literatur in großem Maßstab eingeleitet. Gelehrte wurden jetzt in die Welt geschickt, um alte Bücher und Buchrollen aufzuspüren, sie zu erwerben und nach Bagdad zu bringen. Selbst nach Byzanz schickte Al-Ma'mun seine Gesandten, um vor allem die naturwissenschaftlichen Schriften der Alten, die für das Christentum kaum noch interessant waren, aufkaufen zu lassen.[199] Die kuriosesten Geschäfte wurden abgeschlossen, nur um antike Werke zu bekommen: Da wurden Gefangene gegen Bücher ausgetauscht, Handschriften als Teil von Reparationen gefordert usw. Binnen kurzer Zeit wurde das ganze antike Geistesgut von den Gelehrten aufgenommen und weiterentwickelt. Man kann sich kaum einen größeren Gegensatz vorstellen als das geistige Leben im ganzen arabisierten Raum (einschließlich Spaniens) und das Europas. Ein gelehrter Araber, spanischer Herkunft, der im 11. Jahrhundert in Toledo lebte, charakterisiert die intellektuelle Unfähigkeit der Christen im Norden so: «Die Galizier, . . . und alle Bewohner dieser Gegenden . . . sind Völker, denen Gott ein anarchisches und starrköpfiges Wesen gegeben und die Liebe zur Unordnung und zur Gewalt verliehen hat.»[200]

In dem riesigen Gebiet, das im Osten bis nach Afghanistan reichte und im Westen fast noch ganz Spanien umschloß, gedieh diese einheitliche arabische Kultur. Auch nachdem sich das Reich in mehrere Teile aufgelöst hatte, gehörte es geistig noch immer zusammen.

Der arabische Genius hat nicht nur von der antiken Welt alles das aufgenommen, was intelligente Betätigung stärkt, sondern auch überall dort zugegriffen, wo er für seine Zwecke fündig werden konnte. So wurde zum Beispiel vieles von den Armeniern übernommen. Die Konstruktionen der Gawits, ja deren Vorbild als Schulstätte, wurden zur «Medrese» assimiliert. Teile von armenischen Kirchen verselbständigten sich in den «Türben», den Grabdenkmälern bedeutender Herren (vgl. Abb. 137/8). Sogar die Flechtbandmotive wurden übernommen, bis hin zu den Kreuzsteinen, die jetzt ohne Kreuz, als Grabsteine im islamischen Bereich Eingang

199 Vgl. hierzu: F. Rosenthal, Das Fortleben der Antike im Islam, Zürich und Stuttgart 1965.
200 Zit. nach J. Vernet, op. cit. S. 47.

Abb. 135 Achlat (am Van-See). Islamische Grabsteine aus dem 13./14. Jh.

fanden (Abb. 135). Selbst der Lebensbaum tauchte wieder auf, mit all den zugehörigen Elementen (Abb. 136). Diese Aneignung einer im Grunde fremden Kultur ist nur dann verständlich, wenn die eigenen Bestrebungen mit dieser verwandt sind. Diese Verwandtschaft hat sicher bestanden, wenn auch für den tieferen Blick jeweils ein anderes Wesen das Zentrum der Kultur bestimmte.

Schon bald wurde der arabische Intellektualismus auch für Europa bedeutsam. Denn die geistig Strebenden im christlichen Abendland hatten frühzeitig entdeckt, welche Schätze in der arabischen Kulturwelt zu finden waren. Die erste Berührung mit dieser Kultur fand im Norden Spaniens statt, aus dem Karl der Große Katalonien der arabischen Herrschaft entrissen und seinem Reich als «spanische Mark» angegliedert hatte (Eroberung Barcelonas 801). Dort lebten Christen, Juden und Araber friedlich nebeneinander, sich gegenseitig anregend und eine christlich-arabische Mischkultur bildend. Seit dem 10. Jahrhundert wanderten diejenigen Geister dorthin, die ein Bedürfnis nach exakten mathematischen und naturwissen-

Abb. 136 Erzurum, Lebensbaum mit Falke und Löwen an der Çifte-Medrese. Mitte 13. Jh.

schaftlichen Erkenntnissen hatten. Einer der berühmtesten davon war Gerbert von Aurillac. Als bedeutender Gelehrter wurde er bald von Otto III. zum Berater gewählt und von ihm auch als Silvester II. auf den Stuhl Petri erhoben. Er hatte die Fähigkeit, das in Katalonien Aufgenommene für das Studium der Europäer fruchtbar zu machen. Auf ihn geht zum Beispiel die Einführung der «arabischen» Zahlen zurück. Deren Vorteile für das Rechnen und für die Entwicklung der Intelligenz hat er mit sicherem Blick erkannt und in Lehrbüchern dargestellt.[201] Einer seiner Schüler war der weitberühmte Fulbertus, dem er das Gelernte übermittelte und der seinerseits, nach der Gründung der Schule von Chartres dafür sorgte, daß dieses Geistesgut weitergepflegt wurde.[202] Besonders begabte Schüler aus dieser Schule von Chartres (zum Beispiel Hermann der Dalmatier) ergriffen dann ihrerseits die Aufgabe, das arabische Kulturgut den christlichen Schulen durch Übersetzungen zugänglich zu machen. Über diesen Umweg ist Europa mit vielen antiken Schriftstellern bekannt geworden.
Charakteristischerweise wurde aber das auf diesen Wegen überlieferte

201 Vgl. U. Lindgren, Gerbert von Aurillac und das Quadrivium, Wiesbaden 1976, Sudhoffs Archiv, Beiheft 18.
202 Vgl. H. Schipperges, Die Assimilation der arabischen Medizin durch das lateinische Mittelalter, Wiesbaden 1964, Sudhoffs Archiv, Beiheft 3, S. 111 ff.

Abb. 137 Achlat, das große Kuppelgrab Ulu Kümbet. Ende 13. Jh.

antike Geistesleben in Europa nicht so aufgenommen, wie es im arabischen Kulturkreis lebte. Das hängt damit zusammen, daß das Denken und die Intelligenz im christlichen Kulturzusammenhang nicht für mechanische, praktische oder auch medizinisch naturwissenschaftliche Zwecke benutzt, sondern in den Dienst der Erkenntnis Gottes gestellt wurde. Die sieben «freien Künste» waren ja gerade dazu da, die Intelligenz so zu schulen, daß sie sich in die Sphären der Theologie erheben und zur Schau Gottes metamorphosieren konnte. Alanus ab Insulis, die bedeutendste Gestalt aus dem Umkreis der Schule von Chartres im 12. Jahrhundert, hat diesen Schulungsweg des Denkens oftmals in seinen theologischen Werken beschrieben und in seinen dichterischen Werken ins Bild gebracht. In einer Predigt zum Dreikönigstag[203] führt er aus, wie die drei Könige vom Osten ausgehen, «um den wahren Sonnenaufgang zu finden . . . Diese drei Könige mit ihren Gaben deuten auf die drei möglichen Kräfte der menschlichen Seele, die mit Recht Könige genannt werden, da sie die Seele regieren und auf den Königsweg richten. Es sind dies: der Verstand (ratio),

203 Übersetzt von Bruno Sandkühler nach der Handschrift Clm 4616 in der Bayerischen Staatsbibliothek München.

Abb. 138 Ischchani, Tambour der georgischen Kuppelkirche, 9. Jh.

die Vernunft (intellectus) und die Erkenntnis (intelligentia). Sie kommen von Osten, da ja vom himmlischen Osten, von Gott, die Begabungen in die Seele gelangen.» Alanus deutet nun die drei Gaben, die sie dem Kind als Opfer bringen, als die drei Seelenkräfte und vergleicht sie mit den Fähigkeiten, die man braucht, um die drei Sinnschichten, nach denen die wesentlichen Texte gestaltet sind, zu beherrschen. Von der dritten Gabe, dem Golde, heißt es: «Durch das Gold wird die Anagogè bezeichnet, die Betrachtung des Himmlischen; denn wie das Gold unter den Metallen den Vorrang hat, so hält die Anagogè unter den Sinnschichten die Herrschaft. Daher heißt ‹Anagogè›, so viel wie ‹nach oben führend›. Sie bringt die Erkenntnis (intelligentia), die höchste Seelenkraft, mit der allein Göttliches betrachtet werden kann. . . . Zum Verständnis des Mysteriums schauen wir darauf hin, daß über dem Haus mit dem Knaben der Stern erschien, da ja die göttliche Zuneigung durch die Gnade den menschlichen Verstand erleuchtet, in dem Christus geboren wird.»

Hiermit ist der Intellektualismus durch tätige Erkenntnis-Erweiterung nach oben, zu erleuchteter Geistesschau gewandelt. Was ursprünglich aus dem Osten stammt (wie es in der Predigt nochmals betont wird), wird im Westen zu einem tätig-schöpferischen Christus-Verständnis höherentwikkelt. Dasselbe Ziel ist aber auch Inhalt der Bilder vom Gral. Beide Bestrebungen haben zudem ihre Wurzeln im Norden Spaniens! Für die christlichen Schulen ist die Strömung bedeutsam, die für das Studium der mathematischen Künste (Quadrivium) aus arabischen Quellen schöpft; die nämliche Quelle wird dann auch für die Herkunft der Geschichten vom Gral genannt, indem sie Wolfram von Eschenbach auf Flegetanis (vgl. S. 176) zurückführt, der in Toledo gelebt haben soll.

Der esoterische Gehalt des Christentums, dem sich die wirklich Wissenden verbunden wußten, entfaltete sich im Gang von Osten nach Westen. Von Osten gingen die Kräfte und Anregungen aus, die der Westen braucht, um wieder von einem Wissen zu hören, welches «tiefer als der Tag gedacht» ist. Dies bedenkend beginnt Goethe den «West-östlichen Diwan»:

> «Flüchte du, im reinen Osten
> Patriarchenluft zu kosten, . . .
> Dort im Reinen und im Rechten,
> Will ich menschlichen Geschlechten
> In des Ursprungs Tiefe dringen,
> Wo sie noch von Gott empfingen
> Himmelslehr in Erdensprachen . . .«

# Nachwort

Rudolf Steiner geht in einem Vortrag[204], in dem er den hier betrachteten Themenkreis des esoterischen Christentums schildert, von der Frage aus, was die Menschen während der Kreuzzugszeit eigentlich bewogen hat, nach Osten zu ziehen und Jerusalem befreien zu wollen. Dabei entdeckt er, daß die Entstehung dieses Impulses vor allem auf das Nachwirken einer geistigen Strömung zurückzuführen ist, die sich «wie in einer Art geistiger Höhe von Asien herüber nach Europa» bewegt. «Wir können sagen: diese Strömung setzt in einer sehr modifizierten, veränderten Form orientalische Religionserkenntnisse über den Süden von Europa, über den Norden von Afrika fort nach Spanien, nach Frankreich. . . . Nehmen wir ihren Ausgangspunkt an etwa von den arabischen Gegenden Asiens . . . Diese Strömung spricht sich wenig in dem aus, was als äußerliche Geschichte erzählt wird. Diese Strömung, die eigentlich ungeheuer vieles enthält, wollen wir heute nur nach zweien ihrer Eigentümlichkeiten charakterisieren. Das eine, was in ihr lebt, ist etwas, was man nennen könnte eine esoterische Auffassung des Mysteriums von Golgatha. Ich habe Sie ja öfters darauf aufmerksam gemacht, wie diejenigen Persönlichkeiten, die noch Reste der alten, vor dem Mysterium von Golgatha liegenden Initiationserkenntnisse bewahrt hatten, das Mysterium von Golgatha aufgefaßt haben.

In der Bibel selbst ist das ja in der Erscheinung der drei Magier oder Könige aus dem Morgenlande zu erkennen, die aus dem Geheimnis der Sternenwelt heraus das Christus-Ereignis erahnen und suchen. . . . Ganz übersinnlich schauten diese Menschen das Ereignis von Golgatha an. Und diese übersinnliche Anschauung konnte nur in solchen Seelen stattfinden, die noch die alten Initiationsprinzipien bewahrten. . . . Es wurde aber im Verlaufe der Zeiten immer schwieriger, diese alten Initiationsprinzipien festzuhalten; und so wurde es immer weniger möglich, sich überhaupt auszudrücken, wenn man sagen wollte, wie der Christus aus überirdischen Welten heruntergestiegen ist und das Mysterium von Golgatha so vollendet hat, daß seine Wirkung durch die geschichtliche Erdenentwicklung fortdauert. Die Menschen hatten einfach keine Möglichkeit, ihre Begriffe so auszubilden, ihre Ideen so zu gestalten, daß sie in einer ideellen Form hätten Worte finden können, um zu sagen, was durch den Christus mit Hilfe des Mysteriums von Golgatha geschehen ist.

204 Vortrag vom 1. 10. 1922 in: Die Grundimpulse des weltgeschichtlichen Werdens der Menschheit, GA 216, Dornach 1965, S. 127.

Und so war man immer mehr und mehr genötigt, um dieses Geheimnis auszudrücken, zu bildhaften Darstellungen zu greifen. Eine solche bildhafte Darstellung ist die Erzählung von dem Heiligen Gral. . . . Engel trugen . . . diese Schale herüber nach dem spanischen Berge Montsalvatsch, wo sie von dem erhabenen König Titurel empfangen wurde, der dieser Schale einen Tempel gründete . . .

So haben wir . . . in ein Geheimnisvolles auslaufend eine tief esoterische Strömung. Wir sehen auf der einen Seite, wie diese Strömung in Asien drüben Schulen begründet, die den alten griechischen Philosophen Aristoteles studieren, die dort mit Hilfe der griechischen Begriffe des Aristoteles das Ereignis von Golgatha verstehen wollten. Wir sehen, wie aus der europäischen Zivilisation heraus später in einer Dichtung wie im ‹Parzival› versucht wird, in bildhafte Worte zu fassen, was in dieser Strömung lebte . . . Wir sehen, wie in diese Strömung hineingegossen ist das Beste, was von den Arabern gekommen ist, wie da aber zu gleicher Zeit ein fremdes Element durch die Araber hineinkommt. . . .

Wenn wir den Grundcharakter dieser Strömung angeben wollen, so müssen wir ihn etwa so charakterisieren: Diejenigen, die innerhalb dieser Geistesströmung lebten, die sahen eigentlich alles Heil darin, – und man kann das noch nachklingen hören in der Parzival-Dichtung des Wolfram von Eschenbach – von dem Sinnlichen aus sich hinaufzuheben ins Übersinnliche, also eine Art von wenigstens annäherndem Schauen der übersinnlichen Welten zu haben . . .»

Was Rudolf Steiner hier beschreibt, ist diejenige Strömung, die schon in vorchristlichen Zeiten vom Osten, das heißt von Armenien und von Georgien ausging, um die Grundlage für ein späteres Verständnis des Christus-Ereignisses vorzubereiten. Die Mythen von Prometheus und von den Argonauten spiegeln für das Bewußtsein der Griechen diesen Zusammenhang. Einige Jahrhunderte nach dem Christus-Ereignis wird dann nochmals, wiederum von diesen Reichen ausgehend, eine zweite Strömung inauguriert, die dann im Mittelalter in Europa wirksam wurde. Sie sollte in denjenigen Menschen, die dazu bereit waren, den Impuls wecken, das Erkenntnisvermögen so zu steigern, daß es fähig wird, das höchste Geistesgut der Menschheit in Begriffe zu fassen. Dieser Impuls spiegelt sich dann in den Geschichten und Bildern vom Gral.

Ein erstes Mal erklingt der Morgenruf im Osten und die Menschen folgen Prometheus und begleiten die Argonauten; ein zweites Mal ertönt derselbe Ruf, und einzelne Seelen suchen den Gral; wird er ein drittes Mal ertönen und wären wir bereit, ihn zu hören?

Europa verdankt dem Geistesleben, das einstmals in Armenien und in

Georgien gelebt hat, ungeheuer viel. Obwohl die äußere Geschichte nur wenig davon vermerkt hat, können wir doch die innere Verbundenheit mit dem Osten niemals vergessen.

Wer sich selbst und andre kennt,
Wird auch hier erkennen:
Orient und Okzident
Sind nicht mehr zu trennen.

Sinnig zwischen beiden Welten
Sich zu wiegen, lass' ich gelten;
Also zwischen Ost und Westen
Sich bewegen sei zum Besten!

Goethe, West-östlicher Diwan

# Weiterführende Literatur


A. Alpago-Novello, V. Beridze, J. Lafontaine-Dosogne, Art and Architecture in Medieval Georgia, Louvain 1980.

L. Azarian, Armenian Khatchkars, Etschmiadsin 1973.

E. Bauer-Manndorf, Das frühe Armenien, Wien 1984.

W. Beridse u. E. Neubauer, Die Baukunst des Mittelalters in Georgien, Wien und München 1981.

B. Brentjes u. S. Mnazakanjan u. N. Stepanjan, Kunst des Mittelalters in Armenien, Berlin 1981.

G. Dedeyan (Hsg.), Histoire des Arméniens, Toulouse 1982.

R. Frieling, Christentum und Islam, Stuttgart 1977.

F. Heyer (Hsg.), Die Kirche Armeniens, Stuttgart 1978.

D. M. Lang, Lives and Legends of the Georgian Saints, London 1976[2].

D. M. Lang, Armenia, Cradle of Civilization, London 1980[3].

R. Mepisaschwili u. W. Zinzadse, Die Kunst des alten Georgien, Zürich u. Freiburg 1977.

S. D. Nersessian, Armenian Art, London 1978.

H. Pasermadjian, Histoire de L'Armenie, Paris 1986[4].

F. Rosenthal, Das Fortleben der Antike im Islam, Zürich u. Stuttgart 1965.

Schota Rustaweli, Der Mann im Pantherfell, übersetzt von Ruth Neukomm, Zürich 1974.

K. Salia, Histoire de la Nation Géorgienne, Paris 1980.

J. Vernet, Die spanisch-arabische Kultur in Orient und Okzident, Zürich u. München 1984.

# Register

Kursive Zahlen weisen auf eine Abbildung hin.

# ALO ALTRIPP
# Meditationsbilder

Mit einer Einführung von Frank Teichmann
32 Seiten mit 10 Farbtafeln, gebunden

Wenn Paul Klee in seiner «schöpferischen Konfession» davon spricht, daß der Beschauer eines Bildes vor allem erst einmal einen Stuhl bräuchte, wenn er ein Bild betrachten wolle, damit er nicht zu schnell damit fertig würde und die ermüdeten Beine den Geist nicht störten, dann spricht er damit eine Fähigkeit an, die ausgebildet werden muß, wenn ein Kunstwerk richtig aufgenommen werden soll: das «künstlerische Empfinden». Die Bilder Alo Altripps kommen einem solchen künstlerischen Empfinden in besonderer Weise entgegen; hat er in ihnen doch versucht, die anschaubaren Formen und Farben in genaue Übereinstimmung zu bringen mit der dabei innerlich erlebbaren Gebärde. Allerdings muß derjenige, der eine solche Gebärde künstlerisch gestalten oder erkennen will, diese im eigenen Denken selbst hervorbringen und bemerken. Er muß ein lebendiges und gestaltendes Denken, wie in einer Meditation, bei sich ausbilden.

*Alo Altripp*, 1906 geboren, fand schon in jungen Jahren seine Aufgabe, bildete sich in Mainz, München und Dresden aus, ehe er nach Wiesbaden kam, wo er im Malersaal des Staatstheaters arbeitete. Eine Ausstellung, die, von Otto Ritschl und ihm zusammengetragen, im Herbst 1932 in Wiesbaden gezeigt wurde und dann an das Folkwang-Museum in Essen weiterging, wurde nach der Machtergreifung der Nationalsozialisten sofort geschlossen. Um die gleiche Zeit lernte Altripp auch die Anthroposophie kennen.

Von den Malern wurde für ihn besonders *Alexej Jawlensky* bedeutsam, der ihm 1934 begegnete und mit dem er bis zu dessen Tod freundschaftlich verbunden blieb. Manche Anregung empfing auch Jawlensky noch von Altripp, der ihm während seiner Krankheit häufig die technischen Vorbereitungen für seine späten «Meditationen» abnahm und ihn tatkräftig unterstützte. Nach dem Krieg wurde er Dozent an der Werkkunstschule in Wiesbaden.

Besonders ist es das Zeichen des Kreuzes, mit dem der Künstler in Hunderten von Studien beschäftigt ist. Seine leuchtenden Spuren finden sich dementsprechend auch immer häufiger in den farbigen Blättern, das Dunkle vom Lichten her überwindend. Dabei erscheint nie eine tote, spannungslose Linie. Es sind Spuren des Geistes, dem langsam und vollbewußt nachgetastet wird.

*Frank Teichmann*, der mit Alo Altripp freundschaftlich verbunden ist, versucht mit seinen Texten den Betrachter an die Spuren des Geistes in den Bildern Altripps heranzuführen. Es werden dem Buch zehn Abbildungen lose beiliegen, so daß der Leser sie einzeln vor sich stellen und den jeweiligen Text dazu studieren kann. So können die Bilder Altripps dem aufgeschlossenen Betrachter schließlich zu Meditationsbildern werden.